DK伟大的汽车

英国DK出版社 / 编著
李 骁 石清吟 陈 瑶 / 译
叶 阳 / 审订

北京科学技术出版社

DK Penguin Random House

Original Title: The Classic Car Book: The Definitive Visual History

For the cover image, the publisher would like to thank the following for their kind permission: Dorling Kindersley: James Mann, courtesy of Robin Stainer; Gary Ombler, courtesy of Benz Bavarian Ltd; National Motor Museum Beaulieu; Haynes International Motor Museum; Deepak Aggarwal/Heritage Transport Museum; Olly Melliard; David Chapman

著作权合同登记号 图字: 01-2025-1367

图书在版编目（CIP）数据

DK伟大的汽车 / 英国DK出版社编著；李骁，石清吟，陈瑶译. -- 北京：北京科学技术出版社，2025.

ISBN 978-7-5714-4274-3

Ⅰ. U469-49

中国国家版本馆CIP数据核字第2024GB0614号

策划编辑：王　晖
责任编辑：王　晖
责任校对：贾　荣
责任印制：李　茗
封面设计：异一设计
图文制作：瀚海奇思图文设计
出 版 人：曾庆宇
出版发行：北京科学技术出版社
社　　址：北京西直门南大街16号
邮政编码：100035
电话传真：0086-10-66161951（总编室）
0086-01-66113227（发行部）
网　　址：www.bjkjpress.com
印　　刷：北京华联印刷有限公司
开　　本：635 mm × 1040 mm　1/8
印　　张：39
字　　数：440千字
版　　次：2025年7月第1版
印　　次：2025年7月第1次印刷
ISBN 978-7-5714-4274-3

定　　价：268.00元

目　录

20世纪40年代：重启发动机

第二次世界大战后，全球汽车制造商迎来史上最艰难的时期，但买家们对新车型的巨大需求则意味着令人兴奋的未来即将到来。在美国引领世界汽车风格的同时，英国正追逐着120英里/时（193千米/时）的跑车梦想，欧洲其他国家则纷纷制造出了每个人能买得起的出色的小型汽车。燃油供应恢复正常，缺席多时的车展回归。自此，汽车业将脚踏实地迈向未来。

20世纪50年代：车轮上的世界

世界各地迅速发展的路网使长途旅行成为可能，如何利用汽车享受这一新兴的自由生活方式成了新的主题。20世纪50年代可供选择的车型琳琅满目。底特律执迷于镀铬装饰和喷气式飞机造型，所有的制造商都试图让他们的汽车跑得更快、更远。只有“泡泡车”，在这个追求速度的时代强调理性，选择超低油耗。

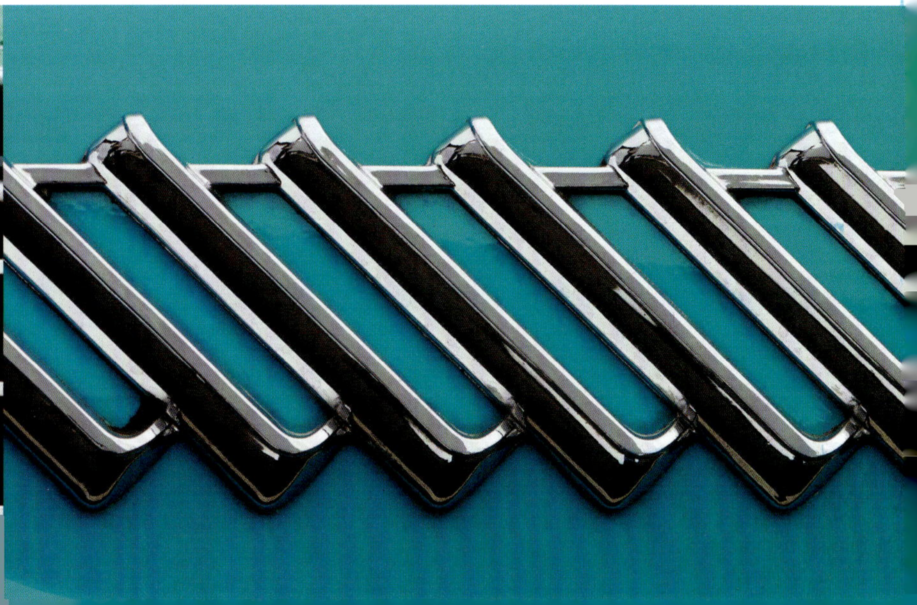

20世纪60年代：创新和能源

从前轮驱动到转子发动机，这是一个新技术引领潮流的时代。高级轿车和双座跑车都开始强调加速性能和高速下的操控性。在这个时期，福特推出了“平民跑车”野马，丰田推出了“买菜车”花冠，而捷豹推出的E-type和AC公司推出的眼镜蛇（Cobra）则是该时期凤毛麟角的性能“怪兽”。

20世纪70年代：洁净之风

紧随20世纪60年代“畅饮高歌”之后的是70年代的“宿醉”，愈演愈烈的空气污染阻挡了肌肉车风潮，而软顶车型几乎被来自道路安全的恐惧扼杀。掀背造型使家用车型变得更加全能，发动机中置的超级跑车再次点燃了人们的驾驶欲望。四轮驱动成为新的休闲时尚语汇，意义非凡的新车层出不穷。

20世纪80年代 & 90年代：技术升级

对终极跑车买家而言，这是前所未有的时代，最高车速冲破322千米/时的大关。对于每一个级别的车型来说，电子的魔力在从发动机控制到CD播放器的所有细节上提升了它们的性能和舒适性。即使是普通的三厢车，也可以配备涡轮增压和四轮驱动系统。同时，无铅汽油和催化式净化器也大大降低了汽车污染。

前　言

年少时，我可以久久凝视像左图中这款奔驰 300SL鸥翼一样拥有美妙车身的汽车，猜想这惊艳绝伦的车到底是什么来历？当然，它们与我天天见到的那些乏味车型完全不像。即便如此，偶尔还是会有一辆显然有些年头或是与众不同的汽车喧然驶过我家门口或者学校大门，于是我会再次开始纠结，为什么现代车型看起来是如此缺乏吸引力。一些经典汽车的魅力慢慢在我心中生根发芽，我开始躲在化学实验室的操作台下面偷偷看汽车杂志，而那时我本该在撰写实验步骤和结论。

做一本有关伟大的经典的汽车杂志是我的理想，这也是我多年来一直在做的事情。当然，在此期间我也入手过数十辆这样的汽车，从凯迪拉克 DeVille 到 Reliant Robin，以及炫酷的掀背车和跑车。我经历过许多次冒险，也随着时间的流逝对是什么成就了这些伟大汽车有了更多体会。在为报纸、杂志撰写有关传奇车型的文章的同时，我还写了大约40本有关各类伟大的经典汽车的书。然而，当编写本书的机会摆在眼前时，我知道，这本书将非同寻常。

数月以来，我得以再度尽览世界各地的伟大的汽车，并且把最有意义、最有趣、最难忘及最美丽的车型收入本书中。此外，我还有机会挑选出在未来会有价值的汽车。根据我在车型升值方面的丰富经验，我预测这些车型将会成为收藏家的至爱，虽然其中的一些（如菲亚特Barchetta）现在还只是便宜货。（事实上，Barchetta 是我买过的唯一一辆新车，而且与很多汽车迷对“失去的至爱”的情感一样，我真希望自己没把它卖掉。）

至于我的最爱，编写本书后我仍像过去一样迷惘。我对朴素的奥斯汀A40 Somerset和奢华的玛莎拉蒂Mistral拥有同样的爱；我希望车库里能有一辆保时捷911，但同样也想要一辆科尔维特。

没有几个人有足够的金钱和时间去拥有并享受每一辆令自己为之着迷的汽车。相反，大多数人只会在本该做其他事的时候盯着图片幻想。但如果你是那个幸运儿，把本书当作购车清单，计划着在自己的梦之车里享受史诗级的旅行，那么请务必享受每一刻！

概述：伟大的汽车世界

有关伟大的经典的汽车，与官方定义最接近的大概源自美国珍藏汽车俱乐部（Classic Car Club of America）。多年以来，该俱乐部一直坚称只有产于1915—1948年的、“卓尔不群”的或精美的汽车才有资格被冠以伟大的经典的汽车的头衔，而林肯Continental只算得上这个分类里的最低标准。

在英国——存在争议的欧洲汽车修复文化的发源地，传统权威机构，如皇家汽车俱乐部（Royal Automobile Club）建立了自己的标准。这些团体认为，“资深车”（veteran car），如那些参加了著名的伦敦-布莱顿（London-Brighton）年度汽车赛的车，是产于1885—1903年的汽车；“爱德华车”（Edwardian car）是产于1904—1914年的汽车；而“老式车”（vintage car）只包括1919—1930年产的汽车。1929年，随着华尔街大崩盘、宾利公司破产和其他几个伟大汽车品牌消亡，一个黄金时代就此终结。按照这种分类方法，任何一辆产于1931—1939年且有价值的汽车将会被（戏谑地）归类为“后老式时代良种汽车”（Post-Vintage Thoroughbred）。

这些标准都来自20世纪70—80年代，此时，公众对更大范围内老式车的价值认知得到了飞速提升。手工打造的、昂贵的街车与赛车一直被收藏家视作珍宝，爱车人士此时则联合起来，只为了保住那些仅存的、充斥着他们童年记忆的汽车。一种新生的怀旧情结意味着哪怕是最简陋的道奇、莫里斯、雷诺或菲亚特，也变得有价值起来。人们成立俱乐部，出版杂志，撰写历史，收集并珍藏相关的纪念品——以“留存一个逝去的汽车时代”之名。

随着时代车轮的前行，新一批车型进入了“伟大经典”的行列，而人们不得不去习惯和适应这一现实。例如，日本车——资深车迷们曾经的主要歧视对象随着时间流逝而变得古旧、稀有，其中一些已经成为公认的经得起时间考验的车型。

在本书中，“伟大的经典的汽车”指的是产于第二次世界大战之后至20世纪90年代中期这个时间段内的汽车。除此之外，超长时间的准备工作也让本书云集了路上能见到的每一类汽车，从最省油的经济型汽车到张扬个性的“马力机器”，从随处可见的家用轿车到冷门的小众神车，以及从纯正的保守派到技术革新的先锋。

这个宽广的范围掩盖了“伟大经典”标签背后的真相。除了一个明显的事实——一款车要足够古老、足够稀有，以便使人瞠目结舌、重燃旧情以外，判断一款车伟大经典与否的标准是主观因素。这个标准在每个汽车爱好者心目中都不同，正如人们对音乐、食物、艺术和伴侣的审美一样因人而异。这个真相在本书中显露无遗。书中有不止一款车型是所有人都愿意拥有并驾驶的，或许只是单纯地拥有——珍藏起来并为它所承载的历史意义而感到自豪。当然，书中有更多的车型会在拍卖会上引发疯狂竞价。有的车型也许是你自己就曾经拥有或希望拥有的，有的车型因其外貌、特征、性能代表了一个时代、一个地点、一段旅程而在今天仍能引发共鸣。它们都在伟大经典汽车的版图中有着自己的位置——它们在汽车漫长而复杂的进化过程中扮演了自己独特的角色。

汽车世界博大精深，这个世界的核心是怀着满腔热情，以保

“我创立法拉利的初衷是让驾驶法拉利成为每个人的梦想。”

——恩佐·法拉利（Enzo Ferrari）

护、修复那些一旦青春不再就即将面临毁灭的汽车为己任的车主。全世界有数以百计——如果不是数以千计、万计——的车主俱乐部，每一家俱乐部都只为一个品牌而存在，有些时候甚至只为一款车型而存在。这些俱乐部向成员们提供支持、友谊和专业的技术，以使车主们达成珍藏乃至驾驶一款经典汽车的夙愿。

通常，对一辆汽车的修复工作始于它的使用寿命告终之时。大多数汽车在经历数位车主和超过100000英里（160934.4千米）的行驶里程之后，会以废品的价格被出售。生态环境方面的好消息是，一辆汽车有85%的部件可以被回收。但对一辆拥有伟大的经典地位（不管是因为年代久远，还是凭着优异表现，或是二者兼具）的汽车来说，这只是它获得新生的起点。生命，即将重新开始。

每个车迷都曾幻想过在一个谷仓或是紧锁的车库里“捡漏”一辆伟大经典的汽车，不过大多数这样的汽车的售卖渠道还是网络广告和许多汽车杂志（在纸质媒体江河日下之时，它们仍在坚守）的最后几页。经销商和拍卖行也是购买这些汽车的重要渠道。把所有必要的零部件装配妥当就完全是另一件事了，这通常需要借助人脉、汽车杂货市场（专门针对报废汽车零部件的跳蚤市场）和更多圈内人士的建议来实现。

对年代久远的汽车或专业赛车来说，修复之路相对简单。这些车通常易于拆卸（至少理论上是这样），因为它们的车身是用螺栓固定在独立底盘上的。在修复过程中仍然要处理大量腐蚀问题，而这只是数以百计的维修项目之一，但已经算是相对合理的工作量了。对一辆拥有承载式车身的汽车来说，修复工作更加困难，但只要有足够的技巧和耐心，依然是可以完成的。

发动机和变速器的复原工作更加棘手。技术控车主们很享受自己完成这些工作的过程，而其他车主则可以借助整个行业的力量（这个行业致力于劳心费力的机械整修翻新工作）来完成。在许多情况下，经验丰富的资深专家也要通过学习才知道如何借助双手和眼睛赋予那些来自遥远时代的零部件第二次生命，而它们的第一次生命则与其他零部件一起来自那些轰轰作响的机器。

对一辆汽车的内、外饰进行翻新则需要另一套技术体系，例如，以顶级古董修复者的严苛标准全神贯注于每一个细节，用木材和皮革重现那个时代的内饰风貌。幸运的是，许多相当古老的车型在当今的排放标准下获得了特赦，不仅可以行驶在如今的道路上，经常还是零税率。车损险和事故险的投保金额也非常低，因为保险商知道，这些汽车的拥有者们堪称最不可能拿他们的宝贵财产鲁莽行事的驾驶者。

当整套修复工作完成时，你的“酬劳”就停在那里等你享用了。汽车车主们热衷于把他们的劳动成果展示给世人，分享自己的喜悦。车迷们怀着敬畏之情参加车展，就一款车的细节展开激烈辩论。除此之外，还有赛车大会和有时会巡回多个国家的经典汽车车展。

贾尔斯·查普曼，本书总编辑

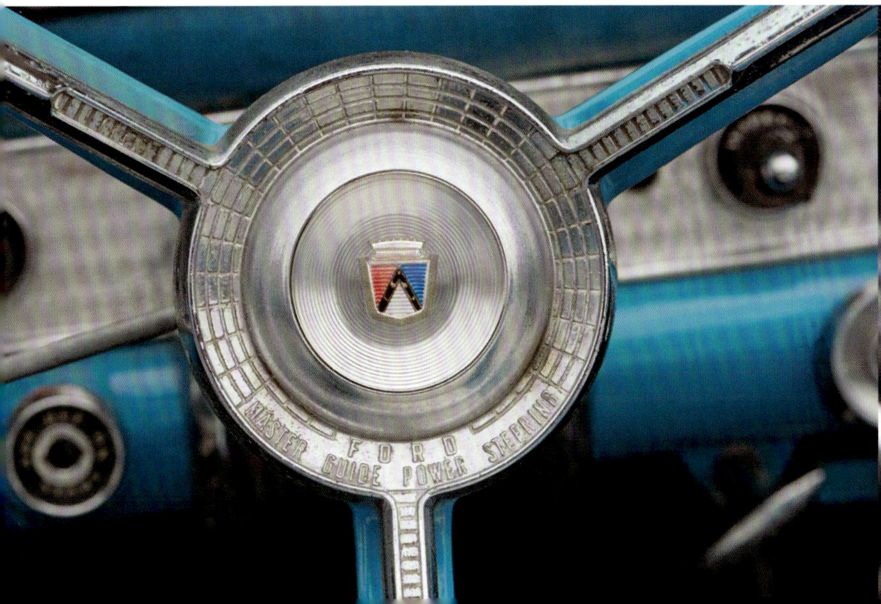

20世纪40年代

重启发动机

FUTURAMIC STYLING!
FUTURAMIC DRIVING!
OLDSMOBILE

重启发动机

20世纪30年代对全世界的汽车厂商来说都是一个惨淡的年代，1929年的华尔街大崩盘使得以豪华、高性能和追求刺激为导向的汽车变得无人问津。随后，正当经济逐渐恢复繁荣之时，全世界又在1939年陷入了战争。

世界范围内的汽车生产随着战争的升级而逐渐衰落乃至停滞，即使是重机械工业城市底特律，也在1942年按下了暂停键，转为制造武器、飞机和其他军用机械。汽车生产——除了粗糙的军用卡车和四轮驱动系统之外——都停止了。

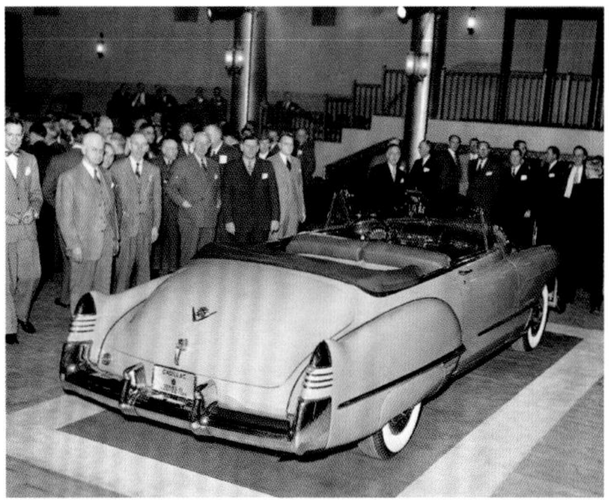

△ **美国汽车独领风骚**
第二次世界大战之后，欧洲汽车制造商举步维艰，美国汽车制造商（如凯迪拉克）则发布了一系列惊艳的新车型。

1945年，汽车产业的复兴之路步履维艰。许多汽车工厂在遭遇轰炸之后不得不重建，而且使它们的生产线复苏的大部分都是战前的车型。

受战争影响最小的美国迅速推出属于新时代的车型和技术，凯迪拉克、别克、福特和哈德森等美国品牌成为举世瞩目的焦点。在欧洲，税收制度对小型汽车生产商更有利，而设计者们也白手起家开发了大量的“国民车”。在20世纪40年代末，消费者在小型汽车市场有很多选择，英国的莫里斯Minor、法国的雷诺4CV和雪铁龙2VC、意大利的菲亚特500C，以及瑞典的萨博92都在努力吸引消费者。

英国的高性能车成为领头羊。希利2.4-L和捷豹XK120先后自称是世界上最快的量产车。与此同时，四轮驱动的路虎也向越野领域功成名就的王者—— 美国吉普发起了挑战。

“探求所有的可能性，包括‘不可能’。”

——皮埃尔·博兰格尔（Pieer Boulanger），雪铁龙副总裁，1938年

◁ 美国杂志上的奥兹莫比尔汽车广告，1949年

大事记

- ▷ **1945年** 第一批大众三厢车在英国军队的监督之下完成生产
- ▷ **1945年** 在创始人路易斯·雷诺（Lauis Renault）因与纳粹政府合作而入狱后，雷诺被法国政府收归国有
- ▷ **1946年** 英国汽车工业在伦敦以一场游行庆祝其50岁生日；奥斯汀的第100万辆汽车下线
- ▷ **1946年** 摩托罗拉制造的车载无线电话完成了第一次车内通话
- ▷ **1946年** 梅赛德斯-奔驰获得美国占领军的恢复汽车生产许可
- ▷ **1947年** 汽车工业的传奇人物亨利·福特（Henry Ford）、埃托里·布加迪(Ettore Bugatti)、威廉·C. 杜兰特（William C. Durant，通用汽车创始人）去世
- ▷ **1947年** 唐纳德·希利（Donald Healay）发布了希利2.4-L—— 最高时速177千米，是当时世界上最快的量产车
- ▷ **1948年** 路虎在阿姆斯特丹车展上发布
- ▷ **1948年** 雪铁龙2CV重新定义了经济型汽车
- ▷ **1949年** 凯迪拉克的第100万辆汽车下线
- ▷ **1949年** 捷豹的新款XK120跑车在比利时创下245千米的最高时速
- ▷ **1949年** 萨博的第一款汽车—— 萨博92开始对外发售

△ **流线型的“瑞典制造”**
萨博92在它的时代达到了很高的空气动力学水平——车身由一整块钢板冲压而成以降低风阻。

战前的设计

第二次世界大战期间，汽车制造商将量产技术投入到战争必需品——小至钢盔、大至战斗机和坦克的各类装备的生产。战后，这些制造商面临改组与重建，而将汽车生产水平恢复到战前绝非一朝一夕之事。于是，最简单、快捷的方法就是重新生产20世纪30年代后期的车型，并对其加以升级。这些车型及其配备的发动机和行走系，将在此后若干年内的改款车型上继续服役。

前视图

后视图

平整的前脸
摩根制造的三轮汽车通常拥有遮蔽车身的前置暴露式V型二缸风冷发动机，但4/4车型的发动机布置在传统的发动机罩下，发动机前是平整的散热器格栅。

理想的软顶敞篷
摩根为4/4车型设定的车身样式包括敞篷双座与四座跑车，以及这款软顶敞篷跑车。该车应对恶劣天气的能力与豪华程度均高于另两款，但仅生产了41辆。

▷标致（Peugeot）402 1935款

产　地	法国
发动机	1.991升，直列四缸
最高车速	121千米/时

402比20世纪30年代的大多数流线型汽车都更成功，这主要归功于它低廉的售价，该车型共售出了75 000辆。独立底盘的运用使标致可以提供多达16种车身样式。这款车在战时仍在生产，车型主要是厢式货车和运动型多功能汽车。

◁沃克斯豪尔（Vauxhall）H-type Ten-Four 1937款

产　地	英国
发动机	1.203升，直列四缸
最高车速	96千米/时

沃克斯豪尔的入门级车型比它的竞争对手们略大一些，并且配备了其引以为傲的承载式车身、前独立悬架和液压制动。1946年它重返市场，最显著的改变是用了一款新格栅，但它仅仅生产了1年，因为沃克斯豪尔将市场重心转移到了大型汽车上。

▽摩根（Morgan）4/4 1938款

产　　地	英国
发 动 机	1.122升，直列四缸
最高车速	129千米/时

摩根在制造了27年的三轮汽车之后，于1936年向市场投放了第一款四轮汽车——4/4。这款入门级跑车于1946年重新投产，原本的Coventry-Climax发动机已经替换为Standard公司的发动机。1955年，一款1.172升排量的福特发动机成为4/4的标配，时至今日，摩根仍在生产4/4。

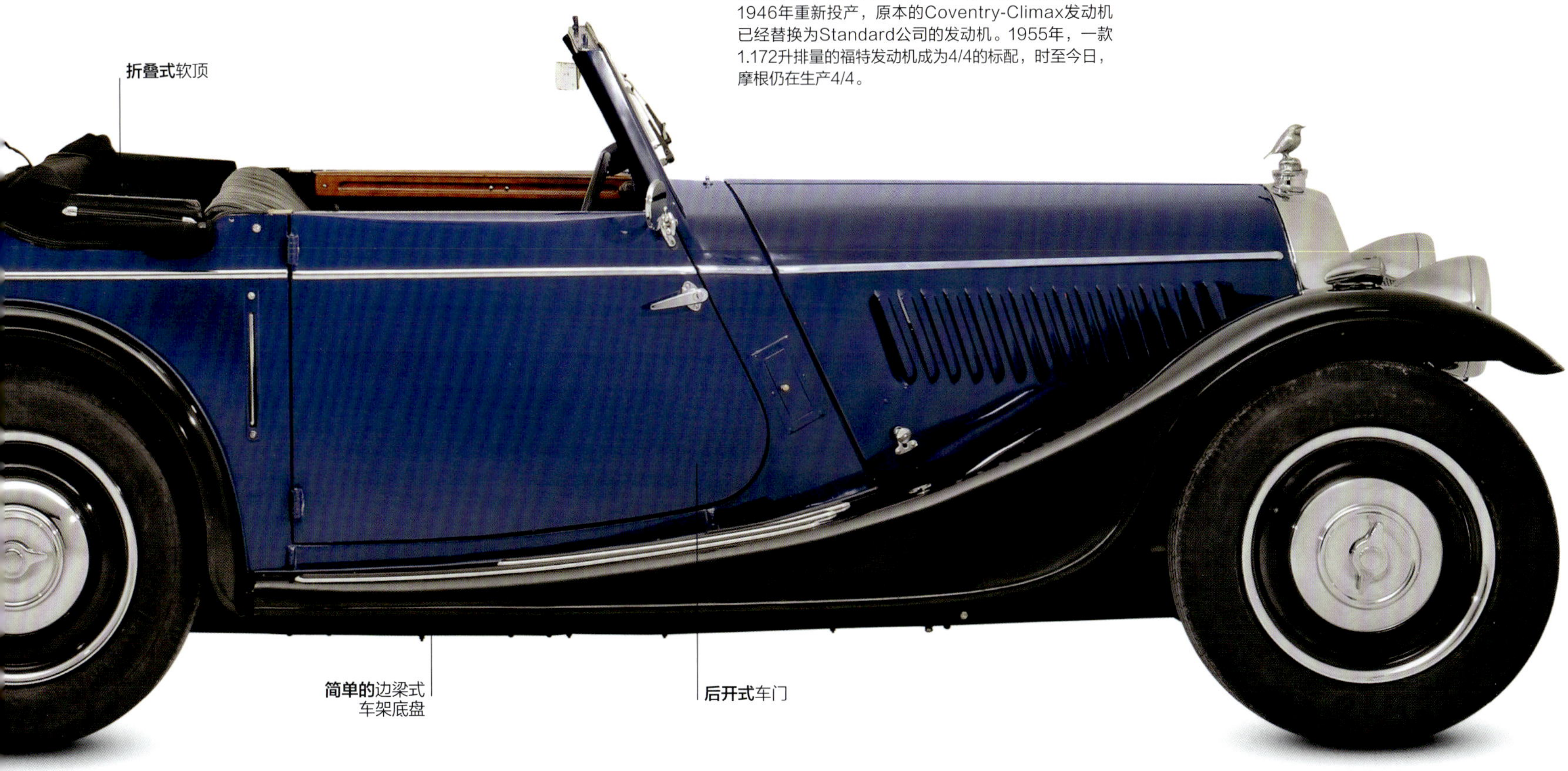

▷蓝旗亚（Lancia）阿普利亚1937款

产　　地	意大利
发 动 机	1.352升，V型四缸
最高车速	129千米/时

承载式车身结构的阿普利亚或许是战前最先进的大型轿车，它采用了前后独立悬架，配备了上凸轮轴的窄角V4发动机、液压制动和无柱式车门。1939年，该车型配备了排量更大的1.486升发动机并沿用到战后。阿普利亚一直生产到1949年，总产量超过27 000辆。

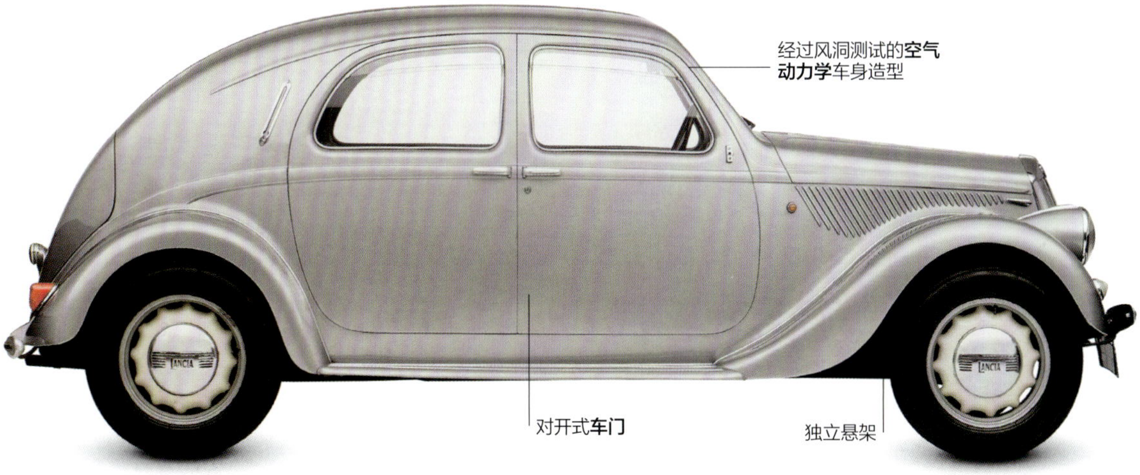

◁福特（Ford）Prefect E93A 1938款

产　　地	英国
发 动 机	1.172升，直列四缸
最高车速	96千米/时

Prefect源于1932年的Y型车，作为Anglia E04A的兄弟车型而存在，它拥有一款全新的车身和更大的发动机。1949年，它以E439A之名重返市场，大灯被移至翼子板上。它是当时英国最便宜的四门轿车。

显赫的英国轿车

英国一向拥有其他国家无可匹敌的生产优雅、端庄大型轿车的能力。第二次世界大战后，英国的豪华汽车公司重建并重组了此前转为生产军用设备的工厂，将传统与现代的优点熔于一炉。它们保留了精致、传统的皮革内饰，但又对外部造型加以革新，以满足现代审美。在动力方面，升级自战前设计的直列六缸、甚至直列八缸发动机，轻而易举地保证了动力的顺畅，而现代技术（如助力转向和自动变速器）的加持，则使这些车型变得更易于和值得驾驶。

传统美学价值
充满复古格调的仪表板和门板均镶有木材装饰，方形的功能件安装在仪表板的中间。座椅表面覆以皮革，前排座椅占据了整个前排的宽度。与此同时，后排乘客也享有充足的空间。

▷奥斯汀（Austin）Sheerline 1947款

产　地	英国
发动机	3.995升，直列六缸
最高车速	134千米/时

这款巨大、豪奢的奥斯汀Sheerline的外形有当时流行的“刀锋”风格的痕迹，而内部则采用传统的皮革内饰。直列六缸发动机是战前卡车的动力单元，通过扩缸增强了动力，由四挡手动变速器传输动力。

分片式风挡是战前的式样

发动机是一款经改进的卡车发动机

刀锋风格激发出更锋利的造型风格

硕大的Lucas P100大灯

六缸发动机的平顺性
早期的Sheerline（A110）配备3.46升排量的六缸发动机，但只生产了12辆，发动机排量就被提升至3.995升（A125）。A125可提供制动马力为130马力的平顺动力，Vanden Plas公司的Princess车型，以及Jensen公司的Interceptor车型和541车型上均搭载A125。（本书保留原书“马力”一词。1英马力=745.7瓦）

更平价的奢华
市场定位为戴姆勒和宾利的替代车型，Sheerline拥有一切豪华要素，但售价却明显更低

装备齐全的内饰融合了木材与皮革

流线造型使人联想起劳斯莱斯

侧视图

▷戴姆勒（Daimler）DE36 1946款

产　地	英国
发 动 机	5.46升，直列八缸
最高车速	134千米/时

这款发布于战后的大型戴姆勒轿车被供给全球的7个王室家族，包括温莎家族（Windsors，英国王室），但8年内仅生产了205辆。它气势恢宏、极致优雅，车重超过2吨。DE36配备了英国最后一款直列八缸发动机。

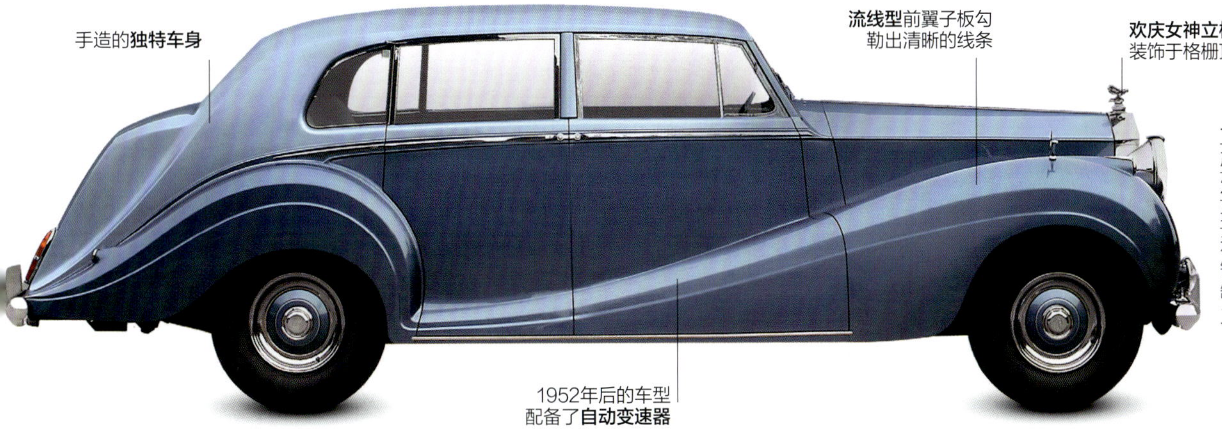

◁劳斯莱斯（Rolls-Royce）银魅1946款

产　地	英国
发 动 机	4.257升，直列六缸
最高车速	137千米/时

这款英国战后顶级豪华轿车的车身是定制的，通常采用铝质面板，造型极其大气、优雅。平顺到几乎无声的六缸发动机的尺寸逐年增加，在排量提升至4.566升后，又于1959年进一步增至4.887升。

▷沃斯利（Wolseley）6/80 1948款

产　地	英国
发 动 机	2.215升，直列六缸
最高车速	127千米/时

这款基于莫里斯6的可靠轿车在20世纪40年代成为英国的标配警车，执行巡逻和追捕任务。工厂的生产规范极其严格，现代化的顶置凸轮轴发动机使其速度高于当时的平均水平。

◁Humber Pullman II 1948款

产　地	英国
发 动 机	4.086升，直列六缸
最高车速	121千米/时

作为政府要员热衷的汽车，这款战前七座Pullman豪华轿车的改款车型于1948年上市，并拥有富有特色的长底盘。Humber还为自驾的车主生产了不带后排隔断的同款车型。这款车型在后期以Mk III和Mk IV之名持续生产到1954年。

沃尔特·欧文·本特利在DFP车型旁，1914年

伟大的品牌

宾利的故事

宾利（Bentley）是当今最奢华的汽车品牌之一，曾在数十年间代表了英国汽车的最高水平。公司创始人沃尔特·欧文·本特利（通常被称为“W.O.”）是一位工程师，1919年在伦敦创立自己的公司时，他最关注的是发动机的性能和可靠性。

生于1888年的沃尔特·欧文·本特利（Walter Owen Bentley）在Great Northern Railway公司做过制造火车头的学徒。1912年，他入伙从法国进口DFP汽车的生意，他利用自己的工程背景用铝质活塞和改良曲轴来改进这款车的发动机。这些改进帮助该车在一些赛事中获胜，也促使了本特利在1919年萌生自己制造汽车的想法。

1921年，他制造的第一辆汽车（价值1 050英镑）交付，这也是第一辆3.0升车型，在主要竞争对手仍然停留在嘈杂和粗粝的时代，它率先证明了性能和机械优化的重要性。它拥有制动马力为80马力的功率，最高时速达129千米，这对当时的量产车来说堪称奇迹。

毫无疑问，它也进入了欧洲最炙手可热的跑车行列。宾利赛车创造了从布鲁克兰兹到印第安纳的速度纪录，并且席卷各类赛事，在1924年、1927年、1928年、1929年和1930年的勒芒24小时耐力赛中完胜。富有的、热爱宾利的赛车手们被称为“宾利男孩”，并且其中的一位——沃尔夫·巴纳托（Woolf Barnato）在1926年接手了困境中的宾利汽车公司，并批准了一款机械增压车型投入生产。本特利并不赞成这个决定，但此时的他已无权否决这个提议。

宾利Mk VI, 1946年
劳斯莱斯/宾利柴郡工厂的员工对Mk VI进行最终的装饰。它是第一款装有“标准”车身的汽车。

巴纳托深入参与了宾利的一切事务，并且以个人身份在1928年和1929年获得了勒芒24小时耐力赛的胜利。他驾驶着宾利Speed Six在1930年与从戛纳开往加莱的“蓝色列车”特快列车展开了一场著名的竞速，最终轻松击败了这个铁轨上的对手，赢了这场奖金为100英镑的比赛。

宾利的“古典时代”被1929年华尔街金融危机的余波终结。1931年，劳斯莱斯收购这家破产的公司。宾利的生产地转移到了德比郡，全新的、基于劳斯莱斯的宾利3.5-L以“Silent Sports Car”之名出售。1939年，整个品牌迁到劳斯莱斯在克鲁郡和柴郡的工厂，着手生产宾利Mk VI——在1946年成为劳斯莱斯的销量支柱，它是第一款在独立底盘上安装了“标准钢”车身的车型（此前的所有车型，包括昂贵的车型，使用的都是外部车厢制造商提供的车身）。

1952年，真正的宾利跑车R-type Continental重返市场，最高车速为193千米/时。它拥有一款独特的底盘和超现代的空气动力学车身。然而自此之后，宾利陷入了长久的沉寂期，逐渐沦为换了一个名字的劳斯莱斯，如S系列（劳斯莱斯Silver Cloud）、T系列（劳斯莱斯Silver）。本特利于1971年去世，但宾利的重生在1982年才到来，1982年的Mulsanne安装了一款提升性能的涡轮增压器。随后，Continental Rcoupé于1991年问世，这也是数十年来第一款并非直接源自劳斯莱斯的宾利车型。

1955款宾利S系列的广告

1998年，宾利和劳斯莱斯被分别出售，大众公司用5亿英镑买下了宾利公司和历史悠久的克鲁郡工厂的控制权。大众花了些时间来用旗下其他子公司（包括奥迪）的技术激活这个新的子品牌。最终，宾利全新的勒芒赛车队在2001年获得了全场第3名的成绩。随后，宾利迎来了另一个契机——为伊丽莎白二世女王专门定制了一辆重大庆典用的元首级豪华轿车。

宾利S2 Continental, 1959年
宾利Continental兼具优美与大气的车身线条是英国车身制造商HJ Mulliner的作品，这款车型的车身为纯手工打造。“S2”意在表明这款车上安装了升级版V8发动机。

“我想制造一辆又快又好的车，同级别中最好的那辆。”

——沃尔特·欧文·本特利谈及他第一款车型3-LITRE的设计时说

宾利 8-LITRE，1930 年
沃尔特·欧文·本特利以这款大排量六缸的车型大胆地抢占了超级豪华车市场。但这款车只生产了 100 辆。当劳斯莱斯接手后，这款车就停产了。

2003年，宾利的品牌形象得到了又一次提升。配备了6.0升W12发动机的精致新款Continental GT（高性能豪华旅游车）车型被投入了市场。这款车和宾利Flying Spur都在2019年更新为第三代车型，在宾利汽车众多版本中，它们仍然是中流砥柱。

未来的经典

Mulsanne 这款超豪华轿车以勒芒赛道的一段直道命名。高水平的车身造型融合了20世纪50年代的S系列和现款Continental GT的造型特征。富有雕塑感的前翼子板由先进的铝材超塑成型技术实现。其动力源于一款全新的全铝发动机，输出505马力的制动马力和1 019牛·米的扭矩。它配备的自动变速器有8个挡位。

宾利 Mulsanne 2010款

产　地	英国
发 动 机	6.75升，V型八缸
最高车速	296千米/时

每辆Mulsanne都需要耗时15个星期来制造：车身由手工点焊、钎焊而成；完成内饰加工则需要170个小时。

Bentayga 任何一家豪华汽车制造商都不会无视保时捷卡宴和路虎的成功，但宾利在这个领域达到了一个新的高峰——创造了一款兼具奢华配置和惊人动力的越野车。W12发动机为它的四轮驱动系统提供了720牛·米的扭矩，使它在恶劣的路面条件下依然能自由驰骋。巨大的车轮直径达到了56厘米。宾利宣称，除了Bentayga以外，没有任何一款SUV拥有如此多的车身色彩、皮革和木材装饰可供选择，以满足每位车主的审美品味。

宾利 Bentayga 2015款

产　地	英国
发 动 机	5.95升，V型十二缸
最高车速	274千米/时

宾利将这款车形容为“跨界车型”。它甚至带有一根电动的牵引杆，用来牵引运马拖车。

运动之美

第二次世界大战后，随着汽车工业的快速复苏，汽车厂商们的目光再次投向运动车型。捷豹发布了当时速度最快的量产车——XK120，它不断创造着新的速度纪录，并衍生出一系列成功的赛车。一向以制造赛车见长的法拉利也首次涉足公路跑车领域。生产商们把轿车的机械结构置入了跑车（不管是传统的敞篷车型还是新时代的硬顶车型）之中。此时，兼具速度性、舒适性、优雅特质的GT车型（适用于长途旅行的高性能跑车）也初露锋芒。

▽捷豹（Jaguar）XK120 1948款

产　地	英国
发动机	3.442升，直列六缸
最高车速	121千米/时

威廉·里昂斯（William Lyons）设计的XK120是1948年伦敦伯爵宫车展上当仁不让的明星。这款车在捷豹公司的计划中原本只是短期内为公司赢取声望的“红毯明星”，但公众对它的巨大兴趣使它昂首迈入了捷豹1950年的产品序列。与其他杰出的捷豹车型一样，XK120将速度、优美和魅力融为一体。

侧视图

出色的双凸轮轴
XK车系的双凸轮轴发动机始于第二次世界大战期间。这款3.4升、六缸发动机配备了SU公司的双化油器，可以爆发出制动马力为160马力的动力，并且在后期调校中有很大的提升潜力。

▷Talbot-Lago T26 Grand Sport 1947款

产　　地	法国
发 动 机	4.482升，直列六缸
最高车速	193千米/时

20世纪40年代的GT车型拥有一系列惊艳绝伦的定制车身，其中的佼佼者是这款Saoutchik的作品。其轻量化版本在1950年的勒芒24小时耐力赛中获胜，路易斯·罗斯尔（Louis Rosier）驾驶它行驶了全程24小时中的23小时15分。

◁Bristol 400 1947款

产　　地	英国
发 动 机	1.971升，直列六缸
最高车速	152千米/时

Bristol飞机公司以一款作为战争赔偿的宝马战前车型挤进英国汽车市场。高效的发动机赋予了该车优秀的性能表现，而Bristol公司基于飞机制造的生产标准也是首屈一指的。

▷Riley RMC Roadster 1948款

产　　地	英国
发 动 机	2.443升，直列四缸
最高车速	161千米/时

作为RM1945款四门轿车的双门版本，这款跑车造型复古，双凸轮轴发动机提供了足以驱动吨级车身的强大动力。双门版采用了单排三座的布置形式，车尾修长。该款车型共生产了507辆。

◁法拉利（Ferrari）166 MM Barchetta 1949款

产　　地	意大利
发 动 机	1.995升，V型十二缸
最高车速	201千米/时

这是法拉利第一辆真正意义上的跑车，它由高转速V12发动机驱动，发动机通常安装在完美的Barchetta式车身里（Barchetta车身为意大利传统的两座车车身形式，具有表现优秀的风阻系数，并去掉了与比赛无关的设备以保证轻量化。——译者注）。当时的法拉利在本质上是一家赛车制造商，1949年，166的赛车版本在一千英里拉力赛（Mille Miglia）、斯帕（Spa）24小时耐力赛及勒芒24小时耐力赛中获胜。

名爵 MG TC

产于1935—1955年的MG TC型车是颇受欢迎的系列小型敞篷跑车，车身大部分由钢材制成，车架则是木质，最高时速可达129千米。TC型车在战后迎来了巨大的成功——共售出超过10 000辆，它的市场主要在海外。它在美国市场的表现极优异，这款敞篷两座跑车被普遍认为是向美国引入“小型跑车” 概念的先行者。

第二次世界大战期间，MG位于阿宾登的工厂转为生产和维修军用装备，汽车生产因此暂停。1945年，MG公司迅速恢复了汽车生产。在这一时期，英国政府引导本土企业“以出口谋生存”，新TC型车趁此机会迅速发展。

TC型车的基础构造来自战前的设计，包括白蜡木车架、紧凑的两座车身及1.25升的四缸发动机。

尽管车型老旧，但切角式车门、轻盈的翼子板、板型油箱和后置外挂的备用轮胎使TC型车看上去相当动感。

在几乎没有竞争对手的情况下，TC型车大卖，考虑到厂商仅将它当作一款短期车型，它的市场表现就显得更惊人了。

非敞篷状态下的侧视图

“全天候设备”确保驾驶者在没有侧窗的情况下不被雨淋湿

略显复古的造型
令人联想起战前的美好时光

车身造型略显古板，
TC型车证明了自己对美国赛车运动的启蒙价值

前视图

后视图

MG标志
MG是Morris Garages的缩写，是其创始人塞西尔·金伯（Cecil Kimber）为Morris Cowleys的改款车所取的名字。自1924年起，这个八边形的标志被应用到了所有车型，很多车型驾驶舱内的仪表盘也改为八边形。

规 格	
车型	MG TC，1947—1949年
产地	英国阿宾登
产量	10 000辆
结构	钢质底盘，白蜡木车架，钢质车身
发动机	1.255升，直列四缸
输出功率	制动马力为54马力
变速器	四速手动
悬架	前后钢板弹簧
制动器	前后鼓式制动
最高车速	118千米/时

相对简单的机械结构意味着业余爱好者也可以改装和维修TC型车

造型
尽管在造型上与TB相似，但TC型车实际上加宽了10厘米，使车身造型更协调，同时也改善了内部空间的舒适性。切角式侧门赋予该车动感，并为乘员的肘部提供了额外空间。

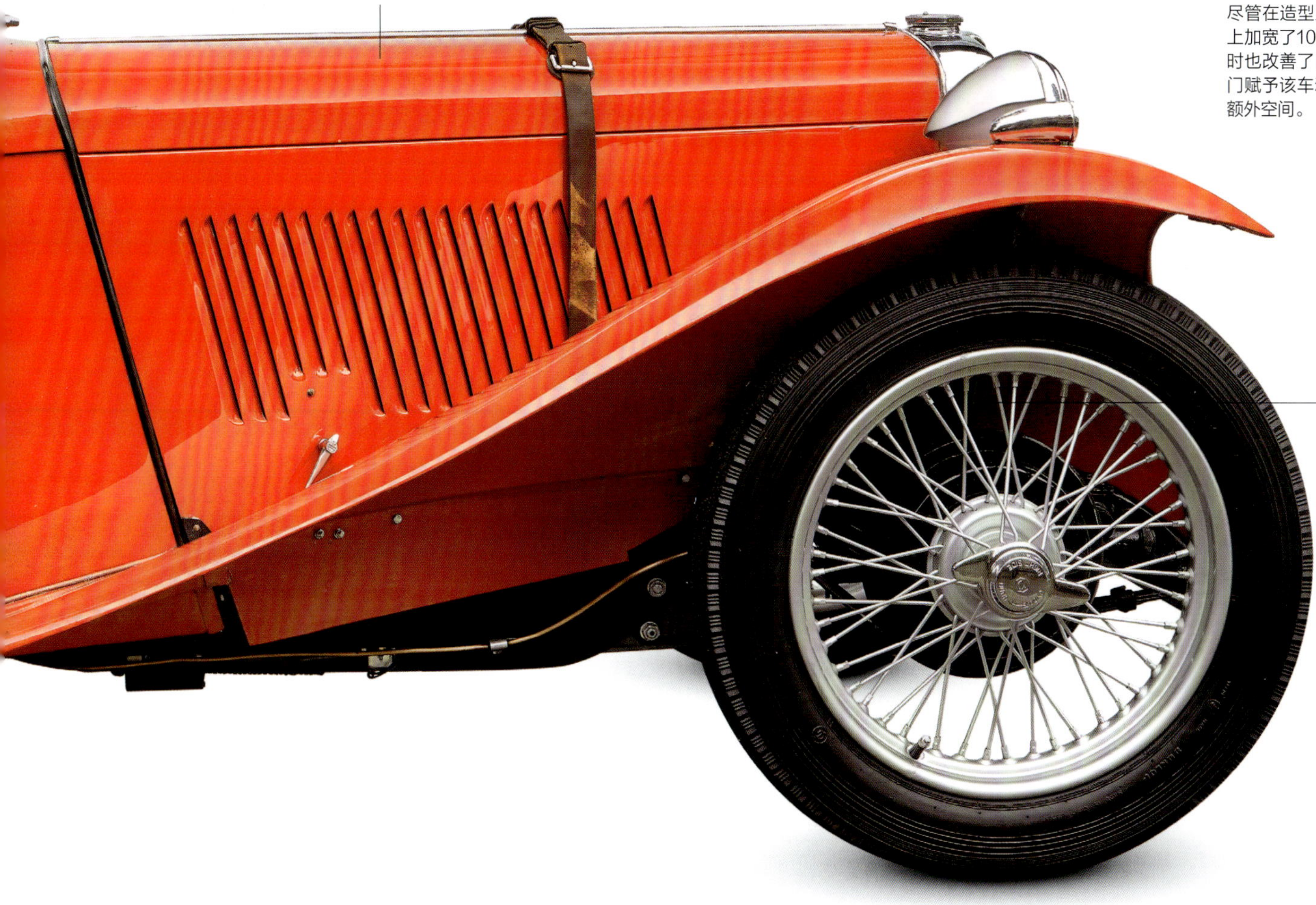

改进的悬架使得TC型车相比战前的型号更安静，并提供了更佳的驾驶体验

在路上

作为一款战后车型，TC的造型仍保留了战前风格，但这不仅没有影响MG在当时的销量，后期还增强了其本就巨大的魅力。

TC可能并不是一辆经典汽车，但至少它看上去像，也许这才是重点。TC型车的性能总是略显低调，但时至今日，你依然能感受到它们对在道路上驰骋的渴望。它们中的大多数虽然如今只是在狭窄的乡间小道上从容悠游，但你仍不难理解为什么人们会在20世纪40年代争相购买MG。即使在今日，看到一辆停放在乡下酒馆外或是爬满常青藤的城堡废墟外的TC型车，你仍然难以抗拒其简约却有型的外观。

1. 额定电压仅6伏的车灯不是通常的12伏
2. 发动机舱的百叶窗提供额外的冷却途径
3. 侧翼的后视镜是重要的现代配置
4. 用皮带确保发动机舱完全闭合
5. 后备用轮胎安装在板式油箱上
6. 简单的油尺，TC型车只有低油量警示灯
7. 折叠式风挡玻璃的安装调节器
8. 具有艺术气质的仪表盘
9. 乘客抓手，TC型车不配备安全带
10. 简单的直列四缸发动机

4

1

2

3

5

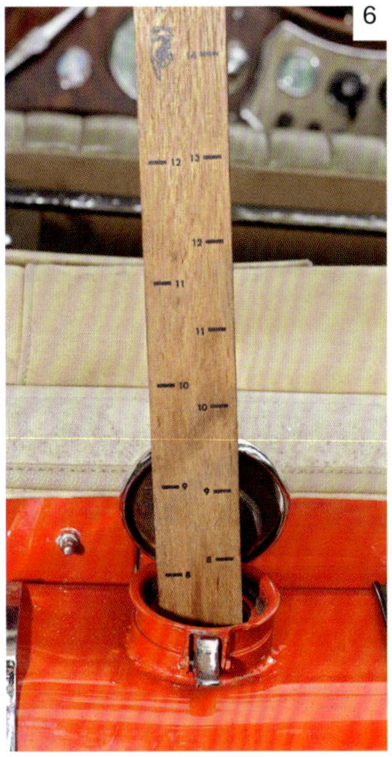
6

7

8

9

10

但丁·吉亚科萨（Dante Giacosa）与菲亚特600

伟大的品牌
菲亚特的故事

菲亚特（Fiat, Fabbrica Italiana di Automobili Torino，意大利都灵汽车制造厂）由乔瓦尼·阿涅利（Giovanni Agnelli）于1899年7月11日创立，而后迅速向汽车行业的每一个领域发展。它在小型车方面的专家地位始于20世纪30年代，一直持续至今。公司于1969年收购了法拉利和蓝旗亚，于1984年收购了阿尔法·罗密欧，于1993年收购了玛莎拉蒂。

菲亚特的第一款车——4HP诞生于1900年，这一年，菲亚特平均每2周生产1辆车。发展壮大的契机出现在1903年，公司在意大利上市，开始生产商用车，销量自此大增。

1906年之前，菲亚特汽车的动力范围为5.88~95.61千瓦。不久之后，它开始生产有轨电车和船用发动机。

早在第一次世界大战（菲亚特在此期间生产了航空发动机和20 000辆卡车）之前，菲亚特的平价ZERO车型就吸引了中产阶级消费者。1916年，公司开始建设都灵郊外庞大的灵格图工厂。拥有屋顶测试场［因1969年的电影《偷天换日》（*The Italian Job*）而全球闻名］的灵格图工厂制造生产了畅销的紧凑车型501，于1919年发布。

宣传菲亚特1400的海报

20世纪20年代，菲亚特发布了519豪华轿车，并通过量产的铝缸盖进入新的技术领域。从1927年起，公司将右舵车型转换为左舵车型，1929年，514成为菲亚特的主力车型。

20世纪30年代早期，菲亚特发布了多款车型，包括508 Balila家用轿车和依据空气动力学设计的1500轿车。在此之后，菲亚特于1936年发布了500 Topolino，它由但丁·吉亚科萨博士设计，拥有一款小巧的前置四缸发动机，绰号“米老鼠”。凭借灵格图的两家大型工厂和新建的米拉菲奥里装配厂，菲亚特在第二次世界大战后凭借升级的500、1100和1500 3款车型快速复苏。1953年首发于出色的1100型轿车的顶置凸轮轴发动机使菲亚特在响应速度方面也获得了好评（菲亚特也有一款超级跑车——1952年的8V）。

这样的响应速度在笨重的1400上则显得不再突出，它是意大利的第一款柴油发动机乘用车，并且西雅特1400即以它为基础研发，在西班牙以授权生产的方式由西雅特制造，这也使西班牙加入了主流汽车生产国的行列。

1955年，意大利政府下令修建主干道，菲亚特立刻发布了600，一款发动机后置经济型轿车。1957年的Nuova 500城市轿车紧随其后，它同样将发动机（一款风冷双缸发动机）置于车尾。这些车型在20世纪60年代取得巨大成功，使菲亚特的年产量从42.5万辆升至170万辆。意大利的许多小型运动汽车品牌，尤其是阿巴斯（Abarth）依赖于菲亚特的硬件支撑，这也使菲亚特车型的威望和影响力进一步提升。

1966年的菲亚特124轿车是一款广受欢迎且销量可观的车型，俄罗斯VAZ/拉达的第一款车就是在它的基础上制造的。1968年，128成为公司历史上第一款前驱车型，其衍生车型127是最早的掀背超级小型车（俗称“小钢炮”）之一。这3款车都获得了欧洲年度车型奖。与此同时，菲亚特Dino跑车配备了法拉利的发动机，而菲亚特130车系则包含了一款新的大型高级轿车和硬顶跑车。

菲亚特在1976年建立了一个大型的研究中心，又在1978年引入装配机器人来生产Ruitmo/Strada车型，它被定位为大众高尔夫的竞争对手。

小型车一直是菲亚特的闪光点。继1980年方盒子造型的Panda之后，菲亚特又在1983年推出了Uno——一款高级家用掀背车，全球销量超

菲亚特 124，1966年
意大利家庭需要换一辆更大的车时，大多会选择这个宽敞、操作便捷、可以当轿车使用的五开门车型，如图所示。该车后来在俄罗斯被称为阿夫托瓦兹拉达。

“一款惊艳绝伦的设计，以合理的价格提供良好的经济性和性能。”

——《汽车》（*Autocar*）杂志评价菲亚特X1/9，1977年3月

菲亚特124 Spider，1966年
这款夺目的双座敞篷跑车由宾尼法利纳（Pininfarina）公司设计，以不同车型生产了大约20年。

过800万辆，这款车型后来被Cinquecento和Punto代替。此外，菲亚特发布了第一款燃油直喷柴油机（1987年）、第一款共轨柴油机（1997年）和第一款机械式自动变速器（1999年）。

小乔瓦尼·阿涅利（老乔瓦尼·阿涅利之孙）在菲亚特掌舵近50年，于2003年逝世，他的弟弟翁贝托（Umberto）逝世于1年后。2009年，通过建立战略联盟，菲亚特成为美国车企克莱斯勒的拯救者。两家公司都曾经历过过山车式的发展之旅，但它们的未来，从2014年菲亚特-克莱斯勒汽车公司建立的那一刻起就紧紧地联系在一起。2021年，菲亚特与雪铁龙/标致和前通用汽车欧洲公司进一步合并，组成了斯特兰蒂斯公司，菲亚特仍然是其中的中流砥柱。

菲亚特熊猫（Panda）第一代，1980年
拥有汽车造型和工程设计公司Italdesign提供的造型输入的熊猫，使方盒子式的实用造型富有吸引力，同时也拥有出色的驾驶经济性。

未来的经典

巴尔凯塔（Barchetta） 菲亚特在20世纪50—70年代推出的1200、1500、124和850敞篷车与品牌一起赢得了“出色跑车”的声誉。1972年，这项声誉因为发动机中置的X1/9而愈发煊赫。公司凭借Barchetta这款华丽的敞篷跑车重回运动汽车市场，它配备了前驱的Punto底盘。像其他的菲亚特跑车一样，装配工作由一家车身制造商马乔拉（Maggiora）完成，但相比细分市场的领跑者马自达MX-5和MGF，它要稀有得多。

菲亚特 巴尔凯塔 1990款

产　地	意大利
发动机	1.747升，直列四缸
最高车速	200千米/时

Barchetta在意大利语里意为“小船”。这款敞篷双座跑车可以在不同路面上提供优秀的操控性。

阿巴斯 500 在复活经典小车的浪潮中，菲亚特落后于大众甲壳虫和宝马旗下的Mini，在2007年才把Trepiùno概念车发展为新款500，它基于菲亚特Panda/福特Ka平台打造，问世后凭借紧凑的尺寸、“四轮四角”布局、喷漆金属内饰的巨大吸引力迅速大获成功。一年后，菲亚特重建阿巴斯作为其独立子品牌，生产了运动车型500。

阿巴斯 500 2008款

产　地	意大利/波兰
发动机	1.368升，直列四缸
最高车速	205千米/时

涡轮增压发动机、五挡变速器、低悬架和四轮盘式制动器使这款车成为真正的“口袋火箭”（形容尺寸小而运动性能卓越的车型）。

引领美国潮流

20世纪40年代，美国汽车生产商通过加速开发大胆、全尺寸的新款车型并每年更新设计，来吸引消费者对最新车型的兴趣。这也促进了开创性技术的进步，如自动变速器提升了汽车的操控性，大型六缸和V8发动机消耗了大量在当时廉价而丰富的石油，以提供更大、更平顺的动力。这是一个行业变革的时代，大型企业集团逐渐主导市场，并以小公司无法匹敌的价格出售汽车。

▽凯迪拉克 62系列 Club Coupe 1949款

产　　地	美国
发 动 机	5.424升，V型八缸
最高车速	148千米/时

受洛克希德P38轻型战斗机的启发，通用汽车在1948年设计出了具有尾翼特征的车身造型。经过10年的研发，1949年配备了先进的新型顶置气门发动机，比它的前代车型配备的发动机更小、更轻，可输出更大的功率，也更节油。

前视图

后视图

凯迪拉克的车标
凯迪拉克（Cadillac）公司以法国人Antoine Lamet de La Mothe, sieur de Cadillac的名字命名，他是底特律城的创建者。汽车前部的标志性徽章则源于他个人的徽章。

奇特的尾翼
62系列的小尾翼只是这股风潮的开端，在接下来的几年里，尾翼会不断加长，并在20世纪50年代末达到发展顶峰。

▷哈德逊（Hudson）Super Six 1948款

产　　地	美国
发 动 机	4.293升，直列六缸
最高车速	145千米/时

作为战后美国为数不多的小型汽车生产企业之一，哈德逊凭借低趴造型和强大的新型Super Six发动机脱颖而出。1951年，Super Six被改装成Hudson Hornet，在1951—1954年统治了美国汽车赛场。

◁福特 Custom V8 1949款

产　　地	美国
发 动 机	3.917升，V型八缸
最高车速	137千米/时

福特的新外型于1949年问世。它简约、低矮、现代、方正，并很快应用在欧洲福特的车型上。福特在动力方面则改进了两款战前的发动机：L-head直列六缸发动机和著名的Flathead V8发动机。

镀铬与舒适性

凯迪拉克的高品质汽车虽然拥有精美的内饰，但它们却远离传统的英式高档木纹装饰。相反，彩绘装饰、镀铬板和新材料（如乙烯基和电木等）被用来生产现代化的驾驶室，并提供各种豪华功能。

▷ 庞蒂亚克 Chieftain 敞篷车 1949款

产　地	美国
发 动 机	4.079升，直列八缸
最高车速	137千米/时

1949年，低矮、光滑、全尺寸的车身使庞蒂亚克成为热门话题。Chieftain可以定制一系列额外的附加功能，包括调频收音机、加热座椅，甚至Remington剃须刀。后期版本可以配备助力制动器和空调。该车型一直生产到1954年。

◁ 斯蒂旁克（Studebaker）Champion 1947款

产　地	美国
发 动 机	2.779升，直列六缸
最高车速	132千米/时

1947年，斯蒂旁克是第一个设计战后造型的品牌。1950年，Champion车型进行了第一次换代，新款车型配备更长的“鼻子”、更强大的发动机和自动变速器，提供双门和四门的轿车、旅行车、跑车及敞篷款式。

伟大的设计师
哈利·厄尔

夸张、庸俗、过时这些词经常被用来批判哈利·厄尔（Harley Earl）的设计。但毋庸置疑的是，这位20世纪50年代的设计大师总能准确迎合消费者。在此期间，哈利·厄尔设计了一些极富代表性的车型，并以此帮助通用汽车成为当时世界最大的汽车生产商。

生涯大事记

- ▷ **1927年** 为凯迪拉克设计了拉塞尔（LaSalle）车型，该车在市场上取得了巨大的成功
- ▷ **1927年** 晋升管理岗位，负责通用的艺术与色彩部门
- ▷ **1930年** 与拉里·费舍尔（Larry Fisher）合作设计了凯迪拉克V16超跑，这是世界上第一款配备了V16发动机的量产车
- ▷ **1933年** 设计的第一款概念车——凯迪拉克空气动力学跑车在芝加哥首次展出
- ▷ **1938年** 别克 Y-Job以“时代梦想车”的名义亮相

△ 别克 Y-Job 1938款
Y-Job是最早的概念车之一，车身上的很多造型特征被别克一直沿用到20世纪50年代，直瀑式格栅今天仍然在一些车型上出现。

- ▷ **1945年** 成立自己的设计公司——哈利·厄尔股份公司
- ▷ **1948年** 受喷气式战机的启发，厄尔设计的凯迪拉克1948款成为第一款带有飞机式尾翼的汽车
- ▷ **1953年** 设计的科尔维特跑车投产
- ▷ **1954年** 雷鸟XP-21在通用公司举办的时尚汽车展上展出，喷气式战机式的设计成为主流
- ▷ **1959年** 凯迪拉克奢华尾翼式的设计达到了巅峰，但厄尔选择了功成身退，在这一年宣布退休
- ▷ **1969年** 厄尔去世，享年75岁

你甚至可以认为，汽车造型在哈利·厄尔之前并不存在。这位天才设计师的贡献不仅在于开拓了汽车造型设计领域，他还是一位先驱，他对汽车工业的影响时至今日依然可以被感受到。

雪佛兰 科尔维特C1效果图，1953年
这幅手绘效果图展示了科尔维特C1的车尾，不仅展现了汽车光滑、修长的外观，还给人一种汽车正在加速驶离的视觉效果。科尔维特投产的第一年仅生产了300辆。

厄尔出生于手工世家，父亲经营一家马车车身设计工作室，为诸如罗斯科·阿巴克尔（Fatty Arbuckle，美国默片男演员）这样的好莱坞明星定做专属车身。年轻时，厄尔便在家中跟随父亲学习车身制造的工艺技巧。事实上，年轻的厄尔还是最先采用油泥为设计方案制作车身模型的设计师。

1927年，凯迪拉克的拉里·费舍尔第一次见到了工作中的厄尔，他立即意识到厄尔就是他要找的能领导公司刚刚成立的艺术与色彩部门的人选。经过10年的工作积累，厄尔最终担任凯迪拉克的副总经理，他所领导的部门也改名为造型部。

梦想成为现实

初入通用，厄尔就提出了一个在当时颇为新颖、大胆的概念——每年都推出新款造型的汽车，整个汽车工业界也都跟风这一举措。厄尔的建议大大提升了通用汽车的市场表现，因此，集团管理层与厄尔建立了亲密的关系。

1938年，厄尔推出了试验车型——别克Y-Job，并发明了“概念车”这一新概念。从此，概念车成了汽车工业界对外展示最新造型和科技的绝佳手段。厄尔本人则将Y-Job作为私人座驾开了10多年。修长、光滑的车身线条，隐藏式的大灯，电动折叠的车顶，处处体现着这款车型的科技感。

Y-Job取得了巨大的成功，但厄尔最出名的设计元素却是尾翼。这个大胆的造型的灵感来自洛克希德（Lockheed）P-38战机，并最早应用在1948年的凯迪拉克汽车上，就此拉开了汽车设计“喷气机时代”的序幕。1951年发布的别克LeSabre“梦想车”配备了铸造镁合金车身、加热座椅以及遇雨可以自动升起的车顶，处处体现出喷气机时代的科技感。为迎合喷气机的主题，1954年发布的庞蒂亚克 Bonneville Special车型甚至配备了真实的洛克希德P-38安全带。

1954年的雷鸟XP-21完美诠释了喷气机式设计，它由喷气发动机驱动，甚至看上去本身就是飞机机翼的一部分。1958年，雷鸟3型汽车则效仿NASA火箭的特征，配备了航天飞机机翼、宇航舱式的驾驶舱，以及花哨的光电设备。

通用 LeSabre，1951年
厄尔为通用设计的这款概念车引发了喷气机造型的潮流。

米歇尔和他的“设计姑娘”团队

通用 雷鸟3，1958年

“设计与美学不仅用来吸引眼球，它们也是生活的基础。”

——哈利 · 厄尔

多产的设计师

20世纪40年代是车展的全盛时代，通用汽车每年都会在全美举行名为“Motorama”的盛大巡回车展。展会的焦点就是众多拥有未来科技的概念车。1956年是该巡回车展的巅峰之年，这一年，通用向展会投入了1000万美元，吸引超过200万人观展。

厄尔是一位高产的设计师，仅1954年他便向公众发布了 12 款不同造型的汽车，包括别克 Centurion、奥兹莫比尔 Golden Rocket、庞蒂亚克 Club de Mer、雪佛兰 科尔维特 SS，以及喷气式造型的凯迪拉克 Cyclone。

部分在 Motorama 巡回车展上展出的概念车最终成了量产车，其中最知名的就是雪佛兰科尔维特。1953款科尔维特是美国第一款符合欧洲定义的跑车，同时也是全球第一款量产的玻璃钢车身汽车。厄尔的一些超前设计使通用领先了其他汽车公司，例如，双色涂装、环绕式风挡玻璃、四眼大灯都最先出现在通用的车型上。

传奇厄尔

厄尔与克莱斯勒设计师维吉尔 · 艾克斯（Virgil Exner）在设计趋势上一直在竞争，尾翼设计在1959款的凯迪拉克上迎来了巅峰，这款车拥有极大的尾翼，尾翼上安装了富有科技感的尾灯并覆盖镀铬装饰，环绕式风挡玻璃和双进气格栅则构成了华丽的前脸。

但好景不长，1959款凯迪拉克成为哈利 · 厄尔为通用做的最后一款设计，他随即宣布退休，并将他一手创建的设计部交给了比尔 · 米切尔（Bill Mitchell）。厄尔的退休也宣告了汽车业过度装饰时代的结束。

厄尔的传奇在1969年终结。纵观他的一生，厄尔有很多成就，他是推动女性成为设计师的先驱（代号为“设计姑娘”的活动），他是碰撞安全试验使用假人的支持者，他是汽车设计学科的创始人。最重要的是，他给了汽车灵魂，使汽车设计成为汽车工业中一个重要的环节。米切尔和他的“设计姑娘”团队一起为推广和鼓励女性成为设计师做了很多工作，例如帮助苏珊娜 · 范德比尔特成为雪佛兰室内工作室的首席设计师。

儿童汽车

第二次世界大战期间，赛车运动在法国被叫停，但成年人至少还可以享受儿童赛车的乐趣。儿童赛车类似玩具车，自汽车发明后不久就出现了，在第二次世界大战期间风靡欧美，一些车型甚至有独立的设计，但大多数只是真实车型的缩小版。

促销玩具

汽车生产商发现一条促销妙计——激发儿童对汽车的喜爱。20世纪30年代，美国的Graham-Paige（美国早期汽车制造商）在展厅摆放脚踏车玩具模型以辅助真车的销售。在此之前，雪铁龙为顾客的孩子定做了一批铁皮汽车模型。布加迪则更进一步，制造了儿童电动汽车。1949年，英国的奥斯汀开发了一款儿童脚踏车，型号为J40，是仿造A40制造的。J40的开发本意是促进奥斯汀产品的销售，但同时它也是一个非盈利慈善项目，J40由南威尔士的一间特殊工厂制造，工人主要是残疾的矿工。

小车手驾驶奥斯汀J40踏板车在2019年古德伍德复兴赛的一场特别比赛中激烈竞争。

GreenTiger
HUG 1

廉价国民车

20世纪20—30年代，美国的福特T型车和英国的奥斯汀7型车引领了低成本车型的潮流，到40年代，一批配备双缸小型发动机的经济型轿车被大量生产出来。当大型传统汽车采用前置后驱的布置形式时，这些小型汽车的发动机与驱动轮往往布置在同一方向，因此它们的传动系统占用的空间更小。尽管这些小型汽车略显简陋，但它们的设计是明智且实用的。

耐用的发动机
2CV的一大特色就是配备了风冷发动机，即如图所示的经典的0.375升排量发动机，后期被更大排量的发动机替代。两款发动机都在高转速下提供了良好的性能表现，并拥有较好的稳定性。

▷ 雪铁龙 2CV 1948款

产　地	法国
发 动 机	0.375升，水平对置双缸
最高车速	116千米/时

在雪铁龙 2CV 42年的历史中，其总产量超过500万辆。虽然有车速慢、噪声大的缺点，但这款轿车经济且实用，尽管只配备了窄胎，2CV依然提供了平顺的动力和极佳的操控性。帆布车顶可以向后折叠。

互联悬挂
前、后悬架被连接起来，以使2CV在不平的路面上提供更好的舒适性。

侧视图

简单的转向灯
侧置转向灯在20世纪50年代出现，这个聪明的创意使人们在车身前、后都可以看到转向灯，也意味着一辆车只需要配备2个转向灯。精简就是2CV的设计要点。

▷ Standard 8HP 1945款

产　地	英国
发动机	1.009升，直列四缸
最高车速	96千米/时

1945年，Standard的战前车型8HP重新投产，并改进为配备四速变速器。8HP的命名源于英国皇家汽车协会的马力分级，它决定了各车型所需缴纳养路费的比率（虽然事实上这款发动机提供制动马力为28马力的动力）。3年间，Standard共卖出了53 099辆8HP汽车。

◁ 雷诺 4CV 1946款

产　地	法国
发动机	0.760升，直列四缸
最高车速	92千米/时

4CV是雷诺最小的车型，看上去与其英国“友商”莫里斯Minor的车型相似。然而，它的非独立悬架和后置发动机使它更接近德国大众的设计。4CV是第一款销量超过100万辆的法国车型。

▷ Bond Minicar 1948款

产　地	英国
发动机	0.122升，单缸
最高车速	61千米/时

Bond公司的这辆三轮小型车售价便宜，税费低，只要有摩托车驾驶证就可以驾驶。它设计简单，其前轮上的风冷式摩托车发动机和设有倒挡为特征。

◁ 菲亚特 500C 1949款

产　地	意大利
发动机	0.569升，直列四缸
最高车速	96千米/时

这是丹特·吉阿科萨（Dante Giacosa）创作于1937年的杰作“Topolino”（俗称“小老鼠”）的最终版本，在20世纪30年代风靡意大利。作为早期的轿车，菲亚特500C仅有2个座位，配备了前置四缸发动机，在后期衍生出掀背车、旅行车、敞篷车、货车等多个版本。

法国之光

法国在20世纪30年代曾一度成为世界最活跃的汽车工业中心之一。第二次世界大战结束后，法国开始试图恢复汽车工业的高光时刻。标致在被强制停产前，已经开始涉足电动汽车领域，而今，像它的竞争对手雪铁龙和雷诺一样，标致只能重启战前车型的生产线。像塔尔博特这样的豪华车型尽管很难找到买家，但20世纪40年代的法国车型在今天看来，其功能性和豪华性依然值得推崇。

▷ 塔尔博特（Talbot） Lago T26 Record 1946款

产　地	法国
发动机	4.482升，直列六缸
最高车速	169千米/时

塔尔博特的老板安东尼奥·拉戈迅速推出了新款的战后车型，虽然它与战前的概念车非常相似。这是一款动力十足的豪华车，但大功率发动机的代价是高额的税率，因此它的销售十分惨淡。

▷ 雷诺 Juvaquatre 1946款

产　地	法国
发动机	1.003升，直列四缸
最高车速	96千米/时

该旅行车是雷诺第一款采用单体壳车身的量产车型，它的设计传统且基础，仅配备了三挡变速器和机械式刹车。1948年，它的旅行车和轿车版本宣布停产，但货车版本一直销售到1960年。

▷ **雪铁龙 Traction Avant 15CV 1938款**

产　地	法国
发 动 机	1.911升，直列四缸
最高车速	118千米/时

雪铁龙1934年发布的Traction Avant车型采用前轮驱动的形式，这震惊了汽车工业界。这款车型也在未来的10年里为汽车的稳定性、舒适性和驾驶乐趣树立了新的标杆。15CV的各种衍生车型一直销售到1957年。

前视图

后视图

▷ **标致 202 Avant 15CV 1947款**

产　地	法国
发 动 机	1.133升，直列四缸
最高车速	100千米/时

标致202旅行车的车身由木材和钢铁混合制成，十分实用、优雅、经济。同时，这也是应对法国战后钢铁短缺的手段。

◁ **标致 VLV 1942款**

产　地	法国
发 动 机	电动机
最高车速	35千米/时

标致设计了这款小型电池驱动的VLV车型，以“轻型城市轿车”应对法国的汽油配给制度。然而，在仅制造了377辆后，该车的生产线就被迫关闭了。

20世纪20年代，雪铁龙位于巴黎的组装工厂正在忙碌地生产

伟大的品牌
雪铁龙的故事

出生于巴黎的安德烈·雪铁龙（André Citroen）以制造齿轮起家，双人字形的车标就源自人字齿轮。在第一次世界大战期间积累了一定财富后，他决定效仿亨利·福特，投资建立一家汽车公司。

尽管雪铁龙最终设计出一些有个性的车型，但公司最初的目标是设计一款廉价汽车。

1919年，A型 10CV获得了16000个订单，因为它配置齐全，并且比大多数竞争对手都要便宜。因此，雪铁龙在巴黎的工厂的产能几乎无法应付火爆的市场需求。

1922年，雪铁龙发布了微型5CV三轮车，专为预算有限的女性车主设计，这款车配备了0.856升的发动机，同时拥有用户体验非常友好的配置，起动机构由起动电机控制，外观色彩鲜艳，在市场上大获成功。安德烈·雪铁龙是一个天才销售员，他通过一系列营销手段（包括销售雪铁龙玩具汽车、以25000个灯泡点亮艾菲尔铁塔等）进一步提高了雪铁龙的影响力。而他另一个值得一提的宣传手段是组织雪铁龙Kegresse探险车在1922年穿越撒哈拉沙漠，这项挑战获得了极大的关注。

不久之后，雪铁龙成长为综合性的大型集团。公司决定在1934年通过推出7CV来实现技术创新。这款车由前轮驱动，拥有集成的车身、底盘结构，以及由弗拉米尼欧·贝尔托尼（Flaminio Bertoni，法国著名的汽车设计师、雕塑家）设计的漂亮外形，特别的是，这款车还具备在当时颇为少见的牵引辅助功能。然而，这也是一款昂贵的汽车，高昂的开发成本使雪铁龙走向破产边缘，也令安德烈·雪铁龙的健康状况加速恶化，最终他在1935年去世，没有坚持到这款车在市场上获得成功的那天。牵引辅助功能只有在发生过紧急情况后才能依靠口碑被证明是受欢迎的，而这需要时间。这款车一直销售到1957年。

海报，1927年
这张生动的海报展现了在雪铁龙接受服务时的场景，这是雪铁龙大力宣传的手段。

雪铁龙 Ami 6
该车的棱角状外形引起了轰动，面市以后非常受欢迎，尽管它的2CV底盘意味着它是经济实惠型汽车，而不是速度型汽车。

雪铁龙的下一个惊世之作，即1948年发布的2CV诞生在公司的窘迫时期。它是一款非常基础的四门轿车，它的适用性很广，农民用它载着鸡蛋赶集、将它开下田野犁地而丝毫没有损坏。令人难以置信的是，2CV持续生产了42年，双缸风冷发动机和前轮驱动的配置在这期间一直保持不变。

雪铁龙于1955年发布的由弗拉米尼欧·贝尔托尼设计的DS19体现着勇于探索的精神。它拥有主动悬架及液压助力的转向和离合器等机构，所有这些都安装在一个流线型的车身中，与之前的任何车型都不同。

1962年的Ami车型是2CV和DS风格的混合体，也是2CV车型的进一步发展。此外，1967年的Dyane与其五门两厢车，以及1968年的Mehari都是具有全新车身的开放式多功能车。1970年，雪铁龙推出的两款新车开创了新的局面：搭载风冷水平对置四缸发动机的GS家用车获得了1971年的欧洲年度车奖项，SM车型搭载了2.7升玛莎拉蒂发动机。

于20世纪30年代被米其林公司控股后，20世纪60—70年代是雪铁龙最困难的时期。它收购了Panhard（法国汽车工业领域最早的公司），5年后又收购了玛莎拉蒂。但到1974年，雪铁龙因为新发动机的研发而濒临破产，并被竞争对手标致公司接管。

CX车型作为DS的继任者，被认为是最后一款“正统”的雪铁龙，它在1974年发布，之后，雪铁

雪铁龙 DS23，1973年
DS23的最终版本配备了一台2.3升发动机，并配有燃油喷射系统，可以提供制动马力为141马力的强劲动力。

“汽车需要更多的精神内涵。”

——罗兰·巴特（Roland Barthes）（哲学家、作家）在他1957年的《神话学》（*Mytholofies*）一书中对雪铁龙的评价

龙的车型如LN、Visa、BX以及AX都与标致车型共享零部件。其中，AX车型为经济型汽车树立了新的标杆，而XM车型和Xantia车型仍然体现了雪铁龙的一些不同特色，并配备了液压气动悬挂系统。

继一些反响平平的车型后，雪铁龙在2009年独立设计了DS3，并开始重新启用DS作为品牌名称，开发了一系列不同于主流家用车的新车型。雪铁龙汽车现在隶属于斯特兰蒂斯汽车集团。

雪铁龙Mehari，1968年
这款时髦的敞篷多功能车配备塑料车身，采用了大量2CV的机械部件。上图的海报体现出年轻人驾驶它的休闲生活方式。

未来的经典

C6 2000年的C6车型是雪铁龙自XM车型停产以来的第一款大型轿车，它大而舒适，与竞争车型非常不同。尽管C6有一个传统的后备厢，但它下凹的后窗十分新颖，沿着车身轮廓配备有一个尾门。它的许多安全功能都值得关注，包括车道偏离警告系统，以及世界首批“可弹出”的发动机罩（可帮助缓冲行人受到的冲击），C6还配备有车载抬头仪表盘，3.0升排量的汽油机或柴油机可供选择。

雪铁龙 C6 2005款

产　地	法国
发动机	2.720升，V型六缸
最高车速	230千米/时

雪铁龙希望在商务车占领市场的德国发布一款极富法式特征的车型。

C4 Cactus 多年来，雪铁龙的拥趸对品牌缺少独特的设计感到不满。然而，这款紧凑型SUV令他们十分满意，简洁的内饰、数字化显示和敦实的外观，得益于断崖式前鼻和侧面与角落中独特的“Airbump”塑料面板。

C4 Cactus 2014款

产　地	法国、西班牙
发动机	1.199升，直列三缸
最高车速	188千米/时

小型柴油发动机配备了涡轮增压器，这使得这款小型家用车拥有108马力的制动马力，在迸发出激情动力的同时也非常节能。

国际车展

在媒体资源有限的时代，车展给了人们一个独特的机会来欣赏和比较最新的车型，了解汽车设计的最新发展。巴黎、都灵、日内瓦、底特律和伦敦的车展吸引了成千上万人，汽车制造商把握机会向经销商、媒体和公众宣传他们的品牌。车展通常是重要汽车发布的首选场所。

概念汽车的黎明

Salon de l'Automobile是巴黎汽车沙龙的官方名称，首次举行于1898年。1948年的展览是历史上最重要的汽车展览之一，标志着法国汽车工业在第二次世界大战的灾难后的重生。很多新车型首次亮相，如雪铁龙2CV。潘哈德Dynavia的揭幕式之于大众，正如蜂蜜之于蜜蜂，人们纷纷前往观看。这辆古怪的空气动力学汽车并不向大众发售。它纯粹是一个展示品，旨在证明一辆超级流线型汽车也可以是实用的四座家庭轿车。通过这种方式，它成为了早期的“概念车”之一，后来成为全球车展的主要车型之一。

在1948年的第35届巴黎车展上，人们被泪滴形状的潘哈德Dynavia深深吸引，尽管它只展出不售卖。

路虎 I 系列

路虎的故事始于第二次世界大战期间英军驾驶的威利斯（Willys）吉普，这是一款成功的战时车辆，而路虎尝试复制这款车型。最初的路虎车型广受农民欢迎，它可以提供紧急支援，又拥有良好的越野性能。路虎 I 系列在今天是最受认可的一款经典车型。

路虎的整体造型自1948年公司成立以来变化不大，这也是路虎爱好者喜欢“Landies”（车迷对路虎车的昵称）的原因之一。对铁杆粉丝来说，I 系列就是标杆车型，没有任何多余的设计干扰到它的简单实用。

这些早期的车型并不具备复杂的机械构造，用的材料是铝镁合金，是战时生产飞机的边角料。使用简单的工程结构连接，如果出现问题，很容易进行再固定，其可靠性对军队和越野车爱好者来说是十分宝贵的。

侧视图

粗糙的内饰表明这是一辆工具车

四轮驱动意味着 I 系列可以适应任何路况，甚至可以蹚河

路虎车标

几十年来几乎没有变化，椭圆形车标的灵感据称来自设计师吃的午餐肉罐头底部。而这个名字表明了路虎品牌的起源——罗孚（Rover）汽车的一部分。没有比这更合适的车标了。

前视图

后视图

规格	
车型	路虎Ⅰ系列，1948—1958年
产地	英国索利赫尔（伯明翰的卫星城）
产量	212 685辆
结构	钢质底盘，铝质车身
发动机	1.595升，直列四缸
输出功率	制动马力为50马力
变速器	四速手动
悬架	前后板簧
制动器	鼓式制动器
最高车速	88千米/时

造型
自1948年原型车诞生以来，路虎看起来几乎没有变化，后来的车型虽然更大、提供更佳的舒适度，但是它们的源头显而易见。

原型车上的方向盘是安装在中间的，而量产车则提供了左舵和右舵的选择

较高的离地间隙和小的前后悬对于驶过较差路况至关重要

较低的重心意味着这款车可以爬上30°的斜坡而不翻车

在路上

路虎Ⅰ系列最接近英国军用吉普的简约设计，代表了路虎品牌的完全转型，当时的首席设计师莫里斯·维尔克斯（Maurice Wilks）于1947年在威尔士农场制造了第一台原型车。维尔克斯使用一些来自古老的美国陆军吉普车的零件，但他最终制造出来的是一种新型的小型农用车，并被认为是典型的英国汽车。对于收藏家来说这是富有吸引力的事情。基础的功能和精简的装饰使这款车成为车主可以在家自行修理的最简单的车型之一。

1. 坚固的发动机罩及简单的开启机构
2. 仅在后续的型号上提供的门把手
3. 指示灯是后来为满足法规要求而添加的
4. 早期车厢上的中心车头灯
5. 简单的三辐方向盘
6. 简单的仪表——早期的版本只有2个仪表盘
7. 变速杆、四驱选择杆和低传动比选择杆
8. 1950—1951年，2.0升发动机被1.6升的版本替代

1

4

2

3

5

6

7

8

工具车

多功能的全路况汽车，如美国的军用吉普车，最初是为战时而开发的。战争结束之后，吉普车在农业、建筑和紧急服务领域开辟了民用市场，还有一些人是为了娱乐而开这种车。与此同时，它成为一种适应性强的专用车型，成为美国汽车文化的一部分并传承至今。当时的一些轿车也变得更实用，额外的座位和随时转换为货车的设计为乘客和行李提供了更大的空间。

折叠顶棚已经算得上“奢侈”

板簧，适用于前后轮，简单可靠

▷ **威利斯 MB “Jeep” 1943款**

产　地	美国
发 动 机	2.199升，直列四缸
最高车速	96千米/时

威利斯、福特和班塔姆（Bantam）展开竞争，目的是争取到负责为美国陆军制造轻型的四轮驱动侦察车的合同。最终威利斯在竞标中获胜，而福特也将其作为福特GPW制造。该车一共生产了60多万辆，美军在20世纪60年代仍在使用它们。

外挂后备厢增加了行李容量

三窗九座版本

前轮驱动使转向更安全

◁ **雪铁龙 11 Famililale 1935款**

产　地	法国
发 动 机	1.911升，直列四缸
最高车速	105千米/时

这款雪铁龙前驱车长4.5米，转弯半径非常大。但它是大家庭和出租车公司的理想用车，它有3个侧窗和3排座位，最多可载9人。

前挂备用轮胎方便取用

冲压的肋条提高了车身刚度

大花纹轮胎胎面可提供更大牵引力

▷ **大众 Kubelwagen 1940款**

产　地	德国
发 动 机	0.985升，水平对置四缸
最高车速	80千米/时

这款基于甲壳虫设计的军用车，服务于第二次世界大战的德国陆军，尽管只有两轮驱动，但平坦的底盘可以应付复杂的地形，发动机位于驱动轮上，并提供辅助牵引。1940—1945年，该车共制造了50 435辆。

备用轮胎挂在背部以免占用车内空间

运载区可以改装为载人或载货区

重要信息

仪表板是最基础的，但它为司机提供了确保车辆正常运行所需的所有信息。上面除了速度表外，还包括一个电流表、一个燃油表和一个发动机油位和温度计。

全功能、全路况

吉普车的内饰设计服务于其军事用途。没有车门，风挡玻璃可以拆卸。指示牌写明了如何使用换挡杆，方向盘后面则安装了一个步枪底座。

可选直列六缸或V8发动机

2种货斗可供选择

福特提供了8种可选颜色

◁ 福特 F系列皮卡 1948款

产　　地	美国
发 动 机	3.916升，V型八缸
最高车速	113千米/时

福特战后的第一个全新车型是一辆专门设计的皮卡，它的设计理念就是“更耐久”。这款车型获得了成功，1948年，F系列使福特卡车的销量达到近20年来最高。F系列的继任者在今天依然流行。

前脸体现出它与吉普车的关系

镀铬装饰画龙点睛

▷ 威利斯 Jeep Jeepster 1948款

产　　地	美国
发 动 机	2.199升，直列四缸
最高车速	96千米/时

这是由布鲁克斯·史蒂文生（Brooks Stevens）设计的一款基于战时吉普车的有趣跑车。它采用后轮驱动，并有更多的设备和镀铬装饰，以使其不那么像工具车。然而，它只售卖了3年。

提高汽车质量

激增的出口市场加剧了竞争，更挑剔的顾客迫使整个产业进行升级。汽车已经变得更便宜、更常见，它已经不再专属于有钱人，而成为普通的消费品。因此，车企逐渐开发了科学系统的方法来研发并优化它们的汽车产品，这意味着在发布前需要大量的测试。

严格的测试

耐久性试验有助于发现结构和机械缺陷，而冷热环境的路试则可以检验车辆能否适应极端天气。车企也创造性地提出了新车型的耐久性评估标准，特别设计的平台组件用于模拟耐久性测试。防止灰尘、烟雾和水进入汽车对保护汽车内部和延长汽车寿命很重要。这辆俄制ZIS 110是斯大林所使用的豪华轿车，正在接受高压液体喷射的测试。这并不值得奇怪，为斯大林定制的版本重量超过4吨，全车配备装甲，堪称牢不可破。

ZIS 110 豪华轿车的样车，这是一辆原型车，正在接受雨淋测试，ZIS车型基于帕卡德（Packard，美国汽车制造商）超级八号车型设计。

1887年，卡尔·本茨（Karl Benz）与他的商务秘书坐在他本人拥有专利的汽车上

伟大的品牌

梅赛德斯-奔驰的故事

1926年，戴姆勒与奔驰合并，这意味着汽车产业的两个先锋品牌最终走到了一起。合并后的梅赛德斯-奔驰不仅是一个豪华品牌，也为自己开辟了一条行业领先的创新之路。

卡尔·本茨和戈特利布·戴姆勒（Gottlieb Daimler）是否有过交集无从查证。本茨的三轮汽车“Motorwagen”于1896年1月29日在曼海姆获得了专利，它的单缸四冲程内燃机使用天然气。

坎施塔特的工程师戴姆勒在1883年成功制造出汽油发动机，并在1885年左右将其安装在一辆早期的摩托车上。1888年，本茨成为第一个销售汽车的人，戴姆勒则稍晚，在1892年开始销售汽车。1年后，奔驰Velo成为世界上第一款两座四轮的量产汽车。不过，戴姆勒在1901年制造的汽车更成功，它拥有钢质车身与底盘结构、后置四缸发动机、铝制曲轴箱、齿轮变速结构及油门，这款车凭借较低的重心而操控性良好。该车以梅赛德斯为品牌对外销售，以一位戴姆勒经销商的女儿的名字命名，这家经销商拥有梅赛德斯的独家经销权，包括1903年推出的一款配备了在当时颇为先进的顶置气门结构、制动马力为60马力的发动机的汽车。

梅赛德斯-奔驰 540K豪华跑车
于1936年推出，是豪华跑车的终极车型。

本茨的Blitzen赛车由费迪南德·波尔舍（Ferdinand Porsclve）设计，并在1909—1924年保持着228千米/时的世界车速纪录。本茨和波尔舍也是增压技术的先驱，1927款梅赛德斯-奔驰 SSK是当时世界上动力最强的跑车；同一时期，梅赛德斯也推出了一系列型号的汽车。

合并后的梅赛德斯-奔驰在斯图加特建立了新的工厂，政府的支持让品牌得以制造出体型更大、动力更强的车型，如540K和Grosser Limousine等。

梅赛德斯-奔驰的战后重建进展缓慢，1946年，

“伯莎·本茨终于在夜幕降临时，用电报向卡尔·本茨宣布了这一成就。”

——扎克里·弗兰克·亚瑟，2015年的《苏格兰每日邮报》，关于伯莎·本茨在1888年驾驶她丈夫的汽车行驶了66英里的消息

梅赛德斯-奔驰S级，1979年
这款十分长寿的S级轿车版本，代号为W126，是空气动力学效率和乘员安全性设计的典范。

战前车型170V重新投入生产，1951年，300系列豪华车问世。1953年的W120系列则是全新的四缸全尺寸轿车，采用了全新的汽车结构。随后，柴油机和六缸汽油机相继问世，到1958年，公司年产量突破了10万辆。

梅赛德斯-奔驰凭借W125车型在20世纪30年代主导了欧洲赛事。W154在20世纪50年代夺冠，1954年，胡安·曼努埃尔·范吉奥（Anthony Manuel Fangio）第二次获得了世界冠军。1952年赢得勒芒24小时耐力赛的300SL则成为终极跑车，它配备了鸥翼门和燃油喷射系统。然而，公司在1955年终止了赛车计划，原因是在勒芒赛事中的事故造成83名观众遇难。奔驰车手皮埃尔·莱维赫（Pierre Levegh）（驾驶300SLR）也不幸在事故中去世。

1959年，Fintail 200/300系列是第一辆拥有科学设计的溃缩区的汽车，这款车取代了波顿（Pondon）。这款标准的中档梅赛德斯在1967年、1976年和1985年稳定地演变、换代。

190SL跑车于1955年发布。230SL是非常强劲的跑车，它除了延续190SL的经典造型，还配备了硬顶。

80年代的明星车型包括1981年推出的世界首款使用安全气囊的S级轿车，1989年新增的SL是第一款带有创新弹出式防滚架的车型。

1998—2007年，梅赛德斯-奔驰与克莱斯勒有一些不成功的合作。奔驰还推出了Smart品牌，开发了A级家庭两厢车，并重新启动了迈巴赫品牌。该公司于2009年推出了德国第一款汽油-电动混合动力的量产汽车，2019年又推出了全电动EQ系列。

梅赛德斯-奔驰190SL，1955年
这辆双门豪华跑车可以选配固定的软顶或可拆卸的硬顶。

未来的经典

SLK 230 Kompressor 对于梅赛德斯-奔驰来说，SLK跑车是一个重要的转型。它是当时公司制造的最短的汽车，配备2.3升四缸增压发动机，后轮驱动，配备的自动变速器也很受欢迎。但这款汽车最大的特点是其被称为“Vario”（多变）的车顶，可以由电机控制自动折叠起来，还预留了实用的行李空间。

梅赛德斯-奔驰 SLK 230 Kompressor 1996款

产　地	德国
发 动 机	2.295升，直列四缸
最高车速	233千米/时

20世纪90年代，消费者对两座运动跑车的兴趣再次被点燃，梅赛德斯推出了这款豪华车型以对抗宝马Z3，随后AMG为这款车型推出了3.2L发动机的版本。

SLR McLaren 由梅赛德斯-奔驰设计，迈凯伦汽车公司进行开发和制造；与其他高性能梅赛德斯-奔驰车不同，它是在英国制造的。SLR拥有惊人的速度——335千米/时。截至2009年，SLR共生产了2 252辆，SLR已经被证明是一款非常赚钱的超级跑车。

梅赛德斯-奔驰 SLR 迈凯伦 2003款

产　地	德国、英国
发 动 机	5.439升，V型八缸
最高车速	326千米/时

这辆车凭借制动马力为617马力的动力成为当时性能最强的汽车之一。配备的“蝴蝶门”则是向50年代的300SL车型致敬。

小型家用车

在许多国家，由于经济萧条和燃料配给供应，战后很长一段时间人们更关注小型经济型汽车。其中最著名的是大众汽车，设计于20世纪30年代，由英国人在1945年投入生产。它成为世界范围内的畅销车，几十年来一直保持着生产。但是还有更多的小型车，它们来自欧洲和美国。每款车都通过新颖的方法来降低成本，使更多的人负担得起。

▷ 莫里斯 8系列 E型 1945款

产　地	英国
发动机	0.918升，直列四缸
最高车速	93千米/时

它是旧车型的改进款。E系列车型获得了升级的发动机、新的散热器格栅和前大灯。它也舍弃了老旧设计，并获得了一个足够现代的外观，直到被流行的莫里斯Minor代替而停产。

◁ 福特 Taunus G93A 1948款

产　地	德国
发动机	1.172升，直列四缸
最高车速	96千米/时

福特公司的德国分部使用与英国福特生产的E93A汽车相同的发动机、底盘和悬架制造出这款紧凑型家用车，并受到了美国林肯Zephyr的启发，把车身设计得更加现代。与G73A一样，这辆车在战后重新投产，作为过渡车型。

◁ **大众甲壳虫 1945款**

产　地	德国
发 动 机	1.131升，水平对置四缸
最高车速	101千米/时

这是一款专门为德国人设计的低价车。后置风冷发动机经久耐用，高温不易发生故障。该车自第二次世界大战后开始生产，后来在墨西哥继续生产至2003年，销售量达2 100万辆。

前视图

后视图

舒适而不追求速度
尽管甲壳虫的发动机很普通，但该车的空气动力学性能好、重量轻，轻巧的结构确保了它是一艘高性能的“巡洋舰”。全方位独立的扭力杆悬架也为驾驶者提供了舒适的驾乘体验和合理的操控性。

紧凑的设计
发动机后置的优点在于消除了对重型后桥的需求，减轻了车身重量，并有助于保持简洁的设计。汽车前部提供了储物空间，但是有限。

▷ **Crosley 1948款**

产　地	美国
发 动 机	0.721升，直列四缸
最高车速	113千米/时

Crosley展示了其独特的“CoBra”发动机的创意，该发动机使用铸铁活塞和钢板制成的缸体，并配有顶置凸轮轴。这种发动机后来被证明不可靠，Crosley于是重新设计了一款铸铁缸体的版本，但即使如此，它也没能赢得美国市场。

◁ **萨博（Saab）92 1949款**

产　地	瑞典
发 动 机	0.764升，直列双缸
最高车速	105千米/时

萨博92具有低风阻车身，配备了双缸二冲程前轮驱动发动机、三速手动变速器和一个自由轮装置。92及其后继者93、96是十分成功的拉力赛车。

伟大的设计师
费迪南德·波尔舍

保时捷是很多跑车爱好者的信仰，而它的创始人，费迪南德·波尔舍的成就则不仅在于建立了一个世界著名汽车品牌。作为一个技术和发明天才，他设计了大众甲壳虫，他也是混合动力汽车的先驱，同时也是诸多世界成功赛车背后的智囊。

生涯大事记

- ▷ **1897年** 设计并制造出先进的轮毂电机，由电力驱动
- ▷ **1900年** Lohner-Porsche在巴黎世博会上发布。这是世界上第一款混合动力汽油/电动公路车
- ▷ **1928年** 设计的梅赛德斯-奔驰SSK很快成为当时世界上最伟大的跑车之一
- ▷ **1933年** 负责汽车联盟赛车的工程设计并大获成功
- ▷ **1934年** 获得“国民车”大众甲壳虫的设计资格
- ▷ **1948年** 凭借保时捷356，费迪南德·波尔舍创造了自己的全新跑车王朝

△ 保时捷 356，1948年
这是保时捷公司制造的第一款汽车，“356”代表它是费迪南德·波尔舍参与设计的第356个项目。

- ▷ **1949年** 全家移居斯图加特
- ▷ **1999年** 被追授“世纪汽车工程师”称号

费迪南德·波尔舍于1875年出生在当时的奥匈帝国的马夫斯多夫村。他在很小的时候就对工程领域十分着迷，特别是令人兴奋的电力工程领域。

18岁时，他决定放弃全日制大学学位，尽快投身于电力工程事业。尽管没有经过专业培训，他仍然加入了Béla Egger（维也纳的一所电力公司），并在1897年设计出开创性的电动轮毂电机。这个设计在当时非常先进，提供了一种高能效的推进系统。

1898年，波尔舍开始在奥匈帝国军方拥有的一家位于维也纳的Jakob Lohner公司工作。不久，他设计的轮毂被安装到了Lohner-Porsche（很可能是世界上第一台前轮驱动车）上。这款车在1900年的巴黎世界博览会上展出，立即大获成功，被媒体誉为“划时代的创新”。

随后，波尔舍为Lohner公司设计了第2款车——世界上第一辆真正的混合动力汽车。它不仅有电池组，还具有一台由内燃机带动的发电机，通过这台发电机带动轮毂电机。由于四轮轮毂中各有一台电机，这款惊人的汽车被誉为“世界第一款四轮驱动车”。然而，4吨的重量让该车过于笨重，无法赢得未来的市场。

梅赛德斯-奔驰 SSK，1929年
费迪南德·波尔舍为梅赛德斯-奔驰设计的最后一款车型，在当时是最快的车型，车速可以达到193千米/时，这为该车在一系列赛事中获胜奠定了基础。

不过，波尔舍驾驶这辆车参加了一些比赛，并取得了几次胜利。他优秀的驾驶技术也使他后来被任命为奥匈帝国皇储斐迪南（Ferdinand）大公的司机。

波尔舍于1906年就职奥斯特-戴姆勒公司，被任命为技术经理。1923年，他在戴姆勒总部工作期间决定移居德国，领导了著名的梅赛德斯增压发动机计划，最终制造出那个时代的世界最强跑车——梅赛德斯-奔驰SSK。

波尔舍在1929年离开了戴姆勒，1931年以自己的名义在斯图加特开了一家咨询公司。在奥地利政府的财政支持下，他为Wanderer和Zündapp设计了新车。

国民车

1933年，德国政府制订了2个计划，这2个计划都影响到波尔舍。第1个计划是由国家赞助的赛车项目，该计划助力波尔舍设计出汽车联盟（Auto Union），这款车配备了V16发动机和波尔舍发明的限滑差速器。

大众Type A，1933—1934年

指示灯，大众甲壳虫C.1970

“如果一个人从未失败过，意味着他从未挑战过自己的极限。”

——费迪南德·波尔舍

第2个计划是“国民车”计划，也被称作Volkswagen（德语，意为“人民之车”），德国政府任命波尔舍和他的儿子一起负责推进这项计划。他们使用独立底盘、风冷后置发动机和独特的流线型车身设计出简洁高效的车型，并给该车起了一个昵称（也是最终的名字）——甲壳虫。

战争计划

1938年，波尔舍在德国政府的授意下又设计了一款基于大众底盘的64型精简赛车，配有改装的大众发动机。它便是保时捷跑车的前身。

1939年第二次世界大战爆发，大众的甲壳虫项目被迫中止，波尔舍将甲壳虫汽车改装为军用车。战争期间，他设计了一些坦克，还为一些飞机项目提供了技术支持。

1945年战争结束，作为战争赔偿，波尔舍连同他的工厂设备在法国被重新安置。然而，这遭到了法国汽车工业界的反对，波尔舍与儿子费利（Ferry）因为与纳粹的关系甚至被送进了监狱。费利在6个月后被释放并回到公司负责公司的运营，在波尔舍服刑期间，费利设计了一款新的名为Cisitalia的赛车，波尔舍出狱后对这款车大为赞赏。最终，父子二人决定创立自己的跑车品牌——保时捷，新车采用甲壳虫式的后置风冷发动机布置，这一布置形式延续了数十年。第一款356车型于1948年开始由奥地利的一个小型工厂生产，不久保时捷便迁往斯图加特，而这个汽车帝国在斯图加特发展至今。

1951年，费迪南德·波尔舍去世，享年75岁，虽然他没能见证公司的真正荣光，但他可以放心地将事业交给自己的儿子费利。波尔舍的传奇故事广为人知，1999年，波尔舍被追授“世纪汽车工程师”称号，这是他应得的荣誉。

传奇的延续
费迪南德·亚历山大·波尔舍，保时捷创始人的孙子，是他设计了保时捷最著名的911车型，这款车延续了波尔舍的传奇，成为保时捷的新标志。

文森佐·兰西亚（Vincenzo Lancia）驾驶一辆菲亚特参加Targa Florio汽车比赛，1907年

伟大的品牌

蓝旗亚的故事

虽然如今已经沦为菲亚特-克莱斯勒的子公司，蓝旗亚所拥有的、将工程创新与艺术设计融为一体的悠久传统却几乎没有公司可以与之媲美。蓝旗亚自1906年成立以来，这家总部位于都灵的公司，其车型和车手在汽车赛事中共享职业荣誉，特别是在近年来的一些国际拉力大赛中。

文森佐·兰西亚最初是一名会计，不安于现状的他进入菲亚特，很快成长为菲亚特的首席工程师兼试车手。他的驾驶技术令人印象深刻，很快便在邀请赛中赢得了荣誉。1904年，他驾驶一辆10.5升排量的菲亚特以迅雷之势在Coppa Florio汽车比赛中行驶了370千米，这也成为他比赛生涯的高光时刻。

1906年，在朋友的支持下，兰西亚在意大利购买了一家工厂，成立了自己的汽车公司蓝旗亚，并雇了约20名员工。在不到一年的时间里，他们的第一辆车便进入了测试阶段，但不幸的是，这款汽车和设计图纸毁于大火。经过7个月的重建，新设计的车型搭载了2.5升四缸发动机。

该车型制造并销售了十余辆后，第二款车于1911年被开发出来，随着在英国和美国的出口销售额上升，蓝旗亚需要一个更大的工厂。当时，蓝旗亚不仅为自己的汽车生产车身，还为诸如Locati e Torretta、Farina和Maythorn等公司提供发动机和底盘组件。

蓝旗亚车型的命名非常有趣，早期的车型简称为Beta、Gamma、Delta，一直到Zeta（希腊字母顺序）。当公司用尽了希腊字母表时，开始使用古罗马统治者的女儿的名字命名，这一规则适用于从1931年的阿尔塔纳到1972年的富尔维亚。

蓝旗亚 Fulvia HF，1966年
HF车型是Fulvia Coupe的高性能版本，配备了输出制动马力为132马力的1.6升水平对置四缸发动机，轻量化的车身造就了绝佳的操控性。

蓝旗亚 Lambda，1922年
作为一款令人眼前一亮的跑车，Lambda非常安全稳定，这主要因为它的承载式车身（灵感来自于铆接的船体）、独立的前悬架和降低重心的V4发动机。

蓝旗亚的设计在汽车史中举足轻重，1922年生产了搭载小夹角V8发动机的Trikappa，1年后，蓝旗亚制造了单壳式车身的Lambda。而另一个明星车型是1937年的Aprilia，这款车在兰西亚逝世后不久发布，并在各项赛事上取得胜利，包括在1938年的蒙特卡罗拉力赛上包揽前6名。

兰西亚对技术创新的热情意味着他早期制造的汽车往往是昂贵、高档的。直到1930年，公司发布了第一款民众消费得起的汽车——奥古斯塔（Augusta）。这款车同样配备了V型发动机，但只有4个缸而不是传统的8个。这款车卖出了超过14000辆，它在各种赛事中的表现依然令人印象深刻。

奥古斯塔的车主包括一些赛车史上极其成功的车手，如塔基奥·努瓦拉里（Tazio Nuvolari）和阿希尔·瓦基（Achille Varzi），这有助于建立蓝旗亚拥有赛车血统的口碑，良好口碑的持续时间甚至超过了许多后来的汽车，并保证了公司产品的长期稳定供应。在勒芒24小时耐力赛和高山拉力赛等重大赛事中，蓝旗亚所向披靡，但事实上蓝旗亚在20世纪50年代之前并没有设置专门的赛事相关部门。新的赛事部门由莲花（Lotus）、法拉利和Cooper公司的前员工建立，负责开发世界一级方程式锦标赛（以下简称“F1”）的参赛车型。

20世纪50年代中期的另一大新闻是兰西亚的遗孀和儿子将公司卖给百万富翁卡洛·佩森蒂（Carlo Pesenti）。佩森蒂曾是一名水泥大亨，他在蓝旗亚投入了大量资金用于公司的现代化和扩张计划。对于许多蓝旗亚的忠实车迷而言，新公司在

蓝旗亚 Flaminia Sport Zagato，1958年
这款GT车型仅制造了不足600辆，它配备了V6发动机，车顶2个泡泡一般的隆起是这款车最典型的特征。

“蓝旗亚意味着胜利，它的每一处都与众不同。”

——蓝旗亚FLAVIA的广告语

这一方面失去了一部分赛车灵魂，但是随后生产的Flavia Zagato Coupé和Fulvia HF等车型表明蓝旗亚仍然葆有青春。

紧凑、轻巧、风格独特的车型虽然比Stratos车型便宜，但作为收藏品则越来越有价值。在同一时期，公司因为资金原因也生产了许多平庸的车型（一些家用车，如Beta、Thema和Dedra），但是忠实车迷并不会记住这些，他们眼中只有蓝旗亚最好的产品。

蓝旗亚 Delta Integrale，1987年 配备了一款最大输出165马力制动马力的2.0升涡轮增压发动机，这款四轮驱动的实用五门两厢轿车可以同时演绎作为拉力赛车的双面生活。

未来的经典

Delta Integrale Evoluzione II 蓝旗亚于1969年被卖给菲亚特，希望它借助高性能热门产品复制先前的辉煌。S4车型在1986年世界锦标赛中排名第2，蓝旗亚借此契机制造了一系列涡轮增压型四轮驱动车型。Evoluzione快速且犀利，拥有扩大的拱门和突出的扰流板。这款汽车大获成功，时至今日仍然有人在寻找并购买这款车型。

蓝旗亚 Delta Integrale Evoluzione II 1993款

产　地	意大利
发动机	1.995升，四缸
最高车速	220千米/时

1993年发布的Evoluzione相比前作更强大，配备了制动马力为215马力的发动机。除此之外，在外观上也体现出审美的变化。

Kappa Coupé 拥有缩短的轴距、更宽的车体以及用于区分轿跑车和轿车型号的无框车门，尽管市场表现不佳，这款车对于如今的蓝旗亚收藏家来说却是罕见的“野兽”。该车仅提供左舵版本，它配有阿尔法·罗密欧（Alfa Romeo）发动机。然而，它并没能为公司赢利，这与定价过高有关。

蓝旗亚 Kappa Coupé 1997款

产　地	意大利
发动机	2.955升，V型六缸
最高车速	220千米/时

基于Kappa商务轿车打造，是自1984年以来蓝旗亚的第一款轿跑车。其发动机虽然受到广泛好评，但该车的造型并不受欢迎。

中档家用轿车

家用车在20世纪40年代经历了巨大的变化。独立尾翼、迎宾踏板和独立的前大灯都过时了，取而代之的是现代的全尺寸造型。这一设计风潮由美国汽车企业引领，促使欧洲的汽车公司越来越多地使用镀铬装饰及创新的人造材料。在这一背景下，各生产商间有很大不同，因为每个公司的目标是生产最适合本国市场的汽车。高强度和可靠性是所有车型的共同目标，但还有一些图便宜的买家更看重舒适的乘坐体验和灵活的操控性。

▽标致 203 1948款

产　　地	法国
发 动 机	1.290升，直列四缸
最高车速	118千米/时

203的设计理念十分先进。坚固的单壳体车身经过了风洞试验以降低风阻，液压悬架可以在颠簸的道路上保持平顺性。发动机则配有带顶置阀和半球形燃烧室的铝质气缸盖。截至1960年，该车共售出近70万辆。

前视图

跨时代的造型
203的许多设计元素都是当时的家用轿车的设计典范，如被安装在车身内部的大灯。

后视图

优雅而宽敞
203虽然采用锥形设计，但它配备了一个宽敞的后备厢。在今天看来，它有一个很大的保险杠和滑稽的小灯。

▷凯旋 1800 1946款

产　　地	英国
发 动 机	1.776升，直列四缸
最高车速	121千米/时

标致在1945年收购了凯旋（Triumph），并以伯明翰的高档品牌为名将其重新推向市场。该车的发动机在1949年升级为2.088升，1950年更换新底盘后，该车以Triumph Renown的名字一直销售到1954年。

◁沃尔沃 PV444 1947款

产　　地	瑞典
发 动 机	1.414升，直列四缸
最高车速	122千米/时

沃尔沃的这款车配有单壳体车身和新的顶置凸轮轴发动机，领先于时代。该车的原型车在1944年首次发布。1956年，PV444成为第一款在美国以双化油器形式出售的沃尔沃汽车。

简洁的轿车
203的内饰十分简洁，在最初的版本中，车速表安装在彩绘的金属仪表板上，但在1952年，它被移到驾驶员的正前方。前门处增加了转向灯，并换上了更大的后窗，前排座椅被移动以填满客舱的整个宽度，变速杆位于转向柱上。

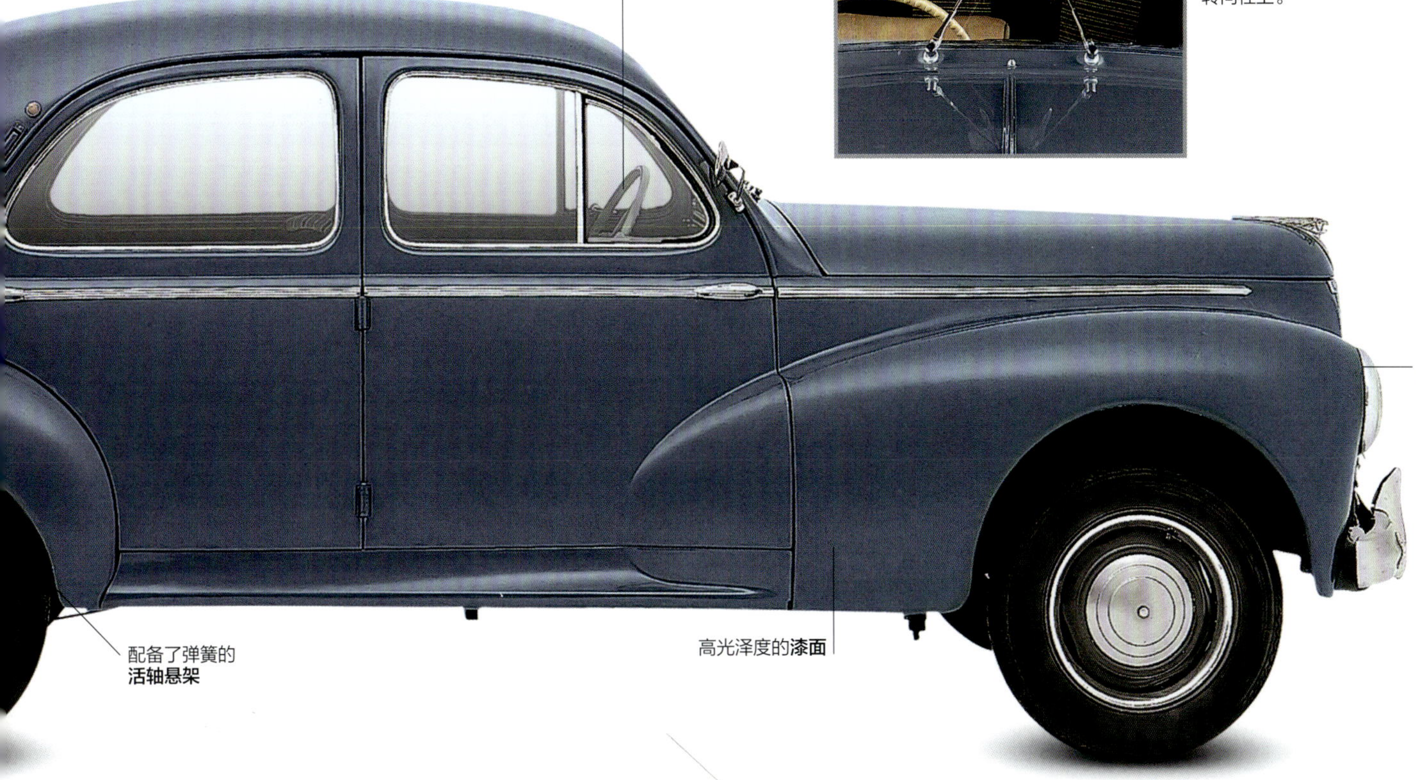

◁ **乔伊特 标枪（Jowett Javelin）1947款**

产　地	英国
发 动 机	1.486升，水平对置四缸
最高车速	126千米/时

位于约克郡的小公司乔伊特勇于尝试，生产了一辆几乎全新的战后车型——标枪。它拥有一台先进的水平对置四缸发动机，这使它的重心降低，从而保证了出色的操控性。

▷ **Tatra T600 Tatraplan 1946款**

产　地	捷克斯洛伐克
发 动 机	1.952升，水平对置四缸
最高车速	129千米/时

T600有令人惊叹的现代车身与单壳结构，风阻系数低至0.32。动力来自一台后置的风冷四缸发动机。该车提供宽敞的空间，共可容纳6人。

FORD
E FUEL F

20世纪50年代

车轮上的世界

Messerschmitt KR200

车轮上的世界

20世纪50年代，汽车在人们日常生活中的地位无可替代。但拥有一辆汽车并不是轻而易举的事情，事实上，有数百万人渴望能在当时尚不拥堵的公路上开着属于自己的私家车。

美国汽车制造商采用新技术，推出了强调动力、豪华和设计魅力的汽车。设计师们通过创新设计、增添航空航天元素和镀铬装饰来提升汽车的吸引力。汽车研发的另一个重点则是使平顺的驾驶性能与充沛的动力相结合，由此，大功率的竞赛拉开了帷幕。

△ **安全措施**
梅赛德斯－奔驰 W111于1959年推出，这是第一款引入前后碰撞溃缩区的汽车。图为使用火箭推进的雪橇对其进行测试。

在欧洲，此时的汽车原材料依然稀缺，1956年更是爆发了石油危机。因此，欧洲汽车的研发重心落在了经济型汽车上。大型汽车被用作工作车辆，如出租车和警车，豪华轿车则服务于商界领袖和政府官员。

但来自意大利、德国和英国的高效赛车装备也带来了将技术与造型完美结合的高级跑车。与此同时，处于起步阶段的日本汽车产业正在努力追赶西方国家；韩国的汽车工业则刚刚起步。

随着高速公路在世界各地的大量建设，长途驾驶所需的时间大幅缩短，但是更高的行驶车速也引发了新的关注点——安全性。碰撞安全性、制动性能、驾驶员的行为规范和汽车的机械可靠性都需要跟上高速公路的建设速度。

> “事实上，驾驶并不只是为了从A地到B地，我享受汽车带给我的驾驶乐趣，并与它融为一体。”
>
> ——恩佐·法拉利，传奇赛车手及汽车工程师

◁ Messerschmitt KR200 的海报，1955年

大事记

- ▷ **1950年** 罗孚发布世界上第一台涡轮发动机，并展示其动力性能
- ▷ **1952年** 柯林·查普曼（Colin Chapman）创建莲花工程公司；奥斯汀和莫里斯正式合并为英国汽车公司
- ▷ **1953年** 雪佛兰制造了第一款后来名声大噪的科尔维特系列跑车
- ▷ **1954年** 超级跑车时代迎来了曙光；梅赛德斯-奔驰300SI发布，它配备了鸥翼门和世界首款燃油喷射系统
- ▷ **1954年** 第一辆福特雷鸟（Thunderbird）豪华跑车从底特律的工厂下线
- ▷ **1955年** RCA和Philco首次在美国汽车上提供晶体管收音机

△ **美国汽车制造业的力量**
20世纪50年代，汽车制造业成为美国工业部门的最大产业，10年间销售总量达到近6000万辆。

- ▷ **1955年** 电影演员詹姆斯·迪恩（James Dean）在加州、他的保时捷跑车中被杀害
- ▷ **1956年** 超过20000人参加了雷诺Dauphine在巴黎的发布会
- ▷ **1957年** 菲亚特推出了全新的500型经济型轿车
- ▷ **1958年** 阿斯顿·马丁发布优雅且强悍的GT跑车——DB4
- ▷ **1959年** Mini成为第一款发动机横置、前轮驱动的经济型汽车
- ▷ **1959年** 捷豹推出标志性的Mk2轿车

20世纪30年代末，沃尔沃PV51、沃尔沃PV52的车身正在接受检查

伟大的品牌

沃尔沃的故事

提到瑞典，很多人首先想到的是Abba（瑞典著名演唱组合），而沃尔沃则是瑞典的另一张名片，尽管它在1999年被国外车企收购了。沃尔沃汽车一直以安全性闻名于世。19世纪，沃尔沃公司的前身开始生产球形轴承，并以“滚动”一词的拉丁文为公司命名。1926年，在制造了10余辆原型车后（其中一辆甚至以木质龙骨和纤维车身制成），沃尔沃正式发布了自己的第一款汽车。

沃尔沃的第一款量产车在1927年4月问世，它拥有一台2.0升发动机和不太受欢迎的外观，但公司依然希望能卖出至少1000辆。最初，沃尔沃汽车的发动机和变速器都是从外部供应商采购的，几百辆的惨淡年销售量促使沃尔沃决定设计一台新的六缸发动机。1929年，由沃尔沃独享的六缸发动机投入生产。

由于采用美式车身造型，沃尔沃的市场被限制在国内。直到1947年，公司推出了经济的双门轿车PV444，该车型融合了美式风情和欧洲的实用性需求。截至1956年1月，沃尔沃制造了超过10万辆汽车，联合创始人阿萨尔·加布里埃尔森（Assar Gabrielsson）在考察了美国市场后认为，沃尔沃应该专为美国市场设计、制造一款运动跑车。但该项目在加布里埃尔森退休后被终止，而该项目的产物P1900仅生产了70多辆。

作为P1900的替代品，亚马逊（Amazon）120系列轿车在出口市场上取得了成功。该车型采用了PV444的底盘，但更换了优化的后悬架。这辆车还配备了开创性的三点前排安全带，这是一个伟大的安全发明，开启了为驾驶员和乘客提供安全保障的时代。该车相继在比利时、智利、南非、加拿大及瑞典的工厂组装生产，作为一款造型帅气而又富有竞争力的车型，它一直是沃尔沃汽车的典范。

沃尔沃 262C，1977年
这是一款大型双门轿跑车，配有真皮内饰和2.7升V6发动机，该车的推出是为了提高沃尔沃的声望。

亚马逊120系列的总销量超过66万，足以证明其受欢迎的程度。

从20世纪70年代中期开始，旅行车成为沃尔沃的标志，这期间推出了一系列大型旅行车，如200、700和900系列。当公司再次决定推出跑车（1961年已推出P1800）开辟市场时，甚至还要专门生产一个旅行车版本，即P1800ES。

沃尔沃有着维持老款汽车长期生产的传统，冒险换代对它而言并不值得。沃尔沃最后一辆PV车型在1965年下线，亚马逊系列一直销售到1970年，P1800的销量不大却持续生产了12年。

事实上，“探侠”西蒙·坦普勒（Simon Templar）在电视连续剧《圣徒》（*The Saint*）中驾驶的就是一辆沃尔沃P1800，这对沃尔沃的品牌影响力起到了积极的宣传作用［该角色的扮演者罗杰·多特里（Roger Daltrey）本人确实拥有一辆同款车］。另一方面，沃尔沃进入赛车运动领域的举措也成功引起了人们的注意，虽然成绩不佳，只有Van-850旅行车在90年代中期的英国旅行车大奖赛中排名第八。

沃尔沃也推出过一款造型略显奇怪的262C Bertone轿跑车。但在家用车和货车领域，沃尔沃获得了巨大的成功。

1999年，母公司沃尔沃集团（AB Volvo）决定专注于商用车业务，于是将乘用车部门出售给福特。这个消息让许多瑞典人感到震惊，但是与福特共享零部件和新车

沃尔沃 221/222 Amazon estate，1962年
这款坚固耐用、家用和商用皆宜的车型使得沃尔沃这个瑞典品牌成为当之无愧的旅行车领先品牌。

“我们希望汽车能让车主的生活更轻松，而不是让事情复杂化。”

——伊娃-丽莎 · 安德森，2004款沃尔沃概念车背后的全女性设计团队的项目经理

型的开发成本给沃尔沃公司带来了有效的规模经济效应。2010年，沃尔沃乘用车部门又被转卖给中国的吉利集团。

2015年，沃尔沃收购了北极星赛车并进行调整，将其变成了一个独立的汽车品牌。沃尔沃长期以来留给人老式、古板的印象，但新车的外观则更具流线型特征。尽管曾经的沃尔沃忠实车迷目前更青睐奥迪和宝马，但这些年来沃尔沃的销量已经有所回升。

至少，沃尔沃还拥有世界上最长里程的汽车：美国人伊夫 · 戈登拥有一辆1966年的沃尔沃P1800S，里程表显示其行驶里程超过了480万千米。

沃尔沃 P1800S，1963年
电影明星罗杰 · 摩尔（Roger Moore）主演英国电视剧《圣徒》。

未来的经典

C70敞篷车 试图复制P1800的成功，这款时尚的C70定位为轿跑车和敞篷车，在2006年的车型换代之前共销售了50000辆。C70提供了经济型的汽油机和柴油机可供选择，如今，这一系列中最稀有的车型是拥有藏红花色珍珠金属漆的版本，这个颜色一共生产了不到150辆。

沃尔沃 C70 敞篷车 1997款

产　地	瑞典
发动机	2.319升，五缸
最高车速	250千米/时

C70提供了非常友好的驾驶体验，结合了舒适性和动力学特性，翻车保护系统（ROPS）增强了安全性。

C30 T5 作为沃尔沃对紧凑型运动汽车的进一步尝试，三门C30可以被视为沃尔沃早期的1800ES和480ES的继承者，但它远超两者。在很大程度上，这是由于福特 · 福克斯的高性能版本所带来的多样化的部件和专有技术。福特赋予了C30良好的操控性与加速性能，从而使沃尔沃可以专注于该车的其他方面。

沃尔沃 C30 T5 2006款

产　地	瑞典
发动机	2.435升，五缸
最高车速	240千米/时

沃尔沃的入门级轿跑车紧凑、时尚、灵活。制动马力为220马力的发动机和三点悬架提供了驾驶乐趣。

家用轿车

这类空间宽大的轿车正是消费者所渴望的车型，这类车型面向事业有或且有孩子的消费者。这种车型是由经理而不是普通员工驾驶的汽车，它们并不是某些制造商的产品线中最热销的车型，通常车体更大，价格更高，也是最先采用独立悬架设计的车型。这种家用车是第二次世界大战后真正意义上的新车，取代了从20世纪30年代沿用至今的老旧设计。

仪表盘设计
Zephyr拥有带式速度计、大型方向盘、镀铬的环式喇叭推杆和柱式换挡杆，具有典型的20世纪50年代仪表盘风格。

▷ 福特 Zephyr Mk II 1956款

产 地	英国
发 动 机	2.553升，直列六缸
最高车速	145千米/时

Mk II是1951年的Zephyr的换代产品，拥有时尚的、独立于底盘的车身，配有过度夸张的美式镀铬装饰、柱式换挡杆、伞式手刹和带式速度计。问世后不久，这款汽车又推出加装超速挡的自动变速器的版本，但是仍然保留了影响汽车加速性能的真空雨刷。

前排可以乘坐3人

大灯被前翼子板包裹

可选的行车灯是流行配置

长而低
更长的轮距使得MkII的Consul、Zephyr、Zodiac 3款车型可以以较低的车身姿态获得修长的造型，前环绕式风挡玻璃提供了更好的视野。

车身被Consuls、Zephyrs及Zodiacs 3款车型所共享

后备厢空间

侧视图

▷ 欧宝（Opel）奥林匹亚 Rekord 1953款

产　　地	德国
发 动 机	1.488升，直列四缸
最高车速	121千米/时

欧宝最早以Rekord为这款车型命名，但这个名字后来被1986年的另一款更大的车型使用。第一款Rekord抛弃了30年代的设计风格，采用典型的美式造型，而事实上，欧宝一直由美国通用汽车公司控股。

◁ 阿尔法·罗密欧 1900 1950款

产　　地	意大利
发 动 机	1.884升，直列四缸
最高车速	166千米/时

1900是阿尔法·罗密欧第一款配备独立悬架的车型，也是第一款大量生产的车型，此前的车型产量都很低，许多部件是手工制造的。1900凭借其双凸轮发动机和全尺寸的空气动力学车身系统成为一辆真正具备现代化特征的汽车。

▷ 梅赛德斯-奔驰 220 1954款

产　　地	德国
发 动 机	2.195升，直列六缸
最高车速	162千米/时

梅赛德斯-奔驰第一款独立悬架的车型。无论是商用还是用作出租车，该车都大受欢迎。六缸汽油机的版本于1954年推出，并获得了市场认可。

▷ 沃尔沃 PV544 1958款

产　　地	瑞典
发 动 机	1.583升，直列四缸
最高车速	153千米/时

PV544是第一款沃尔沃在斯堪的纳维亚半岛以外大量销售的车型，凭借良好的可靠性迅速为沃尔沃建立了质量上的声誉。该车配备了独立车身、独立的前置和螺旋弹簧悬架。该车一直生产到1965年。

喷气机时代的汽车

对美国而言，20世纪50年代是一个激动人心的时代。航空航天方面的探索发展解放了大众的想象力，而汽车企业则努力将它们的产品与这些新技术和新潮流挂钩，以迎合消费者。与战斗机停放在一起的克莱斯勒汽车的海报彰显出这是一个“喷气机”设计语言流行的汽车时代。

来自未来的设计语言

底特律的汽车公司赋予产品更博眼球的造型和更强的动力，希望借此击败竞争对手，它们的宣传广告总是夸张地表现着新款车型。1956年，克莱斯勒的车型采用了夸张的色彩和极其前卫的造型，这在当时是十分大胆的做法。广告宣传语中写道：“突出的大灯、飞扬的尾翼、简洁的线条，这是来自未来的设计，快行动吧”。广告的结尾则更加夸张：“系上安全带，如果你愿意的话”。而这种热情在今天依然具有感染力。

1956年杂志上的一张广告图片，描绘了排成一排的各品牌汽车，包括克莱斯勒、道奇、DeSoto、Imperia及普利茅斯，外加一架喷气式战斗机。

极致性能

许多极具代表性的车型在20世纪50年代出现，这些车型在一定程度上仍然体现在如今的新车型上。在欧洲，许多普通的汽车仍在努力将车速提升到110千米/时以上，而最新的法拉利和捷豹的车型在造型设计和强劲动力方面却是非常不可思议的。这类汽车在刚刚经历战争的世界有着明星般的魅力。一些车型在赛道上取得胜利，并成为民族认同的象征，体现出民族自豪感。

轻且强大
安装在250 GT SWB上的2.953升顶置凸轮轴V12发动机比许多对手的动力装置轻，使该车能够达到270千米/时的车速。

▷ 法拉利 250 GT SWB 1959款

产　　地	意大利
发 动 机	2.953升，V型十二缸
最高车速	270千米/时

配备了V12发动机的250 GT SWB在1959年的巴黎车展上发布，定位是高性能赛车，同时也可以用作公路车。车身由意大利的宾尼法利纳公司设计，成为许多法拉利车型的模板。

实用主义的内饰
250 GT SWB的功能性和没有任何噱头的驾驶舱是专为车手设计的，所有主要控制装置都在车手触手可及的位置。

为速度而生
早期的250 GT SWB采用手工打造的轻型铝合金车身，但后来只应用于纯粹的赛车版本。法拉利在赛道上证明了自己的强大。

侧视图

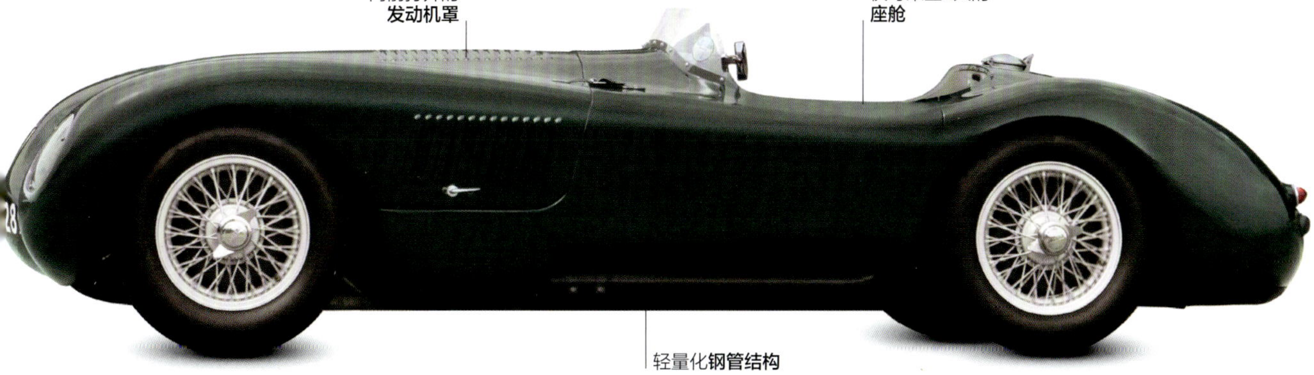

◁捷豹 C-type 1951款

产　　地	英国
发 动 机	3.442升，直列六缸
最高车速	232千米/时

这是一辆也可以在公路上行驶的赛车，C-type车是XK120的竞争对手，配有轻量化的管状底盘。C-type车在1951年首次亮相，赢得了勒芒24小时耐力赛，并在2年后配备了盘式刹车后再次夺冠。

▷阿斯顿·马丁 DB2/4 1952款

产　　地	英国
发 动 机	2.580升，直列六缸
最高车速	187千米/时

这款GT车型基于DB2打造，全系标配W.O.Bentley的拉贡达双凸轮轴发动机及钢质的底盘。该车参加了1955年的蒙特卡罗大奖赛，是真正具有赛车血统的车型。

◁蓝旗亚 Aurelia B20 GT 1953款

产　　地	意大利
发 动 机	2.451升，V型六缸
最高车速	180千米/时

这个巧妙的四座轿跑车是现代紧凑型大旅行车的模板。该车采用独立悬架、后置式“驱动桥”变速器及革命性的子午线轮胎。优秀的动力表现得益于全球首款V6发动机。它还具有稳固轻便的单体钢结构。

▷Facel Vega FVS 1954款

产　　地	法国
发 动 机	2.528升，V型八缸
最高车速	185千米/时

1954年前，Facel Vega为汽车生产商（如福特）提供车身。FVS拥有克莱斯勒V8发动机、轻型飞机的同款仪器和锋利的车身，与法国汽车风格巧妙混合。使用大型美国发动机也是其他欧洲高性能汽车制造商的方案之一。

意式风格

意大利人将艺术和工程相结合，制造出有趣、时尚的汽车，而且它们涵盖了各种尺寸和价格范围。V型发动机、顶置凸轮轴、盘式制动器、独立悬架和单壳式车身等创新配置使意大利车型遥遥领先于当时在欧洲大部分地区盛行的战前设计。这些新车的成功使意大利成为当时世界最大和最成功的汽车出口国之一，意大利的汽车产量在20世纪50年代迅速增长。

▷ **菲亚特 8V 1952款**

产　地	意大利
发 动 机	1.996升，V型八缸
最高车速	190千米/时

这款罕见的运动型轿跑车配备了70°斜角的V8发动机，以及原配于一款豪华轿车的2.0升、制动马力为105马力的发动机。该车在1952—1954年只生产了114辆，但这是一辆成功的赛车，主宰了意大利2升级别GT锦标赛。

◁ **菲亚特 1100 1953款**

产　地	意大利
发 动 机	1.089升，直列四缸
最高车速	121千米/时

长寿的1100车型是老款发动机和新款单体壳车身的结合体，这款车型推出了包括轿车、旅行车、软顶敞篷跑车的不同版本，1959年还加入了1.221升排量的发动机可供选配。这款车一直生产到1969年，后被前轮驱动的128车型替代。

▽ 蓝旗亚 Aurelia B24 Spider 1954款

产　　地	意大利
发 动 机	2.451升，V型六缸
最高车速	185千米/时

B24 Spider车型搭载了革命性的V6发动机和独立后悬架，这些配置延续自20世纪50年代宾尼法利纳公司为蓝旗亚设计的第一代Aurelia。这款车为两座车，配备了包裹性的风挡，尾部略微向上拱起。这款车在1944—1945年仅生产了240辆。

德维吉利奥（De Virgilio）的V6发动机
该V6发动机由弗朗西斯科·德维吉利奥（Francesco de Virgilio）设计，他是一名工程师，20世纪40年代曾在蓝旗亚的前瞻技术负责人维托瑞·加诺（Vittorio Jano）手下工作。气缸组之间有60°的夹角，活塞由沿着V型发动机的单个凸轮轴控制。

左舵还是右舵
意大利汽车在20世纪20年代中期转为右舵，Aurelia车型就采用了右舵，这也成了蓝旗亚的惯例。1954年，蓝旗亚的第四款轿车B24 Spider则提供了左舵的选择。在下线的240辆Spider中，有181辆为左舵车。

▷ 阿尔法·罗密欧 Giulietta 1954款

产　　地	意大利
发 动 机	1.290升，直列四缸
最高车速	142千米/时

这款车是1900车型的“弟弟”，在上市之前遭遇了难产，但它绝对值得等待。配备了单体壳车身和双顶置凸轮轴的全合金发动机，提供优秀操控性的独立前悬架和后驱动轴。虽然这一切配置的材料在当时很容易被锈蚀，但不可否认的是，它是一辆至轻至快的小型车。

◁ 蓝旗亚 Appia 1953款

产　　地	意大利
发 动 机	1.089升，V型四缸
最高车速	121千米/时

蓝旗亚1953年推出的这款小型车参考了之前的大型车Aurelia的造型，它的前悬采用了老式蓝旗亚车型惯用的滑柱式悬架（早期汽车的一种悬架设计），而后悬带有活动轴，但配备了新式的窄角V4发动机。由于售价高昂，这款车的销量并不高。

伟大的设计师
扎加托

扎加托家族历经3代建立起拥有百年历史的设计王朝。扎加托的设计绝对是不容错过的，极致的外形、结构和性能都是扎加托的设计特征。如今，扎加托位于米兰的设计公司仍然在为阿尔法·罗密欧、玛莎拉蒂、法拉利、阿斯顿·马丁、布里斯托尔和蓝旗亚等大品牌提供服务。

生涯大事记

- ▷ **1929年** 阿尔法·罗密欧 6C 1750被扎加托改装为一辆具备赛事水准的跑车
- ▷ **1957年** 扎加托的标志性设计——“双泡泡”车顶第一次亮相
- ▷ **1962年** 新工厂在米兰阿尔法·罗密欧的工厂厂区落成
- ▷ **1962年** 扎加托的新设计伙伴埃尔科莱·斯帕达（Ercole Spada）创造了独特且富有争议的Lancia Flavia Sport

△ **阿尔法·罗密欧 TZ2, 1965年**
扎加托与意大利车队Autodelta合作，将阿尔法·罗密欧TZ改装成仅用于比赛的车型。它有一个专用的框架底盘和轻量化的车身。

- ▷ **1974年** 随着Zele的发布，扎加托成为电动汽车的先驱
- ▷ **1989年** 扎加托工厂全力投入阿尔法·罗密欧 SZ的生产
- ▷ **1996年** 扎加托基于兰博基尼 Diablo打造出概念车Raptor，但最终被兰博基尼拒绝
- ▷ **2000年** 扎加托进入“新古典主义”时代，即拒绝量产车，专注于独一无二的“情感”
- ▷ **2013年** 扎加托为阿斯顿·马丁设计了一系列标志性的汽车以纪念其成立100周年

乌戈·扎加托（Ugo Zagato）是第一批将航空技术应用到汽车的设计师之一，1919年，他离开了航空公司，成立了自己的设计公司。乌戈是一位先锋设计师，他所设计的阿尔法·罗密欧及20世纪20年代后期的法拉利 Scuderia在赛道连连获胜。他将航空技术应用于跑车，设计流线型的、符合空气动力学的轻量化车身，并搭配倾斜的格栅和凸起的发动机盖。Panoramico的车身就符合这样的设计，它由有机玻璃制成，最大限度地提高颜值并实现轻量化。

阿斯顿·马丁V8 Vantage Zagato设计素描
在1985年，这个吸引人的效果图足以让这个限量50辆的阿斯顿·马丁在短短几天内售罄。这笔收入帮助阿斯顿和扎加托维持公司运作，并形成了扎加托公司的商业模式——制造限量版汽车。

乌戈的儿子埃利奥（Elio）是真正把扎加托公司推向巅峰的人。1947年大学毕业后，他立即加入家族企业成为赛车手。他制造了自己的Gran Turismo汽车，并在与胡安·曼努埃尔·范吉奥和塔吉奥·努沃拉里等人的比赛中获得胜利。埃利奥在他参加的160场比赛中夺冠83次，并获得了5次GT系列赛总冠军。

扎加托公司在其辉煌的20世纪50年代GT时期设计了许多出色的汽车，但其最独特的创新是由父子二人联合开发的“双泡泡”车顶，并应用于Abarth 750 GT。这个弯曲的车顶在乘客头上形成拱形，提高了车身的扭转刚度。扎加托公司在这一时期继续设计了数十款优雅的车。

20世纪60年代，扎加托公司生产了一系列符合空气动力学的优雅轻型轿跑车，其中最特别的是阿尔法·罗密欧 Giulietta SZ。它基于Alfa Sprint Speciale的底盘并为赛道重新设计，新车比原型车轻120千克，并悬挂了另一个扎加托的标志——“coda tronca”，这个标志表明该车拥有经验证并被优化的空气动力学特性。1962年以后的TZ版本则受到更高评价。

标志性外形

SZ和TZ的成功以及蓝旗亚Appia、Flaminia的热销推动埃利奥在1962年决定建造一座新工厂，

> “你看到那辆车了吗？它是否与众不同？是的话就是扎加托的设计没错了。”
>
> ——埃利奥·扎加托

冷却通风口，玛莎拉蒂-A6G，1953年

阿斯顿·马丁 DB4 GT ZAGA70，1960年

新工厂毗邻米兰西北部的阿尔法·罗密欧工厂。与此同时，公司做出了另一个重要决定，聘请埃尔科莱·斯帕达（Ercole Spada）作为主设计师。斯帕达在设计领域拥有极高的原创性和符号性的造诣，设计出一系列有辨识度的独特造型。他最负盛名的作品就是1963年的Lancia Flavia Sport跑车，其次则是1965年的Lancia Fulvia Sport跑车和1969年的阿尔法·罗密欧 GT Junior Zagato。

20世纪70—80年代，定制车的市场开始走低，但是公司在新CEO——埃利奥的儿子安德烈亚·扎加托（Andrea Zagato）的领导下渡过了难关并扩大了生产。1984年，公司不仅赢得了许多设计合同，还承担了玛莎拉蒂 Biturbo Spyder、阿斯顿·马丁 V8 Vantage Zagato的制造工作。由扎加托设计、制造的限量版跑车还有阿尔法·罗密欧SZ、蓝旗亚Hyena和日产Autech Stelvio。

独特设计

20世纪90年代，安德烈亚将扎加托重组成为定制车工作设计中心，专门从事量身定制汽车的设计工作，开发限量车系列以及工程原型车。在埃利奥于2009年去世之前，扎加托作为独立设计公司的定制汽车和限量版汽车的声誉是无与伦比的。

近年来，扎加托公司继续与法拉利（575 GTZ）、阿斯顿·马丁（DB7 Zagato）、玛莎拉蒂（GS Zagato）、宾利（Zagato GTZ）、宝马（Zagato Coupé）、阿尔法·罗密欧（TZ3）等高端品牌合作。同时，扎加托公司也一直保留着它的继往佳作，该公司也在试图复刻扎加托的一些经典车型。

埃利奥在蒙扎
埃利奥子承父业。鉴于他作为一名赛车手的经验，他对伟大的GT车型有着最直观的感觉。

敞篷风格

相比普通车型，敞篷车更富乐趣和魅力，很多受欢迎的敞篷车应运而生。20世纪50年代，随着技术的进步，汽车制造商将车顶从轿车上移走，制造独立的敞篷车型。许多汽车本身并不是跑车，而是与家用轿车共享发动机等其他零部件，因此动力性和操控性与轿车基本无异。然而，这种共享也使得这类车型拥有更多的空间和更好的实用性，这使得它们比敞篷双座跑车更畅销。

▽凯迪拉克 Eldorado 1959款

产　地	美国
发动机	6.39升，V型八缸
最高车速	193千米/时

该车的命名采用内部征名竞赛的形式，最终秘书玛丽·安·祖博斯基（Mary Ann Zubosky）提出的Eldorado胜出，她获得了价值25美元的国防债券作为奖励。这款车在1953年首次亮相，风挡玻璃及尾翼由哈利·厄尔设计，并成为美国的汽车设计经典。

▷大众 Karmann Ghia 1957款

产　地	德国
发动机	1.192升，水平对置四缸
最高车速	124千米/时

民众日益提高的生活水平促使大众考虑制造一款基于甲壳虫的更高档车型，于是Karmann Ghia诞生了。1955款的车身由意大利设计师吉亚（Ghia）设计，德国车身定制商卡曼（Karmann）制造。上市后的第1年共售出约10000辆。

◁福特 Fairlane 500 Skyliner 1958款

产　地	美国
发动机	5.44升，V型八缸
最高车速	193千米/时

Skyliner拥有世界上第一个批量生产的可伸缩车顶。然而，这款车非常昂贵，并且只提供有限的驾驶空间和腿部空间，因此它的销量很低，并最终于1960年停产，总产量不足50000辆。

舒适的配置
专为远距离旅行而设计，驾驶辅助设备包括助力制动和助力转向，也配备了自动变速器。对乘客而言，电动车窗、电动调节座椅和缓冲性优秀的空气悬架等配置提升了乘用体验。

为全员设计的大空间
这辆凯迪拉克拥有近5.5米长的车身，即使在今天看来也是长车身。车身内部可以为5人提供舒适的空间，而后备厢则提供了可放下5个备用轮胎的空间。

前视图

尾翼高度超过1米

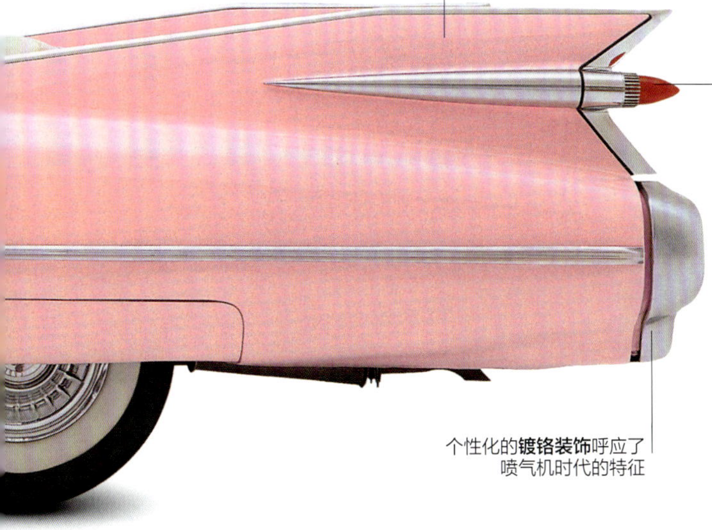

突出的圆顶形（类似教堂的圆顶）**尾灯**

个性化的**镀铬装饰**呼应了喷气机时代的特征

一流设计
1959年是汽车设计的黄金时代。凯迪拉克发布1年后，其继任车型Eldorado的尾翼缩减了15厘米。

倒车灯也符合喷气机的造型

后视图

有可折叠纤维**车顶**和固定的硬顶两个版本

1962年之前一直被命名为**Floride**

▷ **雷诺 Floride/Caravelle 1958款**

产　　地	法国
发 动 机	0.845升，直列四缸
最高车速	122千米/时

Floride/Caravelle的设计是受美国雷诺经销商的启发。车身由意大利工作室Frua设计，由法国车身制造商Chausson制造，后置的发动机源自雷诺Dauphine轿车。随着时间的推移，该车有限的性能得到了一定提升，后来的车型甚至配备了4个盘式制动器。

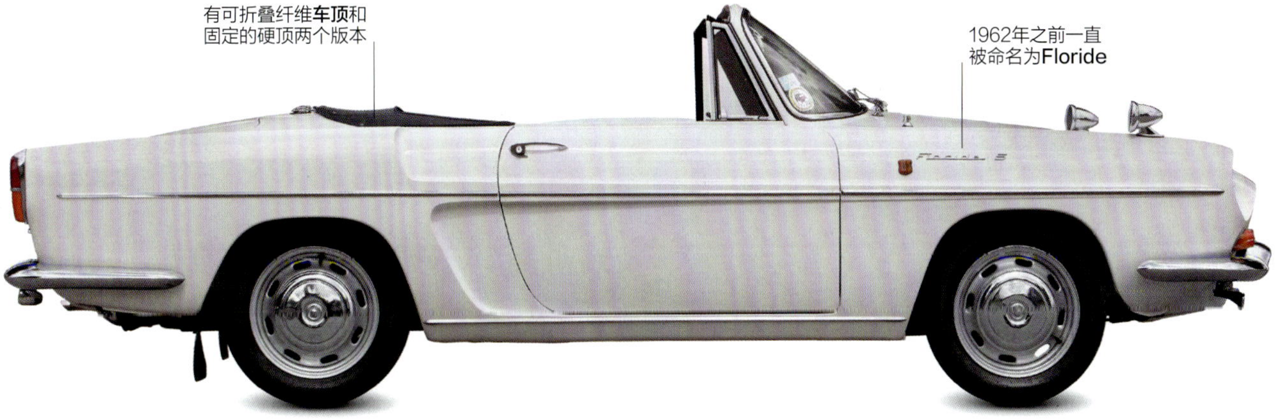

美式**后尾翼**

可放平的**伸缩车顶**

司机和乘客的**座位**

◁ **斯柯达（Škoda）Felicia Super 1959款**

产　　地	捷克斯洛伐克
发 动 机	1.221升，直列四缸
最高车速	140千米/时

斯柯达来自捷克斯洛伐克，1959年发布了可爱的Felicia车型。汽车在当地被认为是纯粹的功能性产品，该车型非常符合要求。在机械上它简单而常规，拥有一个单独的底盘框架，以及粗加工的摆动轴后悬架。

福特 雷鸟

福特 雷鸟在50年间共推出了11代车型，它的定位并不是像野马（Mustang）这样的运动型汽车，而是一款豪华的私家车。相比高性能，雷鸟更强调造型设计和复杂的功能，它为美国消费者提供了全新的驾乘体验。该车的总销量超过440万辆，超越了竞争对手雪佛兰 科尔维特。

雷鸟在1954年首次亮相，最初是一款双座敞篷车，福特希望用它来与雪佛兰的科尔维特竞争。这款车具备很多早期豪华车的特征，如铲式发动机罩、内置的后置备用轮胎和241千米/时的速度，但像早期的科尔维特一样，它并不适用于比赛等激烈的驾驶。该车搭载了福特 水星的同款4.8升V8发动机。福特突出了雷鸟的舒适和豪华，上市的第一年销量超过16000辆，而雪佛兰同年仅卖出了约700辆科尔维特。

侧视图

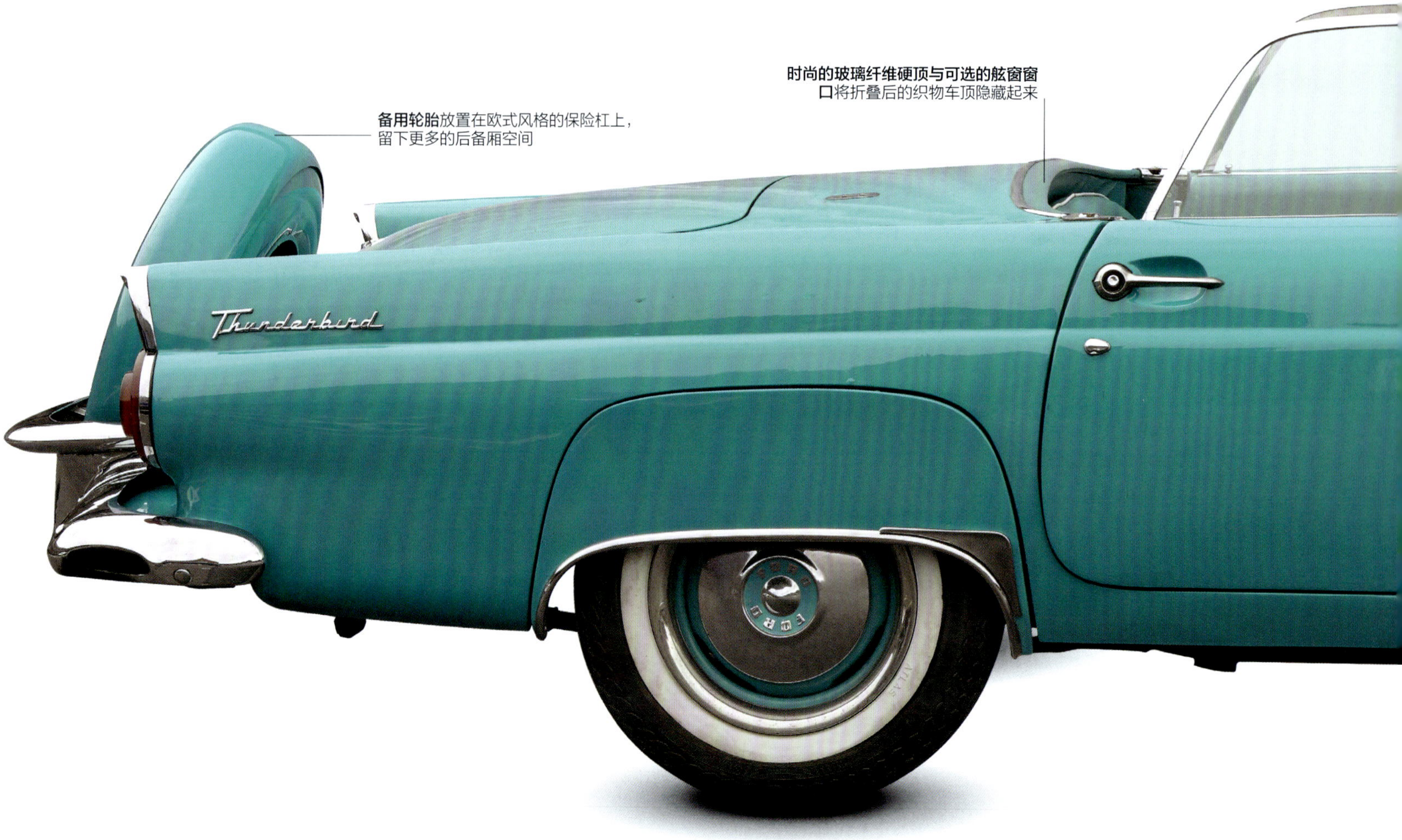

前视图

后视图

福特 雷鸟车标
“雷鸟”这个名字来源于美国西南部的沙漠原住民的图腾，并于1954年由年轻汽车设计师奥尔登·吉伯森（Alden Giberson）命名，据说他因此获得了一套价值95美元的西服作为奖励。

规格	
车型	福特 雷鸟，1954—1957年
产地	美国
产量	53 116辆
结构	钢质车身及底盘
发动机	4.785升，V型八缸
输出功率	制动马力为193马力
变速器	三速手动或自动
悬架	前筒式弹簧，后板簧
制动器	四轮均为鼓式制动器
最高车速	185千米/时

造型
雷鸟显然不是速度最快的福特车，但买家率先考虑的还是外观。作为一款相对较大的两座车，雷鸟具有时尚、低调的造型，奢华的内饰和舒适的车内空间。富有特色的单头大灯和小背光灯的辨识度极高，这是福特独有的。

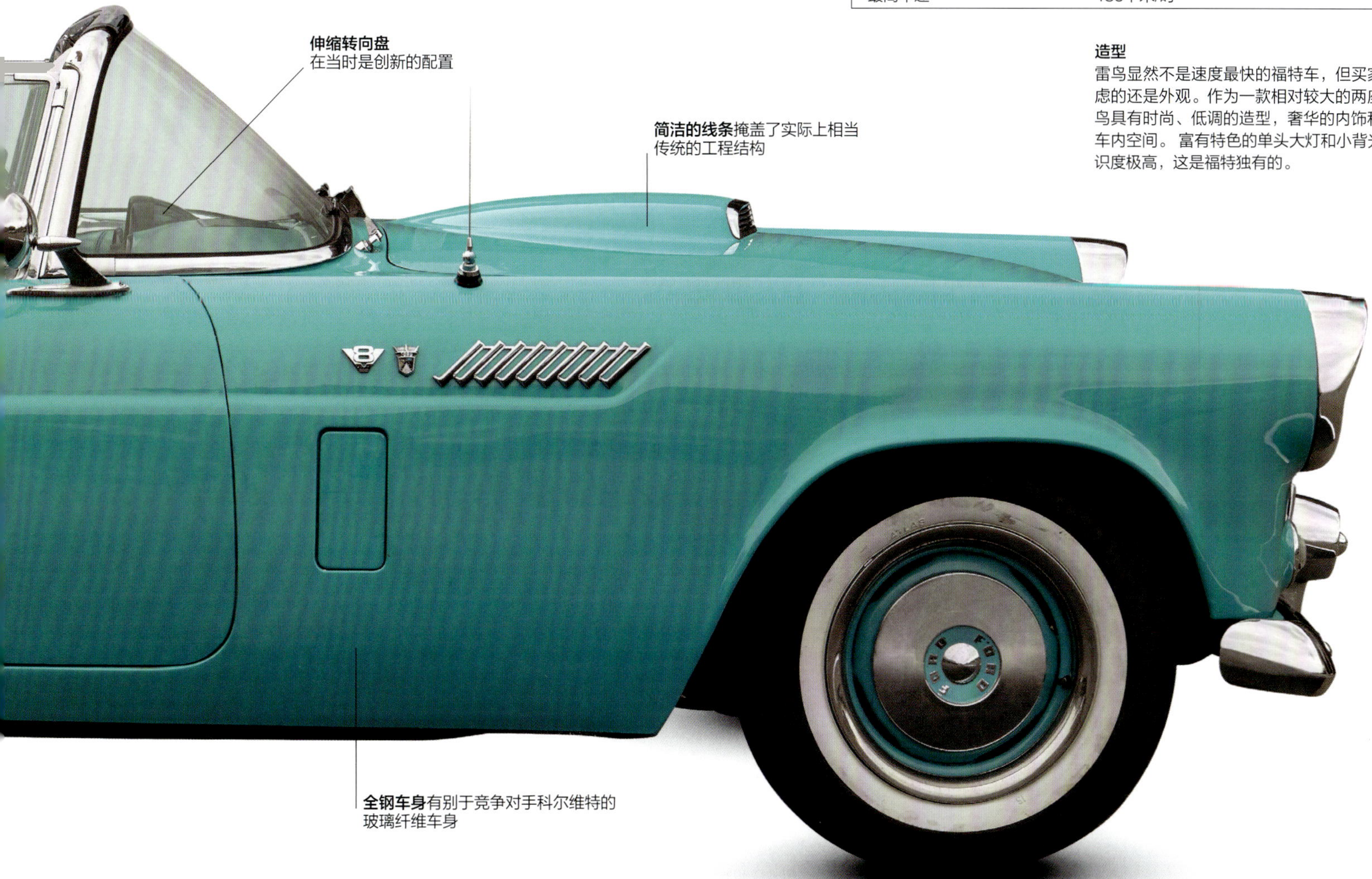

在路上

回首60多年的汽车发展史，在20世纪50年代，没有比这款配备尾翼、镀铬和圆形“歌剧”窗口的大型汽车更富美式风情的汽车了。

这恰好说明了它的魅力无与伦比，作为一艘“慷懒”的豪华游艇般的汽车，只有在美国开阔的道路上它才能尽情驰骋，这一点增强了它的吸引力。这辆车彰显了车主的地位——驾驶这辆车的人可以随意消费，只要他愿意，而普通人只能消费负担得起的商品。

大多数欧洲汽车的操控性都比美国汽车的更好，而科尔维特等美国汽车则在速度上更占优势。然而雷鸟依然有很大的吸引力，这些早期的车型在今天看来依然配得上好莱坞明星。

1. 雷鸟车标
2. 镀铬的进气口内是V8发动机
3. 固定在车门上的小型后视镜
4. 较宽的灯罩做了镀铬装饰
5. V8发动机是美式汽车的标准配置
6. 百叶窗标志为圆润的造型增添了一些运动元素
7. 尾灯设计呼应了这个流行尾翼的时代
8. 后置的“大陆”备胎
9. 华丽的内饰
10. 制热空调控制杆
11. 巨大的速度表盘
12. 条式座椅可以坐下2人

4

5

6
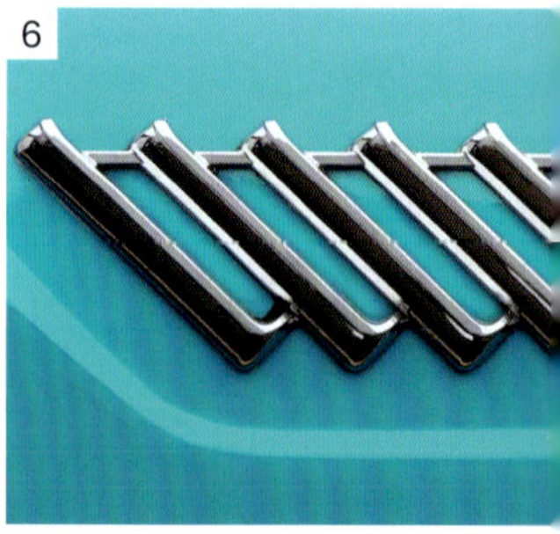

1

2

3

FORD

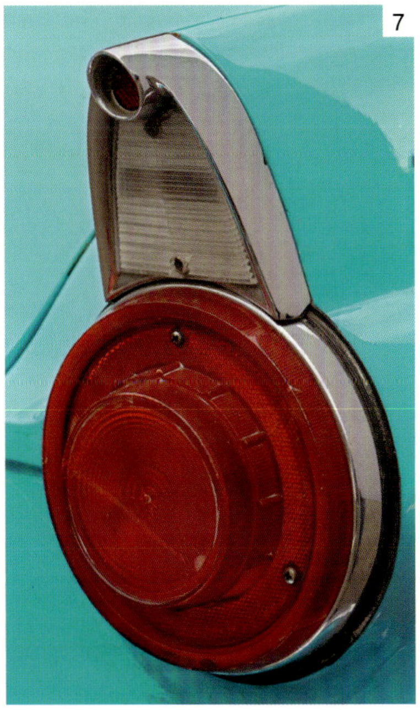
7

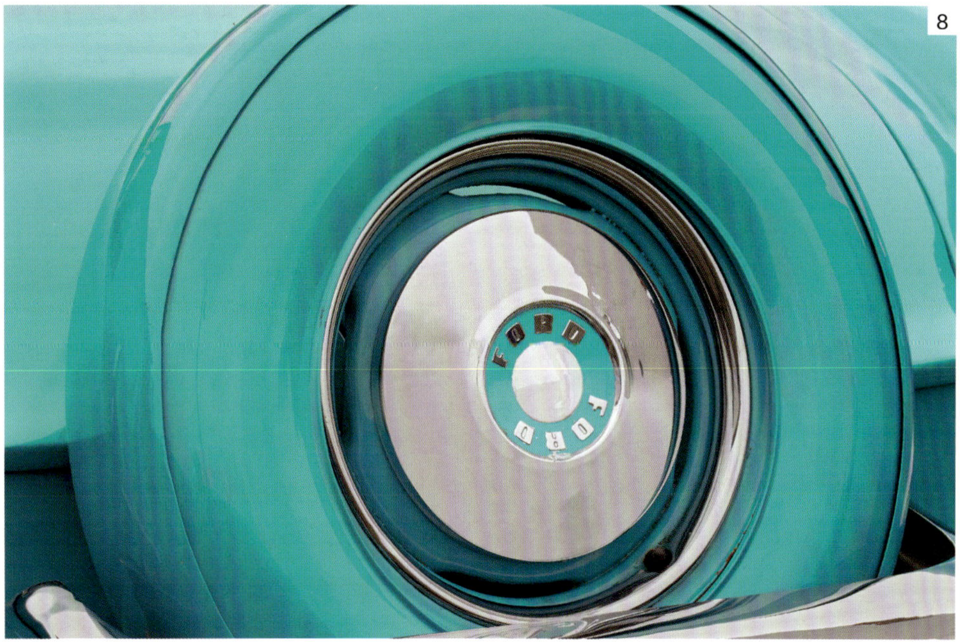
FORD
FORD
8

Pioneer
WMA/MP3
OIL
TEMP
9

LOW TEMP HIGH
RIGHT AIR HEAT DEFROST
BLOWER
10

E FUEL F
OIL
GEN
C TEMP H
11

12

经济型汽车

20世纪50年代是普通民众第一次拥有一辆汽车的梦想成真的10年。对一部分人来说，经济性是最重要的考量因素，因此二手车甚至是简陋的微型车更受他们的青睐，如亨克尔（Heinkel）的三轮“泡泡车”。然而，对于大多数人来说，一辆拥有更多空间以供载人载货的小型轿车是更佳选择。大众、菲亚特和雷诺等公司在这10年中生产了数百万辆受欢迎的小型汽车，其中有许多都是后置发动机的车型。这些汽车企业为客户提供了大量的型号和设计以供选择。

▷ 莫里斯 Minor 1948款

产　地	英国
发动机	0.918升，直列四缸
最高车速	100千米/时

莫里斯Minor的发动机罩中央有一个凸起的区域，这是因为在投产前突然改变了设计，这使得这辆汽车变得更短更宽。它由Mini车型的设计师亚历克·伊兹高尼（Alec Issigonis）设计，Minor结合了实用性和良好的操控性，在整个20世纪50年代取得了巨大的成功。

分离式风挡玻璃后来被整块玻璃替代

前翼子板在某些车型中做了橡胶处理

后续车型更换为更大的**突起式大灯**

永恒的设计
在莫里斯Minor 23年的生产中，其独特的造型几乎没有改变。它的外观受到20世纪40年代的汽车造型趋势影响，并且由于圆形面板往往比平面面板强度更高，所以造型一直未做更改。

“平头”发动机
早期的莫里斯Minor由20世纪30年代的“平头”发动机驱动。该系列发动机一直应用到1971年才被奥斯汀设计的A系列发动机所取代。

▷ 福特 Popular 103E 1953款

产　　地	英国
发 动 机	1.172升，直列四缸
最高车速	96千米/时

1953年，福特Popular 103E的外型已略显传统，其基本设计“语言”可追溯到30年代，如其独立的翼子板、杆式制动器、三挡变速器和侧阀式发动机等。但这并没有阻止福特在1959年之前将其出售给那些更在乎高性价比而不是美观外型的消费者。

◁ 纳什 大都会 1954款

产　　地	英国/美国
发 动 机	1.489升，直列四缸
最高车速	121千米/时

大都会是英国奥斯汀与美国纳什的合资企业，旨在将泛大西洋的设计风格与英国的工程设计相结合，以紧凑的车身布置吸引富有的女性消费者。为了降低成本，该车使用了大量奥斯汀的现成零件。

▷ 雷诺 王妃（Dauphin）1956款

产　　地	法国
发 动 机	0.845升，直列四缸
最高车速	106千米/时

作为发动机后置雷诺 4CV小型轿车的进阶版，王妃保留了4CV的机械布局，但将其放入更大、更时尚的车身，从而与雷诺传统的Fregate大型轿车在造型上相似。尽管存在操控性差和易锈蚀的问题，该车在12年间依然售出了超过200万辆。

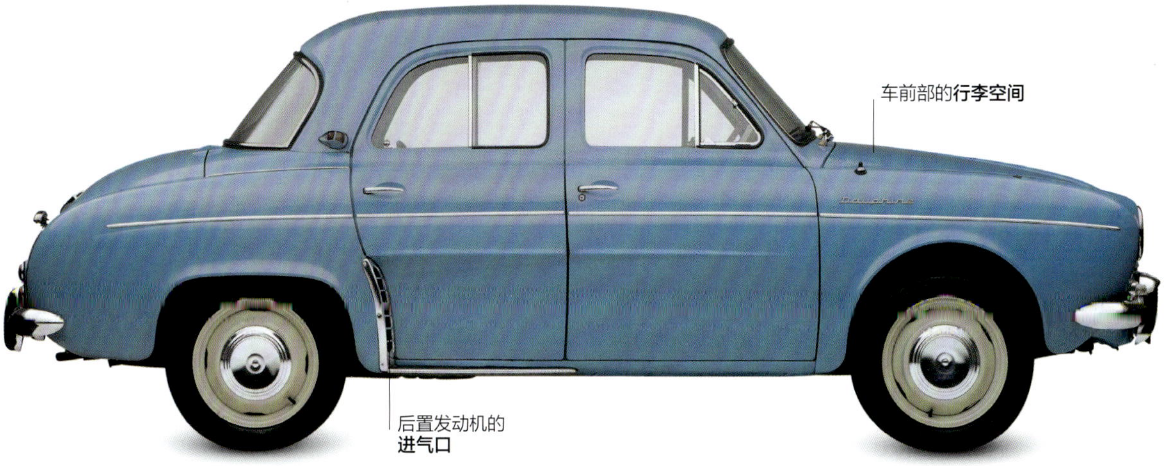

◁ 菲亚特 600 Multipia 1956款

产　　地	意大利
发 动 机	0.633升，直列四缸
最高车速	88千米/时

尽管车身只有3.5米长，但这辆箱形汽车可容纳6人。发动机位于后部，汽车的前排乘员坐在前轴上方。该车最早被设计用于载人，设想的用途为出租车。

恩佐·法拉利迈出驾驶的法拉利3330GT 2+2

伟大的品牌

法拉利的故事

法拉利的跃马式车标已经成为汽车巅峰的标志，恩佐·法拉利对速度的执着追求使他的车队成为F1赛事中最成功的车队，而他的汽车品牌则创造了有史以来最快、最令人向往的数款汽车。

恩佐·法拉利是意大利北部城市摩德纳的一位赛车手。1920年，他成为阿尔法·罗密欧的职业车手，1933年，他以法拉利车队的名义经营阿尔法的官方赛车队。随后，阿尔法决定将自己的车队重新整合进公司本部，并任命恩佐为赛车部经理。恩佐选择离开，并建立了自己的汽车公司——Auto Avio Costruzione，选址在马拉内罗，直至今天这里仍然是法拉利的生产基地。

在以菲亚特为基础开发的赛车获得成功之后，法拉利推出了第一款自主设计的车型125S，并以自己的名字为其命名，该车于1947年上市。法拉利的赛车在1948年赢得了Mille Miglia和Targa Florio大奖赛，1949年则在著名的勒芒24小时耐力赛中获胜。在F1的第一场胜利则是在1951年，随后，阿尔贝托·阿斯卡里（Alberto Ascari）代表法拉利在1952年和1953年赢得了F1。从那以后，法拉利成为F1赛事的标志性车队，50年代在胡安·曼纽尔·方吉奥（Juan-Manuel Fangio）和迈克·霍索恩（Mike Hawthorn）的带领下赢得两项世界锦标赛冠军，1961年则由美国车手菲尔·希尔（Phil Hill）带领法拉利车队夺冠。与此同时，法拉利连续6次在勒芒赛场获胜，为成为赛车史上最伟大的车队奠定了基础。

Auto Avio Costruzioni 815，1940年
这款双座汽车是法拉利公路汽车的前身，拥有1.5升直列8缸发动机。

成功并非轻而易举。法拉利只接受胜利，绝不容忍失败。每次比赛失败之后，公司都会召开董事会，对赛事进行详细汇报和分析，法拉利经常在会上不顾旁人的震惊怒砸桌子，总工程师和明星车手也常被法拉利傲慢地无视。而消费者也免不了遭到类似的鄙视，其中就包括费鲁吉欧·兰博基尼（Ferruccio Lamborghini）——兰博基尼公司的传奇创始人。他对法拉利的傲慢态度非常气愤，以至开办了自己的汽车公司，并成为法拉利最大的竞争对手之一。

法拉利 Dino 246GT，1968年
从理论上讲，迪诺是独立、初级的法拉利子品牌，但这款悦目的、中置V6发动机的双座轿跑车是纯粹的驾驶者之车。

“这是我们有幸驾驶的最令人兴奋的‘喷射体’。”

——《汽车》杂志对法拉利 365GTB/4 DAYTONA的评价，1971年9月

法拉利 365GTS/4 Daytona Spyder
法拉利只制造了不到130辆Daytona Spyder，但这款车受到了拥趸的高度赞扬。正如图上这辆车，许多硬顶365GTB已经去掉了车顶，改装成Spyder的外观。

不论这些说法真实与否，它们都增加了公司及其创始人的神秘感。

虽然恩佐·法拉利的真正兴趣是赛车，但法拉利品牌在民用车领域也建立了非凡的声誉。250系列既可以胜任赛事，也可以成为公路GT跑车，后来的275GTB和365GTB/4 Daytona等车型更是拥有无与伦比的速度和魅力。尽管如此，法拉利公司的规模还是太小，难以独立生存。美国汽车巨头福特发出了收购要约，但法拉利在即将达成收购协议的最后一分钟退出，并最终选择与菲亚特达成协议，该协议使菲亚特在1969年获得了法拉利50%的股权。

这赋予法拉利稳定发展的可能，从而将产品线拓展到更广泛的道路车型上，制造了大获成功的206/246Dino车型。从1975年的308GTB开始，法拉利制造了一系列中量级、中置发动机的跑车。20世纪70年代，推出了高端的高性能跑车，如365BB和512BB超级跑车，以及后来的Testarossa和512TR，这些跑车也采用了中置发动机布局。

法拉利在赛道上掀起的浪潮有所衰退，但奥地利车手尼基·劳达（Niki Lauda）在1975年和1977年为法拉利赢得了F1世界冠军，1979年，南非车手乔迪·谢克特（Jody Scheckter）为法拉利赢得了另一个冠军。

恩佐·法拉利在1988年去世后，菲亚特持有法拉利90%的股份，这一时期，法拉利生产的汽车质量比以往任何时候都要高。直到1996年车手迈克尔·舒马赫（Michael Schumacher）和工程师罗斯·布朗（Ross Brawn）的到来，这匹跃马才得以在F1中创造新的神话。他们在1999—2004年获得了5次车手冠军和6次车队冠军，基米·莱科宁（Kimi Raikkonen）则在2007年为法拉利车队赢得了另一个车手冠军。2015年，法拉利与母公司菲亚特分离，作为独立公司运营。法拉利是公认的世界上最伟大的跑车品牌之一，其价值超过92亿美元。

未来的经典

LaFerrari 顶级的法拉利，有人说它是当时的终极超级跑车，与保时捷918 Spider和迈凯伦 P1并驾齐驱。LaFerrari标志着混合动力总成技术在超级跑车中的应用，它的6.3升V12发动机可提供制动马力为789马力的动力，电机则提供161马力，所有驱动力都将传向后置的七速双离合器变速器。2013—2015年，这款车限量生产了499辆，只有获邀的法拉利长期客户才有资格购买这款车。

LaFerrari 2013款

产　地	意大利
发 动 机	6.262升，V型十二缸
最高车速	348千米/时

这辆终极法拉利将V12发动机和电动机结合起来，以获得更强大的动力表现。

458 Speciale A 458系列中最后一款搭载V8发动机的车型，也是法拉利坚持“主流”自然吸气式汽车的最后作品，也许有一天，Speciale会被认为是马拉内罗厂区生产的最后一款“老派”汽车。4.5升发动机在转速达到每分钟9000转时输出597马力的制动马力，在3秒内可以加速至96千米/时，最高时速为322千米。Speciale A还有一款配备可伸缩硬顶的限量版，仅生产了499辆。

法拉利 458 Speciale A 2015款

产　地	意大利
发 动 机	4.499升，V型八缸
最高车速	320千米/时

458的自然吸气发动机输出惊人的动力。折叠式车顶为这款车的醒目外观增添了更多魅力。

伟大的设计师
宾尼法利纳

宾尼法利纳（Pininfarina）是意大利的汽车设计巨头之一，但它的创始人——巴蒂斯塔·法利纳（Battista Farina）的身高只有152厘米，他的绰号Pinin（意为小）准确地形容了他的个头。他的设计帝国如今已是品质和杰作的标志，他同时也经营制造业务，宾尼法利纳的都灵工厂是许多经典的菲亚特、蓝旗亚和阿尔法·罗密欧跑车的诞生地。

生涯大事记

- ▷ **1930年** 在意大利都灵创立Carrozzeria Pinin Farina公司
- ▷ **1946年** 设计和制造了单座式Cisitalia，它于1951年在纽约现代艺术博物馆展出
- ▷ **1951年** 与恩佐·法拉利会面，被确立为法拉利公司的主要设计合作伙伴
- ▷ **1958年** 新工厂在Grugliasco开业，专门生产阿尔法·罗密欧Giulietta Spider
- ▷ **1961年** 将公司交给儿子塞尔吉奥；家族姓氏正式改为宾尼法利纳
- ▷ **1966年** 离世，享年73岁

△ 捷豹 XK120 SE 宾尼法利纳设计
宾尼法利纳设计了很多独一无二的汽车，例如这款应来自纽约的捷豹汽车进口商马克斯·霍夫曼的要求而设计的独特的意大利风格诠释的XK120。

- ▷ **1978年** 公司在Cambiano建造了新的设计工厂
- ▷ **1995年** 塞尔吉奥赢得了Compasso d'Oro工业设计奖
- ▷ **2010年** 宾尼法利纳在其位于Grugliasco的工厂关闭之前制造了最后一款汽车——阿尔法·罗密欧Brera和Spider
- ▷ **2012年** 塞尔吉奥去世

早期的汽车堪称机械奇迹，纯粹而简单，工程师将车身问题留给了独立的车身制造商。在意大利，最著名的车身制造商之一是乔瓦尼·法利纳（Giovanni Farina），他于1906年在都灵开设了门店，经营定制金属车身。

该公司早期的优秀设计引起了菲亚特创始人乔瓦尼·阿涅利（Giovanni Agnelli）的注意，1911年，他想在福特T型车的基础上制造一辆面向大众的市场车。他要求乔瓦尼给新的菲亚特（Pattista）Zero设计一个独特的散热格栅，并从十几个方案中选中了乔瓦尼18岁的弟弟巴蒂斯塔的设计。

1930年，巴蒂斯塔建立了与哥哥形成竞争关系的宾尼法利纳公司，并于1931年以自己的名义设计了第一辆汽车——独特的菲亚特 525 SS coupé。到1939年，公司共有500名工人，每年可生产800个车身。

第二次世界大战后，巴蒂斯塔意识到定制车身的市场走到了尽头。他在1946年设计的Cisitalia 202标志着一场革命，这是世界上第一辆“全宽”车身，没有独立的翼子板，该车于1951年在纽约现代艺术博物馆展出。

中期发展

1947年，巴蒂斯塔的工厂生产时尚的菲亚特1100 cabriolets、玛莎拉蒂跑车和Cisitalia GT coupés，并于1952年开始制造Nash-Healey汽车（由法利纳设计和制造），这标志着公司与国外品牌合作的新时代的到来，公司与包括法国标致、美国通用汽车和英国汽车公司（BMC）在内的许多公司达成了长期合作意向。

在众多合作的汽车公司中，法拉利脱颖而出。1951年，两家公司签署了一项汽车设计协议，自1952年的250系列以后，几乎所有法拉利车型都由法利纳设计。这一合作关系非常成功，巴蒂斯塔被任命为法拉利副总裁，而他的儿子塞尔吉奥则加入了法拉利董事会。无数辆经典法拉利——250s、500s、Dino 246、Daytona、512BB、Testarossa等都悬挂有法利纳公司著名的蓝色“F”徽章。

Cisitalia 202
亚瑟·特瑞斯勒（Arthur Drexler）将其描述为“移动的雕塑”，该车通过将大灯、发动机罩和保险杠等零件融入车身，彻底改变了战后的设计。

“简洁的线条与和谐的比例，永远是最经典的。”

——塞尔吉奥·宾尼法利纳

法拉利 365GTB/4 Daytona，1968年

车侧特征，法拉利 Testarossa，1984年

公司在20世纪50年代的成功帮助其获得了设计蓝旗亚Aurelia B20 GT的合同，这是一辆纯粹而简单的溜背车型。随后，为配合阿尔法·罗密欧设计并制造Giulietta双座敞篷跑车版本的委托，法利纳的大型新工厂在都灵附近的Grugliasco开业，设计工作室自此扩大成为一个完全符合生产条件的汽车制造工厂。

新时代，新名称

1961年，意大利总统授予巴蒂斯塔一个新的家族姓氏和商业商标——宾尼法利纳。这一年，巴蒂斯塔将公司业务托付给他的儿子塞尔吉奥。这位大师在1966年4月去世，享年73岁。

宾尼法利纳成为新的设计大师的学校，这里培养出阿尔多·布罗瓦龙（设计了法拉利Superfast、Dino 206 GT、蓝旗亚 GammaCoupé）、莱昂纳多·菲奥拉万蒂（设计了BMC 1800、法拉利512 BB、法拉利F40）和帕奥罗·马丁（设计了法拉利Modulo、劳斯莱斯Camargue、菲亚特130Coupe）。

新建的Grugliasco工厂是一家全自动汽车制造厂，数千辆菲亚特 124 Spider、阿尔法·罗密欧 Duettos和标致 504敞篷车都是从该生产线下线的。1972年，宾尼法利纳还建成了自己的全尺寸风洞，这在意大利还是第一家。

公司的展车则把流畅的线条和完美的比例结合在一起。宾尼法利纳宣称其灵感来自由风塑型的阿尔卑斯山雪景。其中最有影响力的设计之一是迪诺206，这款造型也影响了后来投入量产的迪诺车型。后来的法拉利512原型车也衍生出1973年的楔形车Berlinetta Boxer，这也许是史上最伟大的跑车造型。

相比奇幻的现代风格，宾尼法利纳对传统设计更感兴趣，但他的一些概念车却拓宽了汽车设计的界限。例如，1970年的未来主义法拉利 Modulo探索了跑车设计的极限，它的低重心雕塑造型由一个平直的、几乎对称的弧形构成，这辆车并没有传统的车门，而是通过向前滑过发动机罩进入；1978年设计的Studio CNR则是纯空气动力学汽车，赢得了1979年度的Compasso d'Oro大奖（一项意大利设计奖）。

宾尼法利纳公司在20世纪80年代、90年代和21世纪最初10年幸存下来并蓬勃发展，但在2010年停止了制造汽车。由于负债累累，该公司在2015年被印度汽车制造商马恒达公司接管，宾尼法利纳后来重生为一个电动超级跑车品牌。

家族企业
塞尔吉奥·宾尼法利纳（右）与兄弟伦佐·卡洛探讨法拉利P5 Berlinet Speciale的设计草图。公司在20世纪60年代的设计概念开创了法拉利发动机上方的透明玻璃窗的先河。

美式繁荣

对许多美国人来说，20世纪50年代是财富增长的时代，这也反映在他们驾驶的汽车上——这些汽车的功能越来越强大。汽车的造型受到科幻电影、太空火箭和喷气式飞机等的影响，尤其是奢华的环绕式风挡和每年都在变大的尾翼。这些车型每年会进行造型和规格的升级，以吸引消费者持续购买，这些升级包括镀铬装饰、白壁轮胎、双色油漆等，通常只涉及简单的机械结构，尽管它们在造型上极具未来感。20世纪50年代，美国的新车大获成功。

▽ 哈德森（Hudson）大黄蜂1954款

产　地	美国
发 动 机	5.047升，直列六缸
最高车速	171千米/时

较大的车身需要空气动力学设计，因此这款轿车的重心较低，迫使乘客需要弯腰进入，于是这款车拥有一个出名的绰号——“降低”（Step-downs）。尽管它的尺寸很大，但它依然提供了良好的操控性和动力性，不过在燃油经济性方面表现较差。这款车提供两门及四门版本。

▷ 奥兹莫比尔 Super 88 1955款

产　地	美国
发 动 机	5.309升，V型八缸
最高车速	162千米/时

该系列于1949年首次推出，于1954年进行了改款，即赋予它更长、更低的车身和独特的细节，并增加了V8发动机。装备精良的Super 88是一款中档车型，提供两门和四门版本。

▷ **林肯 Continental Mark Ⅱ 1956款**

产　　地　美国
发 动 机　6.375升，V型八缸
最高车速　183千米/时

这辆车的设计初衷是打造最豪华、优雅的汽车，这款手工制造的大型轿车拥有简洁的线条，低调且优雅。这辆车吸引了许多富有的车主，包括“猫王”（Elvis Presley）和演员伊利莎白·泰勒（Elizabeth Taylor）。

◁ **雪佛兰 Bel Air Nomad 1956款**

产　　地　美国
发 动 机　4.343升，V型八缸
最高车速　174千米/时

这款车倾斜的后车顶造型是受一辆科尔维特展车的启发。与那个时期的许多美国车相比，双门Nomad是一款紧凑车型，它的运动外观与大多数实用主义的旅行车大不相同。

▷ **斯蒂旁克 银鹰 1957款**

产　　地　美国
发 动 机　4.736升，V型八缸
最高车速　185千米/时

银鹰提供了相比当时的车型来说颇为克制的设计，只有很少的镀铬装饰和细节设计。这款车卖得不错，有两种发动机版本供选择，且均提供了不错的性能。

◁ **别克 里维埃拉（限量版）1958款**

产　　地　美国
发 动 机　5.965升，V型八缸
最高车速　185千米/时

1949年，别克首次使用里维埃拉这个名称，到1958年，这个车型变得又大又宽。它是第一款没有B柱的四门硬顶别克，该车型的特点包括空气辅助悬架、自动大灯、电动天线和电动座椅。

奢华与性能

20世纪50年代初，欧洲最负盛名的汽车制造商纷纷推出了新款顶级车型。它们中既有类似梅赛德斯-奔驰这样众所周知的公司，也有像英国飞机制造商Bristol这样的新竞争者。这些新竞争者很快就证明他们可以制造出与其竞争对手一样好的汽车。第二次世界大战虽然结束，但它依然影响着这个世界，食物和燃料短缺，街道上仍然有炸弹残骸。而电影明星、大亨和政治家的奢华汽车则以不可思议的魅力暗示着繁荣的到来。

▽宾利 R型车 大陆（Continental）1952款

产　地	英国
发动机	4.566升，直列六缸
最高车速	186千米/时

此时的宾利归劳斯莱斯所有，R型车最开始是一个非官方的开发项目，旨在恢复宾利作为高速、豪华旅行车制造商的口碑。其轻巧、流线型的铝质车身经过风洞试验，可以以161千米/时的速度巡航数小时。这款车只生产了208辆。

造型服务速度
大陆修长、低矮的车身造型及稳定的后翼子板是经过风洞试验后的结果。

侧视图

行驶者
宾利大陆与普通的行政R型轿车共享4.6升直列六缸发动机，但排气、化油器和传感器的改装以及更高的齿轮比使其成为世界上速度最快的量产四座轿车。

▷ 梅赛德斯–奔驰 300 1951款

产　地	德国
发 动 机	2.996升，直列六缸
最高车速	166千米/时

1951年推出的300车型是劳斯莱斯和凯迪拉克的有力竞争对手，受到演员埃罗尔·弗林（Errol Flynn）和德国领导人康拉德·阿登纳（Konrad Adenauer）的青睐。后期的300车型与奔驰标志性的300SL双门轿跑车一样采用了燃油喷射系统，在车速上可与保时捷媲美。

◁ 布里斯托 403 1953款

产　地	英国
发 动 机	1.972升，直列六缸
最高车速	167千米/时

这款豪华双人跑车为纯手工打造。手工锻打铝质车身下是悬架、变速器和制动马力为100马力的发动机，这些都源于20世纪30年代的宝马技术，其宝马式的格栅体现了布里斯托对这些技术的认可。该车的车身经过了风洞试验，拥有比其后数十年的车型更强大的空气动力学性能。

▷ 宝马 502 1955款

产　地	德国
发 动 机	3.168升，V型八缸
最高车速	169千米/时

502是宝马自20世纪30年代以来的第一款新车，因其独特的外形而被称为“巴洛克天使”。该车的变速器与发动机分开安装，位于驾驶室地板下。其他创新包括完全独立悬架，以及世界上第一款量产铝质V8发动机。

◁ 捷豹 Mk IX 1958款

产　地	英国
发 动 机	3.781升，直列六缸
最高车速	183千米/时

捷豹为其跑车系列设计的双凸轮轴XK发动机为这款商务轿车提供动力。尽管它的造型更偏向美式，但是及时、精准的操控使Mk IX成为一款成功的商务轿车及拉力赛车。它没有辜负捷豹的营销口号“空间、优雅、节奏”，而且价格比许多竞争对手便宜。

大规模生产跨国化

20世纪50年代，欧洲许多国家的民众对家用汽车的需求大幅增长。为此，欧洲当地汽车生产商以及美国两大汽车生产商福特和通用在欧洲的分公司反应迅速，扩大生产。事实上，福特和通用两家公司早在1920年之前就开始跨国生产了。他们向外输出汽车设计技术和在大规模生产方面的经验。

20世纪70年代，使用自动化设备不仅可以提高生产效率，而且可以保证质量；与此同时，汽车生产商也需要大量的劳动力来制造和组装汽车。汽车大厂的工作往往被认为是稳定又高薪的，但其实工作强度很大，条件艰苦，往往是在管理严格的破旧厂房里工作。

沃克斯豪尔

1925年，通用汽车公司收购了位于英国贝德福德郡卢顿镇的沃克斯豪尔汽车公司并成立一个重要的汽车制造中心，这样就可以将汽车销售给英国所有地区并享受优惠的进口关税。1953年，汽车年产量首次超过10万辆，一年后，通用投入3600万英镑，为1957年新维克多家用轿车的全球发售做准备。届时，汽车制造工人会达到22000人。

1955年，卢顿的汽车制造工人在沃克斯豪尔的工厂加工发动机部件，工人们需要具备良好的动手能力与技术水准，但人们尚未认识到防护服的重要性。

彼得·摩根与其家族企业所生产的奇特车型之一合影

伟大的品牌
摩根的故事

总部设在英国伍斯特郡的摩根汽车公司成功地将老式的“怪物”变为一种艺术。这家公司依旧在1914年开设的工厂里生产着三轮和四轮的跑车。这一传统可以追溯至20世纪30年代。

摩根汽车公司的创始人哈利·摩根（Harry Morgan）在英国西部铁路公司开始了他的工程师生涯，之后他又创办了一家汽修厂，销售和维修汽车。1909年，他制造了自己的第一辆汽车。这是一辆单座、只有一个后轮、舵柄转向并装配有V型双缸标致发动机的汽车。这辆最简单但却经过精心设计的小型汽车成为最早的三轮汽车之一。

之后，摩根公司发布了量产的版本，但是销量并不高。不过转向装置和单座设计带来的良好表现为这款车赢得了赞美。所以，当配有方向盘的两座版本出现时，其市场需求量快速增长。事实上，该车的设计模板普遍被竞争对手复制，但是他们却很难达到摩根的标准。

摩根汽车的可靠性和活力，以及比其他三轮汽车更加安全的操控性，使得这辆小型车成了一款流行的参赛车。并且，摩根很快又出了一款高性能版本Grand Prix。不久后，摩根汽车就成了许多赛车场上的熟客和常胜将军，例如在布鲁克林，许多比它体积大、功率高的车都成了他的“轮下败将”。

摩根想让他的三轮汽车尝试使用各式发动机，JAP水冷式的V型双发动机是最成功的。摩根汽车当时是链条驱动，装配有2挡变速器。许多控制装置包括油门都是由方向盘上面的操纵杆操控的。随后，摩根公司又对其进行了改进，安装了三挡、倒挡和前制动，这些都是一些更高功率车型如Super Sport的配置。该车型在1927年就可以达到时速约129千米。

Morgan Plus 4 Plus，1964年

该车吸引人的塑料车身将摩根公司带入了现代世界，但是消费者的拒绝令它最终成为失败之作。

到20世纪30年代时，摩根公司对抗来源于四轮跑车如MG M-type Midget的竞争。这些车型拥有更佳的舒适度和更多传统的驱动控制。1933年的F型三轮汽车应用了福特发动机和传统变速器。

1936年，摩根公司制造出第一款小型的四轮、四缸汽车。这辆气缸容积为1.1升的车操控性非常强，拥有独立前悬架和轻盈的车身，时速可达121千米。它的设计模型可以在如今的许多摩根汽车上找到影子。

第二次世界大战期间，摩根工厂改为制造飞机零件，在1946年又恢复了其汽车的生产，并且主要致力四轮汽车。这些四轮汽车的突出特征就是装配有更强劲的标准先锋发动机，而该款发动机很快就会被装配至摩根的竞争对手Triumph TR跑车上。

摩根4/4的宣传海报

“它从不盲目追随潮流，只是特别有个性而已！”

——《巅峰拍档》（*Top Gear*）杂志网站，2016年

摩根Aero 8，2000年
这款全铝的高性能车见证了传统摩根汽车的彻底变革，采用了独立悬挂和宝马4.4升V8发动机。

哈利·摩根的儿子彼得驾驶摩根汽车在1951年和1952年连续荣获英国皇家汽车俱乐部拉力赛团队奖。他在1959年接管了摩根。

1963年，摩根尝试通过Plus 4 Plus车型来更新其形象。该车是一款漂亮的小轿车，拥有玻璃纤维车身，但是最终只生产了26辆。1968年，摩根将路虎的高性能3.5升V8 发动机应用到Plus 4车型上，最终成就了传奇的Plus 8。

时至今日，摩根公司仍然在生产4/4（四轮四缸）、灰色车架、独立底盘的现代版汽车。2000年，摩根发布了Aero 8车型。该车型装配有4.4升宝马V8发动机、铝合金车身、木质车架、现代铝合金底盘。此后，摩根继续在传统模型的基础上改进设计并在2008年发布了LIFE Car车型。该车型由燃料电池提供动力，由4个电动机共同提供制动马力为367马力的动力。

摩根同样也在对其经典的三轮汽车进行着现代的演绎。美国S&S公司的1.983升V形双发动机搭配上马自达五速变速器能够让这些拥有昆虫外形的车子的车主感受到非一般的倒挡。该车型延续了摩根公司一贯的传统，最高时速可达到185千米，取得巨大成功。在连续109年的家族所有制之后，摩根的控制权在2019年转给了意大利Investindustrial公司。

摩根Plus 8 2014款
作为“原汁原味”的摩根，Plus 8 令人产生发自肺腑的热情，其中包括4.4秒的0—96.56千米/时加速时间和可选的风挡。

未来经典

4/4 摩根的经典之作。该车型最初生产于1936年。有人说它是世界上生产、运行时间最长的车型。消费者清晰地知道他们对该车的期望，每一款新车一上市就瞬间成为经典。木质车架带有流线型挡泥板，独立的底盘带圆角车门，V8发动机令摩根汽车可以飞速行驶。如果想要体验更加真实的时代感，建议选择搭配有福特1.59升发动机的4/4车型，虽然它们的速度仍旧很快，但是会更加舒适。

摩根4/4 2009款

产　地	英国
发 动 机	1.595升，直列四缸
最高车速	185千米/时

4/4意为四轮四缸，该车配有福特最新的西格玛系列发动机，可提供制动马力为125马力的动力。

三轮汽车 1910—1946年（最后一批组装于1953年），摩根一直致力于制造其著名的三轮汽车。2011年，摩根又发布了其对于设计理念的现代诠释。完全暴露在车前方的发动机和“砰砰”作响的爆发性气缸让驾驶者感觉像是在沿途飞行一般。

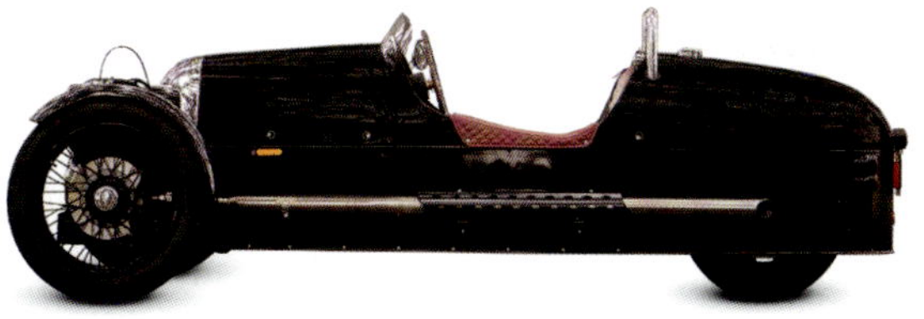

摩根三轮汽车 2011款

产　地	英国
发 动 机	1.583升，V型双缸
最高车速	185千米/时

该车重525千克。极致的功率质量比使得它可以以低转速输出大功率。这是一款为驾驶乐趣而打造的汽车。

奇异的尾翼

20世纪50年代末，美国的汽车设计已经达到了一个全新的繁荣水平。尾翼、双色车身、白壁轮胎和环绕式风挡是典型的美国车型元素，它们启发了许多欧洲汽车制造商，其中Humber和Simca生产的汽车看起来有点像缩小版的雪佛兰和克莱斯勒。美国汽车每年都会更新造型，1957款和1958款车型的车主们不禁会对1959款新车的奢华特征和更大的尾翼心生羡慕，产生购买新车的想法，电视广告和巡回车展无疑助推了这个思想过程。

▽别克 路霸（Roadmaster）1957款

产　地	美国
发 动 机	5.965升，V型八缸
最高车速	180 千米/时

路霸是别克最豪华的车型之一，车前的立标象征着它的非凡地位。别克称其为“游刃有余的成功人士的明智之选”。标准配置包括限速蜂鸣器、电动车窗和用于切换收音机电台的脚踏按钮。

▷雪佛兰 Bel Air 1953款

产　地	美国
发 动 机	3.859升，直列六缸
最高车速	140千米/时

1953年，雪佛兰Bel Air轿车凭借极具竞争力的定价和迷人的造型卖出25万辆。标志性的“57款”配备了新的仪表板，以及眉毛样的独特大灯和进气口。

◁克莱斯勒 纽约客（New Yorker）1957款

产　地	美国
发 动 机	6.424升，V型八缸
最高车速	186千米/时

纽约客的上市挽救了克莱斯勒，这款车是《汽车潮流》（*Motor Trend*）选出的1957年年度车型。设计师维吉尔·埃克斯纳（Virgil Exner）给了它“前瞻性”造型，它配备了扭力杆前悬架、自动变速器和棱角分明的车身。

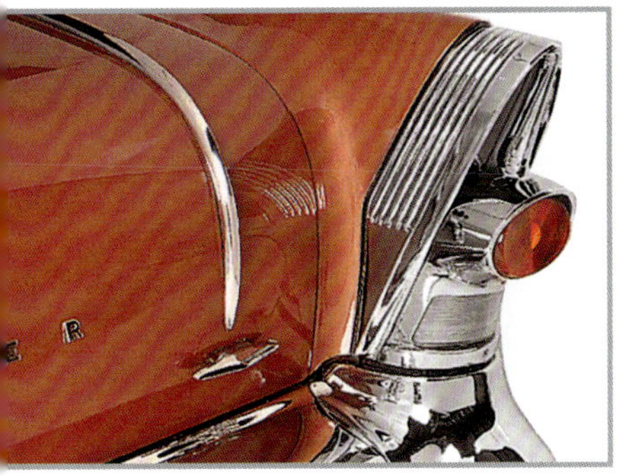

尾翼细节
1957年，路霸也加入了为汽车配备尾翼的行列，尽管与一些竞争对手相比，这些尾翼并不算张扬。然而，这款车型的盲目模仿使别克丧失了高质量老派汽车的声誉，销量在1957下跌了近25%。

前视图

时尚的高度
与当时的许多汽车一样，路霸拥有环绕式的风挡玻璃及非常现代的外观。大面积镀铬的保险杠、喷气发动机式的突起都体现出它的动力和速度，虽然这些只是装饰。

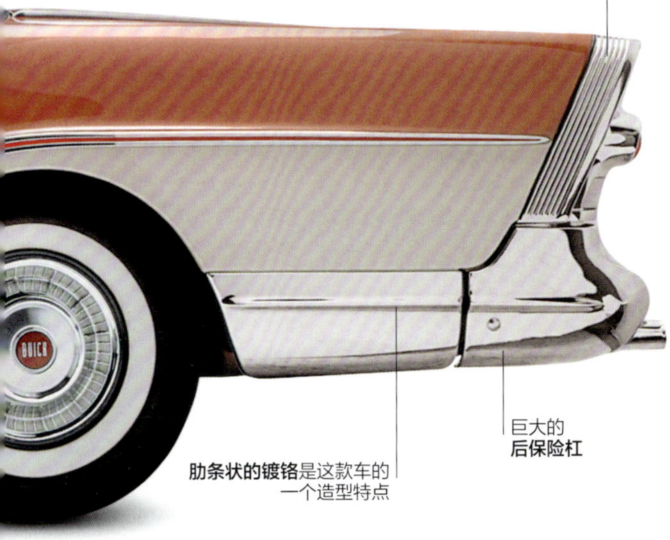

尾翼上的**尾灯组**

巨大的**后保险杠**

肋条状的镀铬是这款车的一个造型特点

后视图

风格与实质
这辆大型轿车配备了很小的后环绕式风挡玻璃，倒车时的视野十分有限。相比之下，它的后备厢的空间十分充足，十分适合家庭使用。

▷凯迪拉克 Series 62 敞篷跑车1958款

产　地	美国
发动机	5.981升，V型八缸
最高车速	186千米/时

相比1957款，1958款拥有全新的造型及更精细的细节，并且加长了尾翼，这使得整车造型更像鲨鱼。发动机功率也得到了提高，标配版本即可输出310马力的制动马力。

折叠车顶采用对比明显的红色织物制造

白色钢丝**辐轮**

前后均有特大型**镀铬保险杠**

大灯的“帽檐”设计象征速度

银色矛状的装饰条是Fury车型的独特特征

上升的尾翼赋予车身飞镖状的造型

◁普利茅斯（Plymeuth）Fury 1959款

产　地	美国
发动机	5.205升，V型八缸
最高车速	169千米/时

Fury是普利茅斯最时尚、速度最快的车型之一，该车由维吉尔·埃克斯纳设计，在后续非官方的速度测试中，这款车型达到了241千米/时的速度，并仅用7.7秒就完成了0–96千米/时的加速。

伟大的设计师
维吉尔·埃克斯纳

巅峰时期的维吉尔·埃克斯纳对底特律的影响超过了其他所有设计师，作为一位具有先锋气质的真正艺术家，他将远见、创新和适度的克制感带给了20世纪50年代的美国汽车。埃克斯纳的设计理念为克莱斯勒的系列车型注入了新的活力，并改变了品牌的命运。他最好的作品被公认为汽车史上的里程碑。

生涯大事记

- ▷ **1947年**　埃克斯纳的首款设计便是引人注目的斯蒂旁克 Champion Starlight 车型，尽管它被归为雷蒙德·洛伊（Raymond Loewy）的设计

△ **斯蒂旁克 Champion Starlight coupé，1950年**
这款非常成功的五座双门轿跑车最引人注目的特征是它长长的发动机罩和全景后风挡玻璃。子弹形的正面造型个性十分鲜明。

- ▷ **1951年**　由意大利Ghia公司设计制造的克莱斯勒K-310概念车是理性设计的标志，具有良好的车身比例
- ▷ **1953年**　最著名的设计作品——克莱斯勒D'Elegance问世。该车型后来被大众收购
- ▷ **1953年**　Dodge Firearrow概念车融合了意大利风格与经典的美式风格
- ▷ **1955年**　埃克斯纳计划创建一个新的豪华品牌“帝国”，并为克莱斯勒规划了广受好评的“前瞻设计”
- ▷ **1957年**　克莱斯勒的帝国车型是全球第一款采用环绕侧玻璃的车型
- ▷ **1969年**　埃克斯纳为黑鹰（Stutz）设计了大胆而复古的造型，复兴了黑鹰品牌，并持续生产到1987年

受通用汽车的哈利·厄尔和比尔·米切尔等大公司的设计师影响，战后的美国汽车趋于傲慢和夸张风格。相比之下，维吉尔·埃克斯纳的设计更具艺术性、美感和品味。整个20世纪50年代，他设计的量产车和概念车都以低调的造型而闻名，这种造型曲线在当时的美国人看来很不寻常。埃克斯纳1909年出生于密歇根州的安娜堡，他一直对艺术（他的大学专业）和汽车（他自己改装了福特T型车）表现出浓厚的兴趣。他的第一份工作就是为广告工作室工作，当哈利·厄尔看到一些他为当地报纸绘制的汽车设计插画时，埃克斯纳被邀请至通用汽车公司的艺术和色彩部门工作。1938年，埃克斯纳离开通用加入洛伊的工业设计公司，在那里他为斯蒂旁克设计车型。他甚至还与他人合作设计了DUKW两栖装甲车。

绘图板前
这里展示的是埃克斯纳在职业生涯的“黄金年代”讨论克莱斯勒C-300的设计的情景，这是他第一个革命性“前瞻性”造型的效果图。埃克斯纳的独特视角对于一个造型过度夸张的时代来说是完美的。

明星之路

埃克斯纳和洛伊很快就因为斯蒂旁克的第一辆战后汽车的设计权而展开激烈竞争，最终埃克斯纳胜出，设计出划时代的1947款斯蒂旁克 Champion Starlight coupé 跑车。但这款车型最终归入洛伊名下，这加剧了两位设计师之间的竞争。

1949年，埃克斯纳成为克莱斯勒高级造型部的负责人。在这里，他产生了与意大利制造商合作的大胆设想，来实现他的简洁汽车设计之梦。与他合作的车身制造商正是吉亚，一个曾经辉煌的公司，而战后只能制造自行车。合作的第一个成果是一辆具有里程碑意义的汽车——1951年的K-310，它立即将克莱斯勒推向了美国“梦想之车”的前沿。克莱斯勒宣称它同时具有欧洲的设计传统和独特的美式风格（如在行李箱盖上安装备胎）。由吉亚制造的1953款的Exner's Chrysler D'Elegance也同样引人注目，并吸引大众汽车在第二年购买了D'Elegance的制造权，将其改名为大众Karmann-Ghia。美国媒体对埃克斯纳的设计赞不绝口，对他在1953—1954年设计的极具优雅感的Firearrow概念车系列更是如此。尤金·卡萨罗（Eugene Casaroll）购买了这些专利，并生产了117辆汽车，1956—1958年将其更名为Dual-Ghia。

克莱斯勒300F，1960年

尾灯，克莱斯勒Imperial Crown，1957年

“维吉尔·埃克斯纳的设计——空前绝后。”

——普利茅斯Valiant广告语，1962年

前瞻性

埃克斯纳在1955年为克莱斯勒C-300设计的“前瞻”造型使其成为影响巨大的量产车。低顶篷、短罩和长后备厢是大胆的汽车设计新时代的标志。埃克斯纳设计的流畅“前瞻”造型使得汽车的空气动力学得到了显著发展，并且他所支持的巨大尾翼被评价为有助于车身稳定。1956年的Dart展车的尾翼可能是迄今为止最高的尾翼，但是Dart只有普通车1/3的牵引力。在这个阶段，埃克斯纳似乎无所不能，他为道奇、DeSoto和高端豪华品牌Imperial（他策划的一个新的品牌）设计了广受赞誉的造型。然而好景不长，埃克斯纳在1956年心脏病发作。当他手术后重返工作岗位时，其他设计师已经崛起。

渐渐地，埃克斯纳被卷入了美国车型过度夸张的潮流。20世纪50年代后期，大胆的格栅和扭曲的尾部装饰成为必须追随的潮流。到1961年，埃克斯纳已经被克莱斯勒公司的设计部拒之门外。随着个人的独立，他尝试了一系列品牌的复兴：Mercer、Bugatti、Duesenberg及Stutz（实际上1969年才投入生产）。以美国汽车设计的评价标准来看，埃克斯纳的职业生涯末期无疑是平淡的。1973年，埃克斯纳因心力衰竭去世，年仅64岁。

设计原型
照片拍摄于1954年，是埃克斯纳与即将在1955年展出的前瞻性设计原型的合影。

梅赛德斯 300SL

梅赛德斯-奔驰300SL的鸥翼式车门极具特色，它于1954年问世，是当年速度最快的量产车。SL，即Sport Leicht（英文Sport Light），代表了其设计者的大胆尝试——向普通民众出售真正的赛车。在纽约国际跑车展上推出这款车的决定强调了公司希望赢得美国市场的决心。

“鸥翼”基于奔驰W194运动型赛车。这辆传奇赛车几乎赢得了它参与的所有比赛，1952年首次亮相Mille Miglia便赢得了第二名。

300SL与W194非常相似，但是却有一些重要的创新，包括燃油喷射系统及由焊接铝管构成的骨架底盘。这种创新的空间框架排除了常规车门，于是公司求助于汉斯·特里普（Hans Trippel），他使用安装在汽车顶部的铰链完善了鸥翼式飞行设计。

金属的空间框架非常坚固且重量轻，但是生产成本太高，这使得梅赛德斯-奔驰遭遇亏损，尽管售出了1400辆跑车及1858辆敞篷车。

侧视图

标配钢质车身，可选配轻量化铝质车身（昂贵的额外花费）

后摆轴设计意味着高速行驶时更难操控，但十分符合专业车手的习惯

即使拥有**独特的车门和倾斜的方向盘**，它的门槛仍然不便于上车

前视图

后视图

奔驰车标

在众多著名的车标中，奔驰的三叉星代表了这个羽翼未丰的公司在陆地、水上和空中取得成功的雄心。梅赛德斯是戴姆勒－奔驰公司的重要支持者埃米尔·耶利内克（Emil Jellinek）的女儿的名字。

规格	
车型	梅赛德斯-奔驰 300SL，1954—1963年
产地	德国
产量	1400辆
结构	空间框架，钢和铝合金车身
发动机	2.996升，直列六缸
输出功率	制动马力为240马力
变速器	4速手动
悬架	前后卷簧
制动器	前后鼓式制动器
最高车速	208千米/时

造型

这款跑车的造型紧随其杰出赛车前辈的风格。为保持顺滑、低矮的造型，发动机需要巧妙地倾斜至45°。

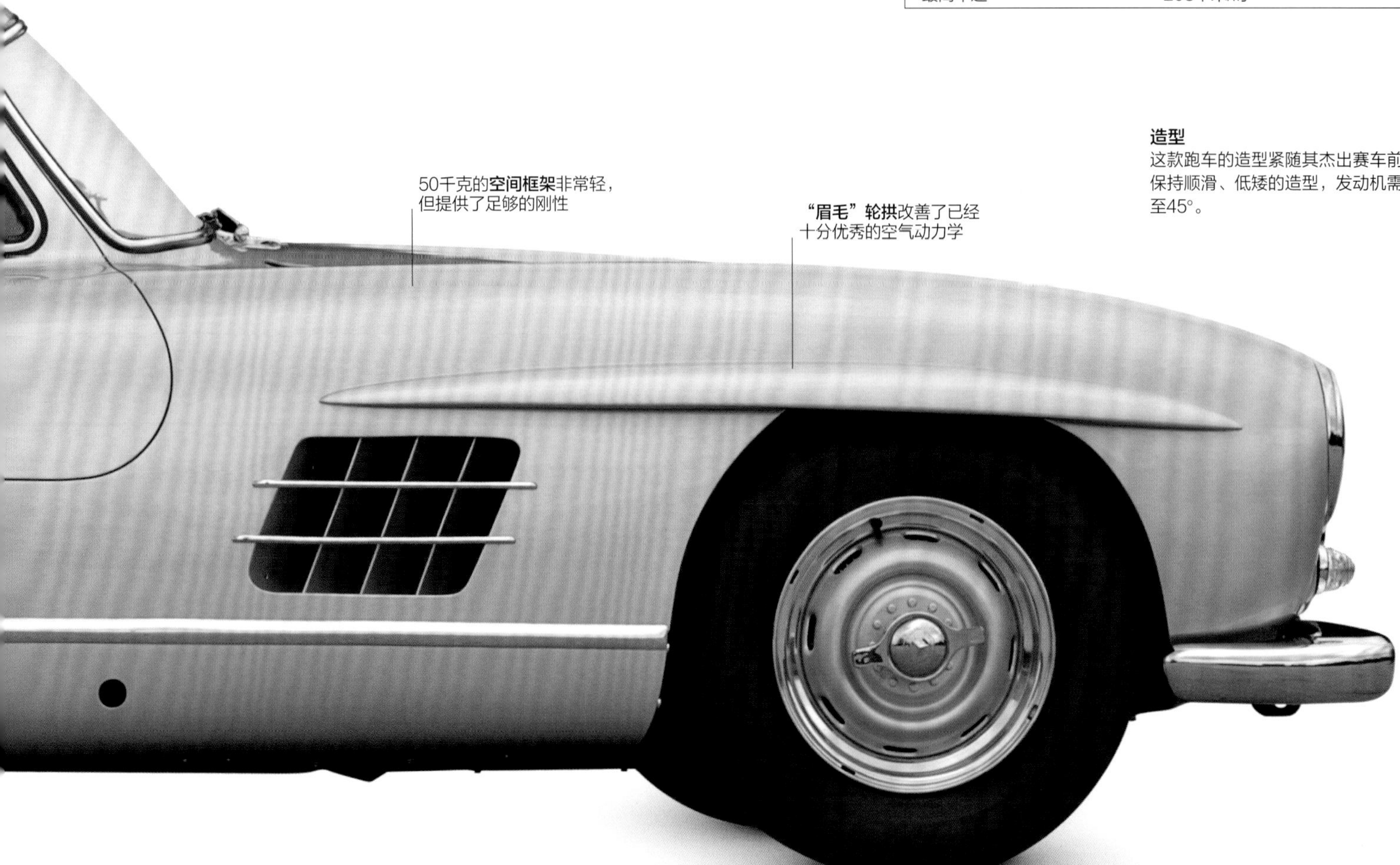

在路上

不要与连续几代的SL跑车混淆，最新一代的SL跑车目前仍在生产。初代的300SL是真正的技术杰作，也是当时最优秀的汽车之一。

对于收藏家和汽车爱好者来说，这款车拥有他们想要的一切，从获奖无数的战绩，到激动人心的性能和操控性，大概只有最优秀的意大利纯血统跑车才能与之相媲美。创新的结构、彪悍的速度、精湛的技术、优雅的造型确保其持续具有吸引力。这辆车同样需要一个技术精湛的驾驶员，以发挥它的全部潜力。识货的买家会毫不犹豫地买下它。

1. 标志性的三叉星徽标
2. 微妙的镀铬装饰
3. 强大的钢质独特车轮
4. 独特的鳃式发动机冷却舱
5. 隐藏的门把手
6. 后灯提供罕见的彩色闪光
7. 低调内敛的徽章细节
8. 综合仪表盘
9. 内门把手
10. 雕刻加热器控制
11. 发动机，搭载了全球第一款量产的燃油喷射系统

4

1

2

3

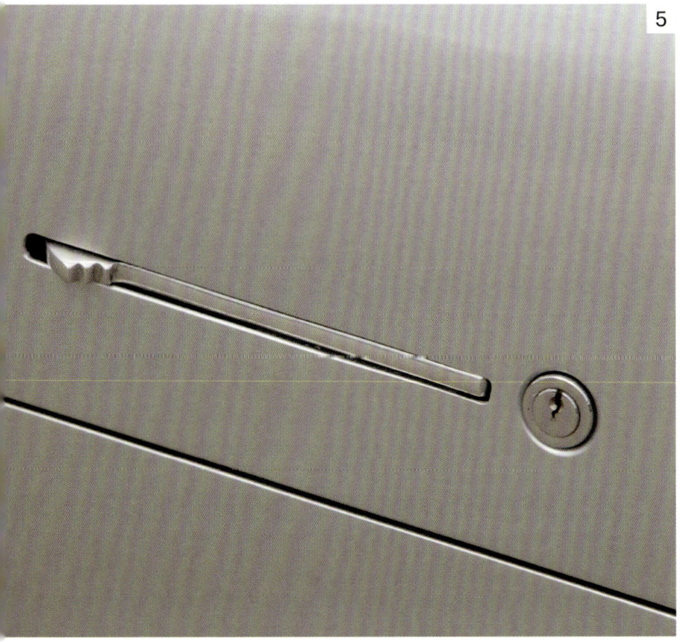
5

6

7

8

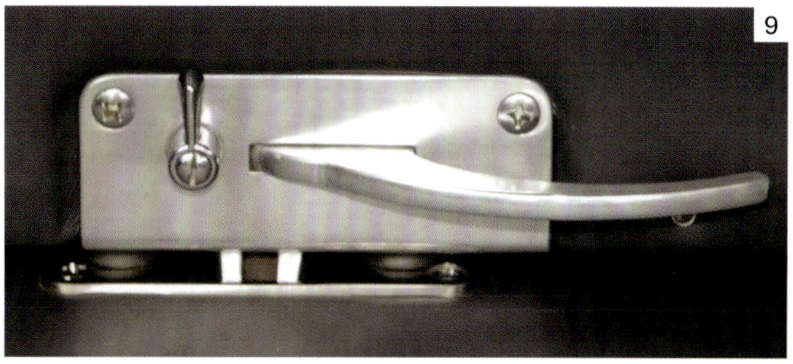
9

10

11

跑车

汽车的设计和制造复杂而昂贵，因此制造商一直试图使尽可能多的车型通用零部件，当然这也意味着新市场的开发。在20世纪50年代，跑车问世。新一代的消费者更注重驾驶体验，汽车制造商很乐意为他们提供低矮的跑车和敞篷车，许多都成了经典。然而，在车身之下，大多数跑车却与相似的轿车型号共享发动机、悬架等零部件。美国人对欧洲制造的紧凑型跑车有着极大的兴趣，不惜通过海上运输来购买。

简洁的风格
简单的仪表板和仪表显示与Sprite的普通型号保持一致。一些刻度和开关与奥斯汀和莫里斯车型共享。

▷ 奥斯汀·希利 Sprite Mk I 1958款

产　地	英国
发动机	0.948升，直列四缸
最高车速	135千米/时

该车为乐趣而设计，Sprite因其独特的内置式前大灯而被称为“青蛙眼”（在美国被称作“虫子眼”）。据说设计初衷是让它们像保时捷928一样可翻转。

翼子板和发动机罩形成一个整体

转向灯是现代化的功能

格栅形状赋予汽车独特的**外观**

原始版本的**无窗设计**

浑圆的车身
Sprite拥有圆润的外形，它没有外部的门把手，所以司机和乘客只能使用内部把手。

翼子板和发动机罩形成一个整体

经济的**压制钢轮**

侧视图

发动机
一体式发动机罩使Sprite的发动机、制动器和悬架可以被完整接触到。这款车由奥斯汀A35和莫里斯小型车中的强劲A系列发动机提供动力。

▷阿尔法·罗密欧 Giulietta Spider 1955款

产　地	意大利
发 动 机	1.29升，直列四缸
最高车速	180千米/时

这款由意大利宾尼法利纳公司设计的优雅跑车的性能远高于1.3升款的表现，这得益于其精湛的自由转动的合金双凸轮轴发动机。与设计简单的英国对手不同，Spider车型极具异国情调。

◁MGA 1955款

产　地	英国
发 动 机	1.489升，直列四缸
最高车速	161千米/时

这款时尚、低调的汽车标志着MGA有了进步，因为它在此之前还在制造20世纪30年代的车型。MGA性能不错，时速可以达到161千米。在美国销售得很好，但是双凸轮轴版本却不太成功。

▷保时捷 356A 1955款

产　地	德国
发 动 机	1.582升，直列四缸
最高车速	161千米/时

356配备了后置发动机和摆动轴后悬架系统，它本质上是一款高性能大众甲壳虫，带有双门轿跑车车身——2款车都是费迪南德·波尔舍设计的。在1950年推出，356增长更快，配备双凸轮轴发动机的卡雷拉达到时速201千米。

◁宝马 507 1956款

产　地	德国
发 动 机	3.168升，V型八缸
最高车速	217千米/时

当507推出时，宝马认为这款完美的V8发动机汽车将在美国造成轰动，但由于最终售价几乎是预期的2倍，只售出了250辆，宝马也险些因此破产。尽管如此，该车仍是当时的经典之作。

德国制造

德国汽车工业在20世纪50年代的复苏令人印象深刻。大众的汽车复兴计划，以及梅赛德斯-奔驰、欧宝和德国福特汽车公司的重建，奠定了我们今天所了解的德国强大汽车业的基础。但是在其他公司中，我们可以发现别具一格的创意设计，从春达普（Zündapp）和宝马的小型经济型汽车，到保时捷在公路和赛道上的出色表现，以及DKW公司的回归，甚至是作为主流汽车制造商的宝沃（Borgward）的出现。德国制造再次行动起来。

▷春达普 Janus 1957款

产　地	德国
发动机	0.245升，单缸
最高车速	80千米/时

该车由前飞机公司多尼尔（Dornier）开发，由春达普摩托车公司制造，生产仅持续了2年，它的设计初衷是在其他“泡泡车”之上进行切割和再整合，使前后两端都有背靠背的座椅和门。

▷保时捷 550 Spyder 1953款

产　地	德国
发动机	1.498升，水平对置四缸
最高车速	219千米/时

保时捷为550赛车设计了双侧顶置凸轮轴发动机，这使它成为一款高效的赛车。1955年，演员詹姆斯·迪恩（James Dean）不幸在驾驶该车时去世，但却提高了这款车的知名度。

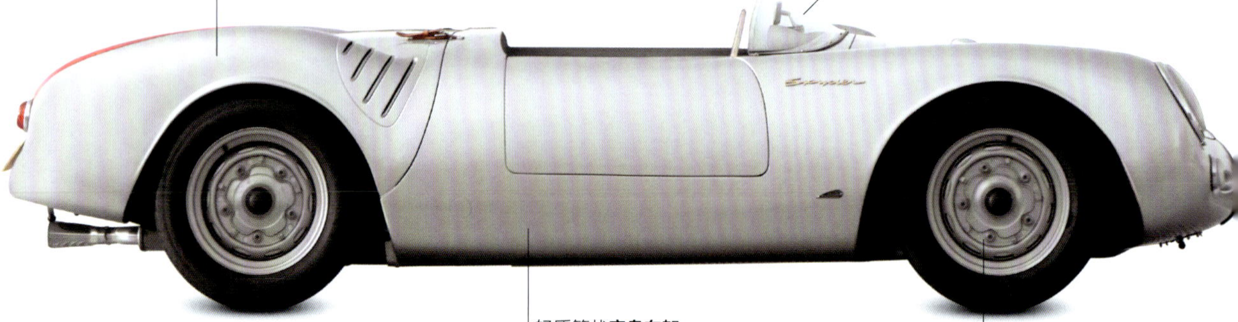

◁DKW Sonderklasse 1953款

产　地	德国
发动机	0.896升，直列三缸
最高车速	121千米/时

凭借其轻型、风冷式二冲程发动机和空气动力学造型，DKW的速度表现在其小型发动机的能力之上。它的内部空间很大，1955年车身长度又增加了10厘米，并推出了四门版本。

前视图

发动机舱为非必需
春达普配备了自产的单缸风冷式发动机，它位于座椅后方的中央来驱动后轮。这将车身长度保持在最低限度，同时提供了一个非常宽敞的驾驶室。

尾部
后座乘客面朝着后面的车流。事实上，该车的前后设计是以双面神雅努斯（Janus）命名的。得益于麦弗逊式悬架，该车十分舒适。

后视图

▷ 宝沃（Borgward）伊莎贝拉（Isabella）TS Coupé 1954款

产　地	德国
发 动 机	1.493升，直列四缸
最高车速	150千米/时

7年间，Isabella的轿车、房车、跑车和敞篷车共卖出超过20万辆，图中所示为一款操控性很好的车，但是该家族汽车企业在1961年关闭了。

◁ 宝马 600 1957款

产　地	德国
发 动 机	0.582升，水平对置双缸
最高车速	100千米/时

这是扩大的伊塞塔微型车的改款，配备了宝马摩托车的发动机。独立后悬也有些复杂，这辆车销量惨淡，只卖了2年。

塞西尔·金伯身处第一款名爵汽车中

伟大的品牌
名爵的故事

名爵（MG）一个创办了价格合理，富有驾驶乐趣的英国跑车公司。起先该公司以改装莫里斯赛车使其速度更快为主业，但它很快开发出另一种颇具传奇色彩的车型，生产“经济实惠的高性能赛车”。

MG是“Morris Garages”的首字母缩写，是由Morris汽车公司创始人威廉·莫里斯（William Morris）掌权，由总经理塞西尔·金伯（Cecil Kimber）经营的牛津莫里斯经销店。1922年，金伯开始销售以莫里斯底盘为基础、安装了赛车车身的跑车，并调整了一些机械部件来提高性能。

2年后，他推出了基于1.8升Morris Oxford的MG 14/28超级运动车型，它拥有时尚轻便的铝合金车身。这款车是成功的。随后是配置六缸发动机的18/80，但它是一款速度更快的旅游车。1929年，以M型和0.847升排量的莫里斯Minor为基础的一款漂亮的敞篷两座跑车问世。这款时速105千米的机器成为英国首款真正实惠的大众跑车，并为MG一系列知名的汽车奠定了基础，如带有独立机翼的敞篷跑车，剖开门、跑车踏板等MG的经典配置。这些车型最终在TF Midget生产，并一直制造到1955年。

M型车被改装为成功的赛车，一些配有增压器的赛车在一系列比赛中引起了人们的广泛关注。

20世纪30年代中期，MG放弃了赛车事业，当时MG被出售给负责设计MG汽车的汽车制造公司Morris Motors。这也意味着金伯将面临董事会的质询。1941年，金伯离开MG。经历了一系列纠纷后，MG于1945年重新开始生产Y型轿车和MG TC运动车型，它们在美国引发了轰动。其制动马力为300马力的泪滴形EX181汽车在50年代末达到时速408千米，成为当时的头条新闻。

MG 1100, 1962年
MG的运动轿车版本的BMC ADO 16 1100因双化油器而热度大增。

3年后，MG又推出了MGA，它拥有现代风格的车身。这辆车卖得很好，尽管发生了短暂的双凸轮轴版本机械问题。

20世纪60年代初，MG推出与奥斯汀·希利1.8 Sprite几乎相同的Midget跑车。1962年，1.8升

MGB，1962年
时髦的线条隐藏了一个重要的变化——MGB是MG第一款非独立底盘的双座车。

“即使在推出半个多世纪后，MGA仍然令人兴奋。当你进入驾驶室时，很难忍住满意的笑容。”

——*Auto Express*杂志，2014年1月

MG TC Midget，1945年
由于相对较低的价格和大规模生产，MG使这类小型跑车更为普及。

MGB敞篷式双座车型取代了MGA，并且它有一个独立的车身。紧随其后的是GT版本，两者都卖得不错。而3.0升版本的MGC则因重型发动机造成了操控问题，很快就退出了市场。

BMC轿车也有MG版本，如莫里斯Oxford和1100系列，但到1971年，MG被英国利兰（Leyland）兼并，这些车型被取消了。缺乏研发资金使得Midget和B系列车型只生产到1980年。只有短寿命的、70年代中期的3.5升V8版B系列活跃了一阵。尽管阿斯顿·马丁试图收购MG，但MG品牌最终在停产后被雪藏，其位于Abigdon的工厂也被关闭。

MG品牌在20世纪80年代初期以奥斯汀 Metro、Maestro和Montego家族轿车的一系列运动版本回归，并于1992年推出了RV8，该版本配备3.9升V8揽胜发动机，复兴了MG的跑车血统。2年之后，中型跑车MGF像其经典的前辈一样使用了由罗孚集团制造的轿车车型中的许多零部件。这辆车最终演变成TF车型。随后，宝马汽车收购了罗孚，并转手将其卖给了凤凰集团，这一时期，罗孚的25、45、75车型的运动版悬挂MG车标。

罗孚集团于2005年破产，被中国汽车制造商南京汽车集团收购。MG目前在中国制造轿车和两厢车，并在英国房车锦标赛系列赛中获得成功。

MGA，1955年
位于牛津郡阿宾登的MG工厂生产了100000多辆迷人的MGA。

未来的经典

TF MGF1995年的双座改装版，取消了前身的空气悬架，转而使用钢弹簧。经过重新设计，发动机由114马力的制动马力、1.598升排量升级到160马力的制动马力、1.796升排量，采用了可变气门正时技术。大多数车型是五速手动，少数配备了六挡、CVT自动变速器。这是英国最畅销的跑车，也是迄今为止最后一辆悬挂MG标志的双座敞篷跑车。

MG TF 2002款

产　地	英国
发 动 机	1.796升，直列四缸
最高车速	220千米/时

TF提供了可负担得起的顶级发动机和运动型操控。这是一辆拥有澎湃动力和优雅造型的跑车。

ZT260 它不是典型的MG跑车，而是罗孚75型的旅行车版本。它配备了福特野马4.6升V8汽油发动机和五速手动变速器（也有一些自动挡）。因为产量少，这款车目前对收藏家有一定吸引力。罗孚破产后，计划的增压版本未能投产。

MG ZT260 2003款

产　地	英国
发 动 机	4.600升，V型八缸
最高车速	250千米/时

ZT260采用独立悬架，并拥有比其他MG车型更强的动力，是一款物超所值的车型。

推动国家前进

为了提高机动性和汽车的保有量，意大利政府与该国最重要的汽车制造商达成了一项创新协议。如果菲亚特致力于生产几乎每个人都能负担得起的新车，政府承诺将投资连接这个狭长国家重要城市的高速公路。

意大利的汽车奇迹

Nuova 500由伯丁·吉亚科萨于1957年设计，是一款小巧的四座车型，尾部配备风冷式双缸发动机。这款紧凑型四座车型吸引了大众的眼球，其低廉的价格和维护成本意味着即使是那些更习惯骑摩托车的人也有能力购买四轮汽车。

这辆小型汽车是20世纪60年代意大利消费热潮的内在原因，菲亚特成功制造出能够行驶于该国狭窄街道的第一辆城市汽车，后来阿巴斯（Abarth）品牌则负责开发其竞速潜力。从一个缓慢的开始，菲亚特 Nuova 500取得了巨大的成功，并且持续销售了400多万辆。

为菲亚特工作的摄影师试图描绘出Nuova 500车主的惬意生活。

249350 TO

硬顶轿车

四门三厢轿车是20世纪50年代最畅销的主力车型。在这个掀背车还未真正出现的时代，带有独立悬架和4扇车门的中型轿车（或者2扇方便进入后排的大门）的需求量很大。它们中的一些是坚实可靠的车型，具有令人惊讶的运动性能或开创性的技术，如前驱和安全带。这种车型可供人们去工作、去购物或去度假使用，成为人们日常生活中不可或缺的一部分。

▽雷诺 弗雷格特（Frégate）1951款

产　地	法国
发 动 机	1.977升，直列六缸
最高车速	126千米/时

国有化后，雷诺想要开发一款高档轿车，于是在1951年推出了Frégate。Frégate虽然具备传统的外观，但配备了独立悬架，拥有宽敞的车身和良好的操控性。这款搭载2.0升发动机的车速度很慢，销量也没有公司希望的那么高。

▷奥斯汀 A40 Somerset 1952款

产　地	英国
发 动 机	1.197升，直列四缸
最高车速	111千米/时

这款圆润的汽车有着美式设计风格，用来吸引美国消费者。它坚持使用传统的底盘框架和机械结构。车内有一个怀挡和间隔紧密的前座，可营造出长椅式的住宿空间。

▷凯泽（Kaiser）亨利（Henry）J. 1952款

产　地	美国
发 动 机	2.199升，直列六缸
最高车速	140千米/时

该车以亨利·J. 凯泽（Henry J. Kaiser）的名字命名，1300美元的售价旨在吸引二手车买家，但它因没有扶手和杂物箱而卖得并不好。后来，由西尔斯百货公司售卖更名后的版本，该版本在以色列和日本进行组装。

◁亨伯（Humber）Hawk VI 1954款

产　　地　英国
发 动 机　2.267升，直列四缸
最高车速　134千米/时

该车是最后一款独立底盘的Hawk，是一辆耐用、精致、舒适的轿车。整车具有美式风格，包括长座椅和序列式变速器，这是当时的典型特征。超速挡令赛车版具有良好的巡航能力，但加速度较小。

▷标致 403 1955款

产　　地　法国
发 动 机　1.468升，直列四缸
最高车速　122千米/时

标致 403的帅气车身是宾尼法利纳的设计，配有传统而坚固的机械装置，高可靠性使其在非洲和南美流行。这款车的轿车、皮卡、房车版本共售出了超过100万辆。美国电视剧中的侦探科伦坡（Columbo）的座驾是一辆敞篷版。

▽沃尔斯利（Wolseley）15/60 1959款

产　　地　英国
发 动 机　1.489升，直列四缸
最高车速　124千米/时

15/60是一款精心打造的舒适汽车，由宾尼法利纳设计，具有清晰的美式造型风格。延续自BMC生产的7款汽车，使用了基本的设计，Wolseley版本配备有高档运动真皮座椅和木质仪表板。

Rambler Rebel

1957款Rambler Rebel十分稀有，制造商美国汽车公司（American Motors Corporation，AMC）将其定位为中型高性能轿车。它曾被誉为第一款量产的轻量级肌肉车，并且是庞蒂亚克 GTO 和普利茅斯 Road Runner 等车型的前辈，这些车型的特点可用一句令人难忘的话概括：“在制动马力为98马力的弱者面前踢沙子”。

正如肌肉车所标榜的那样，Rambler Rebel的动力和表现与四门配置有些不符。它的5.4升发动机绝不是美国当时排量最大的发动机，但它是第一款采用电子燃油喷射系统的车型，因此比竞争对手雪佛兰所提供的V8发动机动力强大。

制动马力超过250马力的发动机提供了充沛的动力。该品牌希望这能够满足席卷美国的改装车热潮，在7.5秒内能够达到96千米/时的速度，这个速度仅比10年后的法拉利Dino慢了半秒，“Rebel”的最高时速可达185千米。

侧视图

前视图

后视图

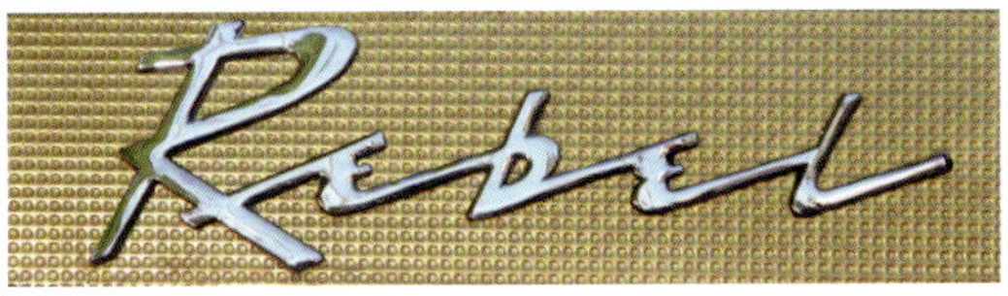

Rebel 车标

Rebel（意为反叛者）这个名字是经过精心挑选的，以提醒潜在客户这辆汽车有着不寻常的性能。在此之前，人们很难把这家位于威斯康星州的AMC集团与高速驾驶联系在一起。

规格	
车型	Rambler Rebel，1957年
产地	美国威斯康星
产量	1500辆
结构	钢质承载式车身
发动机	5.385升，V型八缸
输出功率	制动马力为255马力
变速器	3速手动或4速手动
悬架	前后卷簧
制动器	前后鼓式制动器
最高车速	185千米/时

造型

Rebel藏在发动机舱中的高性能与它的外型相匹配。只能使用银色金属漆，侧面镶有金色阳极氧化铝。格栅上的头灯、软垫、仪表板和遮阳板完善了车身外观。

在路上

在当时非常不寻常的是，Rambler的独特风格仍然是一种超前的品味，但不难理解为什么消费者喜欢他们的Rebel。如今这款车非常稀有，这个时期的四门轿车速度表现大同小异，Rebel没有太大的名气，但作为有史以来第一辆肌肉车，这款不起眼的美国车却具有里程碑式的意义。

克莱斯勒、福特和通用竞争激烈。但Rambler却成功把非常强大的V8发动机塞进普通的家庭轿车中，不久，美国的汽车“三巨头”被迫推出各自的竞争产品。

1. 前灯有大量镀铬
2. 暗示性能的车轮标志
3. 倾斜的后视镜与车后柱异曲同工
4. 有质感的金属纹理
5. 像前侧灯的后灯组
6. 可选欧式风格的备用轮胎
7. 时尚的镀铬仪表板
8. 复杂的加热控制器
9. 立柱式选挡器
10. 新月形速度表
11. V8发动机

4

5

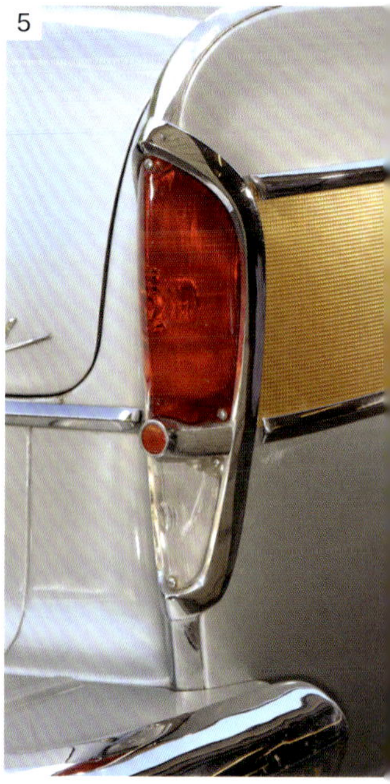

1

2

3

124 XUL
6

7

LIGHTS
VENT
REFRIG
HEATER
DEFROST
WIPERS
WEATHER EYE
OFF
HIGH
HEAT
8

LIFT TO START
9

Rambler
OIL
FUEL
TEMP
10

Rambler V-8
11

时尚的公路跑车

20世纪50年代的美国人喜欢双座跑车（也称作公路跑车）。美国国内汽车制造商，以及来自欧洲和其他国家的竞争对手看到新的市场和新的潜力客户，都急于满足这种无尽的需求。以乔伊特（Jowett）和凯旋（Triumph）为代表的传统小型汽车和豪华轿车制造商开始生产跑车。在美国之外，资金充裕的新一代消费者发现将钱花在敞篷跑车上似乎特别有吸引力。

▷ **雪佛兰 科尔维特 MkI 1953款**

产　地	美国
发动机	4.291升，V型八缸
最高车速	229千米/时

首次亮相于1953年的科尔维特，拥有哈利·厄尔式的俯冲式玻璃纤维车身，这种造型看似速度很快，但起初搭载的六缸发动机却无法达到如此高的车速。因此，上市第一年仅售出了700辆。随后的V8发动机、手动变速器版本赢得了市场，并成为经典之作。

▷ **乔伊特 Jupiter 1950款**

产　地	英国
发动机	1.486升，水平对置四缸
最高车速	135千米/时

乔伊特在Jupiter双座车中使用了Javelin轿车的直列四缸发动机，其低重心有助于独立悬架跑车的操控。Jupiter在勒芒24小时耐力赛和蒙特卡罗拉力赛中获胜，但是变速器保修索赔事件使该车型在生产了899辆后停产。

◁ **希利 G-type 1951款**

产　地	英国
发动机	2.993升，直列六缸
最高车速	161千米/时

在唐纳德·希利的奥斯汀·希利联盟成立之前，公司与美国汽车制造商纳什（Nash）合作生产了纳什-希利（Nash-Healey）跑车。这款G型车配备了阿尔维斯（Alvis）发动机，手动变速器而非自动变速器。该车只制造了25辆，因此这款车非常罕见。

未来感
科尔维特的设计师们热衷于为汽车设计最前沿的外观，并将这种风格扩展到内部空间和异形的仪表盘上，圆形表盘和仪表组合在仪表盘中直接展现在驾驶员面前。

前视图

是时候改变了
很早之前的科尔维特拥有单一的圆形大灯，但通用很快便做了修改。到V8版本发售时，已改用四眼大灯。

旗帜车标，
科尔维特的商标

尾部造型
科尔维特最初采用的是鳍状的尾灯，但后来改为一个更圆的造型。这一时期的试车员称赞了该车的操控性。

后视图

无窗门设计

玻璃钢车身

门向前划入**翼子板**

▷ 凯泽 Darrin 1954款

产　　地	美国
发 动 机	2.641升，直列六缸
最高车速	154千米/时

第二次世界大战后，造船商亨利·凯泽（Henry Kaiser）开始制造汽车。该车是美国第一款应用玻璃纤维的跑车，以其荷兰籍设计师霍华德·达林（Howard Darrin）命名。这辆车是凯泽经妻子劝说后才制造的。

折叠式座椅是可选的

眉毛式翼子板向300SL致敬

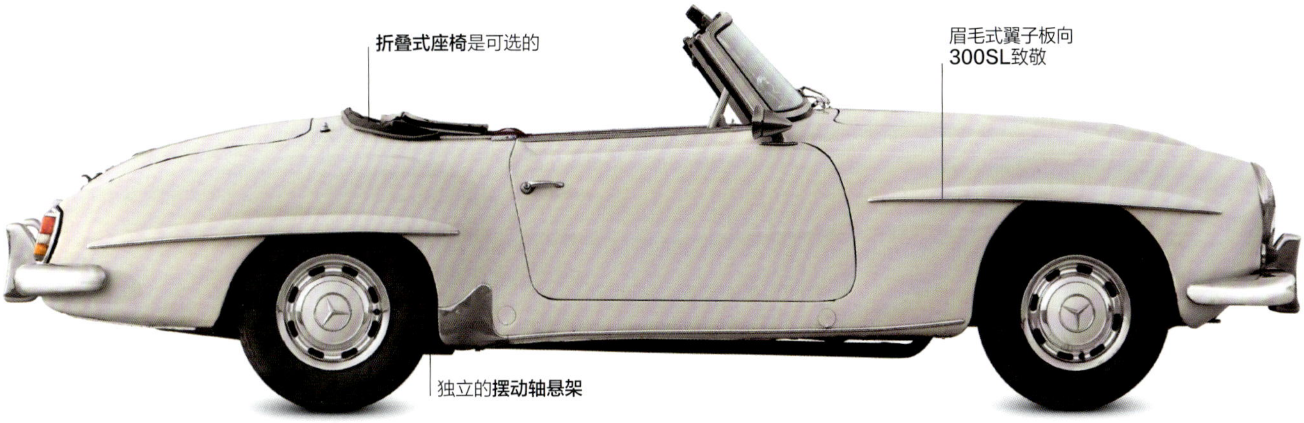

独立的**摆动轴悬架**

◁ 梅赛德斯-奔驰 190SL 1955款

产　　地	德国
发 动 机	1.897升，直列六缸
最高车速	172千米/时

190SL是300SL的简约、缩小版。其敞篷车身共享了许多300SL的设计理念，190SL也有独立的后悬架。该车在纽约推出，是更豪华的双座跑车。

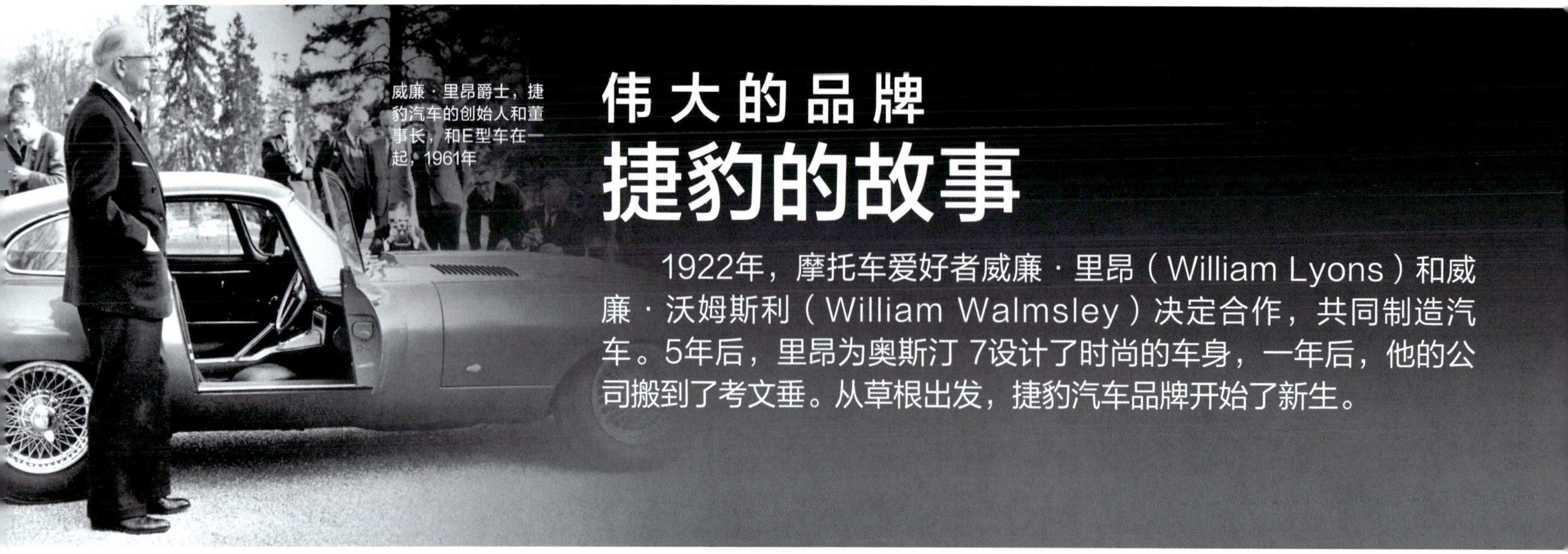

威廉·里昂爵士，捷豹汽车的创始人和董事长，和E型车在一起，1961年

伟大的品牌
捷豹的故事

1922年，摩托车爱好者威廉·里昂（William Lyons）和威廉·沃姆斯利（William Walmsley）决定合作，共同制造汽车。5年后，里昂为奥斯汀 7设计了时尚的车身，一年后，他的公司搬到了考文垂。从草根出发，捷豹汽车品牌开始了新生。

威廉·里昂和威廉·沃姆斯利经营的Swallow Sidecar Company通过为各种底盘提供有吸引力的车身，迅速发展出了自己的业务。里昂决定自己制造汽车，并于1932年推出了SS1，该车使用了改装的标准底盘，支持Swallow的轿跑车车身，并配有长发动机盖。SS1迅速引发关注。1934年，沃姆斯利将股权卖给里昂，公司更名为SS汽车。

捷豹 Mk 2, 1959年

这是英国经典车型中紧凑运动轿车的典范，装备了六缸发动机，排量为2.4~3.8升。

1935年，里昂推出了他的第一款跑车，并在年底推出了全新的捷豹系列，包括3款轿车和时速161千米的SS100双座敞篷跑车。买家喜欢SS的独特造型和出色质量，SS汽车走上了正轨。

第二次世界大战后，SS于1945年更名为捷豹。在此之前，SS的工程师已经设计出3.4升、六缸双凸轮轴发动机，该发动机旨在为新的运动轿车提供动力。发动机被称为XK，里昂决定制造一款跑车以在1948年的伦敦车展上展示该发动机。

捷豹 MkVII 轿车的广告

这款名为XK120的赛车以193千米/时的速度、低于1000英镑的售价和惊人的外观引起了巨大的轰动。里昂迅速完善其生产线，1950年，美丽的Mk VII轿车加入了捷豹的产品序列。

这两款车在赛车运动中都非常成功。Mk VII不像拉力赛车，但是现在捷豹决定用XK120C（竞争对手）或C型跑车面对竞争对手。

这辆赛车首次使用了盘式制动器，在彼得·沃克（Peter Walker）和彼得·怀特黑德（Peter Whitehead）的带领下，于1951年赢得了勒芒24小时耐力赛的冠军。托尼·罗尔特（Tony Rolt）、邓肯·汉密尔顿（Duncan Hamilton）和C型车在1953年重复了这一壮举。捷豹的D型车在1955年、1956年和1957年的勒芒24小时耐力赛上获胜，这对于一个英国的小公司来说是巨大的激励。捷豹还在1955年制造了第一款紧凑型运动轿车——2.4升发动机的首款捷豹单体式结构汽车，1957年推出了3.4升版本，但是它在1959年发展成为Mk2车型，成为有史以来最受欢迎的捷豹汽车之一。

捷豹 XK 120, 1948年

这款引起轰动的跑车，装备了卓越的六缸发动机，立刻为它自身和捷豹品牌赢得了如潮的好评。

里昂认为已经不需要通过比赛来证明捷豹了，他取消了竞赛部门，并且让他的团队把D型车变成跑车，也就是1961年的E型车——另一款对捷豹产生巨大影响的车型。其巧妙的、受飞机启发的概念和空气动力特性令人印象深刻，圆润的箭头式轮廓能够达到241千米/时的速度，这一切引发了抢购。

1960年就已经收购了戴姆勒的捷豹汽车有限公司于1966年与英国汽车公司（British Motor Corporation）合并，并由此加入了英国利兰。但公司坚持独立自主，公司后来被福特公司收购，如今归印度塔塔集团所有。

“我想要这辆车，现在就要。”

——歌手弗兰克·辛纳特拉（Frank Sinatra）在纽约车展上看到捷豹E型车的第一眼时说，1961年4月

捷豹MkX，1961年
光滑、宽敞、快速、稳定和豪华，MkX在豪华运动轿车中设置了惊人的新标准。

20世纪60年代的捷豹运动型轿车包括1961款Mk X和Mk 2型S/420，它们采用E型车的悬挂系统来实现卓越的驾驶性和操控性。

1968年，捷豹的所有轿车都被XJ6取代，这被认为是在豪华和性能之间做的取舍。不久之后，捷豹的5.3升V12发动机与XJ6搭配，成为最好的汽车之一。

E型车在20世纪70年代初逐渐消失，取而代之的是有争议的XJ-S，它尽管起步艰难，但在整个20世纪80年代受到了极大的欢迎。1986年，捷豹古老的XJ豪华轿车被XJ40系列取代，四轮驱动的新款中型超级跑车XJ 220在1991年终于迎来了客户。XJR-9和XJR-12车型分别在1988年和1990年的勒芒24小时耐力赛获胜。

在福特的管理下，捷豹新的S型和X型轿车与其他更单调的车型共享零部件，但是自从归入塔塔公司后，XE、XF和XJ车型都成了捷豹的核心车型。

未来的经典

XJ 结构中约50%是由回收铝制成的；与传统的钢铁结构的竞争对手相比，重约150千克的XJ更加灵活和节省燃油。这款代号为X351的大型捷豹车型在所有车型中都采用了全玻璃车顶。手工完成的内饰拥有镀铬和钢琴黑色的细节。英国首相戴维·卡梅伦（David Cameron）的官方座驾是防弹版XJ。

捷豹 XJ 2009款

产　地	英国
发动机	5升，V型八缸
最高车速	250千米/时

XJ的生产线已历经多年，十分成熟，但这辆车是一个新的起点——更低、更宽的全铝车身结构。

F-type Project 7 与所有现代捷豹一样，F型车拥有完全的铝结构，而在Project 7中，每个车身面板都是铝质的。增压式V8发动机通过一个带有方向盘桨和手动控制装置的八挡自动变速器将动力通过后轴传递到车轮。驾驶员身后的“Aero Haunch”是向20世纪50年代D型赛车的空气动力学设计致敬。

捷豹 F-type Project 7 2013款

产　地	英国
发动机	5.0升，V型八缸
最高车速	300千米/时

捷豹花了几十年时间才发布了E型车的精神继承者——Project 7，它是捷豹有史以来最强大的汽车。

微型汽车

第一次世界大战后，出现了一种非常便宜、非常粗糙、被称为“摩托汽车”的小型汽车，但是这些车被奥斯汀 7和雪铁龙 5CV这样的真正的小型汽车所取代。这种模式在第二次世界大战之后重复出现，即出现了很小的微型汽车。许多三轮摩托车和小型摩托车的发动机成为20世纪50年代道路上的动力来源。随着菲亚特 500和原装Mini等微型车陆续发布，以及人们生活水平的提高，微型汽车厂商纷纷倒闭。

▷ **梅塞施密特（Messerschmitt）KR200 1956款**

产　地	德国
发 动 机	0.191升，单缸
最高车速	96千米/时

在20世纪40年代，德国航空工程师弗里茨·芬德（Fritz Fend）发明了手动驱动的车厢，随后推出了动力版本，芬德开发了著名的双人座式KR200，带有气泡式的车顶和摩托车把，由飞机制造商梅塞施密特制造。2000年去世时，芬德正致力研发新的微型汽车。

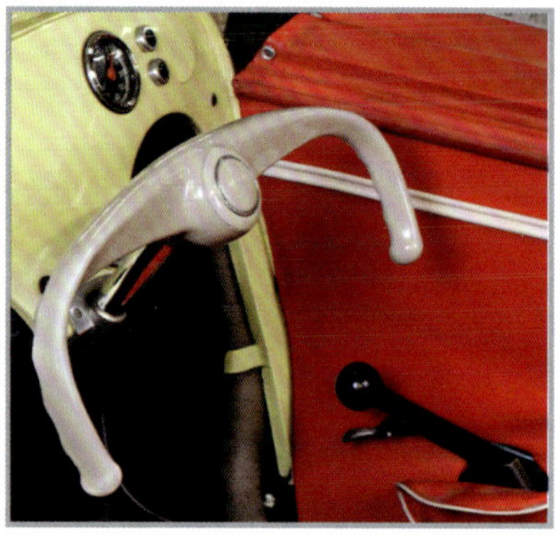

非常规控制
把手连接到拉杆，非常直接的转向。倒车时，必须停止发动机后重新起动，产生4个倒挡。位于换挡杆上的辅助杆被用于将其敲入空挡。

侧视图

侧视图（车顶打开）

前、后乘坐布局
司机在前，乘客在后。虽然空间狭窄，但后座足以坐下一名携带儿童的成人。座椅模式使汽车的重心偏低，前、后两端都有一个轮子，司机可以更好地驾驶三轮汽车。

升起车顶
在右侧铰接，亚克力顶盖被固定住。一旦打开，后部车身可以被抬起，以维修位于后座下面的发动机，里面还有一个备用轮胎。

◁宝马 Isetta 300 1955款

产　　地	德国
发 动 机	0.298升，单缸
最高车速	80千米/时

Isetta是意大利冰箱制造商Iso（后来制造超级跑车）的构思，后来由宝马负责制造。这款蛋形车在英国布赖顿的一个旧铁路车间组装。

▷Vespa 400 1957款

产　　地	意大利/法国
发 动 机	0.393升，直列双缸
最高车速	83千米/时

该车由意大利飞机、摩托车和小型卡车制造商比亚乔（Piaggio）设计，在法国制造。这款制造精良的双座车型配有后置发动机、全独立悬架、单体式车身、同步变速器和液压制动器。它还拥有卷帘式帆布屋顶，有点像最早的菲亚特500。

◁Scootacar 1958款

产　　地	英国
发 动 机	0.197升，单缸
最高车速	72千米/时

Scootacar以泡泡车为主题，是由铁路机车制造商在约克郡的亨斯莱（Hunslet）制造的，显然是因为导演的妻子想要比捷豹更容易停放的汽车。座位就在发动机上方，有一个车门和车把转向。

▷Frisky Family Three 1958款

产　　地	英国
发 动 机	0.197升，单缸
最高车速	70千米/时

英国工程公司Meadows在推出由意大利设计师米切洛蒂（Michelotti）设计的微型车Frisky之前为其他公司制造发动机。原型车有鸥翼门，量产版本有正常的门和链传动，发动机可以“倒转”以倒车。后来版本的Frisky是更便宜的三轮车。

大众 康比

基于大众T1微型车的露营车——通常被称为康比（Kombi）——在当时很受欢迎，直至今日仍非常受欢迎。它以甲壳虫为基础，被改装为运输车（分别为大众1型和2型），但该车型有各种各样的版本，以适应各种需要。原始的版本制造于1950—1967年，销售了近150万辆。

大众2型车的理念来自荷兰大众进口商，他们在参观了大众位于沃尔夫斯堡的工厂后打算订购甲壳虫汽车。作为替代，一款新的厢式车在几个星期内生产出来。2型车与甲壳虫有类似的轴距，但为更重的负载加强了底盘，并凭借其优化的空气动力学来抵消制动马力仅有25马力的发动机。康比随后投入生产。竞争对手很快就复制了“前进控制”驾驶室，即驾驶员坐在前轴上方，但没有一款车能够复制它的魅力。

前视图

后视图

大众车标

甲壳虫在第二次世界大战前被称为KdF-wagen，意为喜悦力量（Strength Through Joy），但因为民众制造一款廉价汽车的愿望而被称为大众（Volkswagen）或“人民的汽车”。大众最终成为它的正式名称。

规格	
车型	大众 Transporter, 1950—1967年
产地	德国、巴西和南非
产量	1 477 330辆
结构	钢制车身和底盘
发动机	1.131～1.493升，水平对置四缸
输出功率	制动马力为25～51马力
变速器	四速手动
悬架	前后扭力梁
制动器	鼓式制动器
最高车速	124 千米/时

造型

这个实用主义的设计，是1947年由本·彭绘制的一幅涂鸦作品，一直是组成康比魅力的重要部分。第一个版本避开了任何装饰，除了牛头鼻子上的大型“VW”标志和独特的可选双色喷漆。

风冷发动机，
与当时的其他大众车型一致

双开门
方便乘员进出

侧视图

在路上

康比相对便宜，而且易于操作，友好的造型提供了充足的内部空间，同时还有充足的机械备件供应。它与甲壳虫一脉相承，销量超过2100万，意味着有很多配件可供它选择，来提升这款制动马力为25马力直列四缸发动机汽车的性能。

像甲壳虫一样，康比一直受定制商的青睐，但现在很多品牌正在被转换回原来的规格。如今，价格最高的是最初的薄荷绿版本，这促使这一实用车型被恢复到简单的外观。

1. 前大灯和指示灯
2. 后置发动机的通风口
3. 百叶窗侧窗
4. 滑动侧门的镀铬手柄
5. 后灯显示功能设计
6. 定制的防撞保护装置
7. 客舱内部与可向下折叠的桌子
8. 水龙头安装在橱柜上
9. 最小的仪器
10. 紧凑设计的风冷发动机

1

2

3

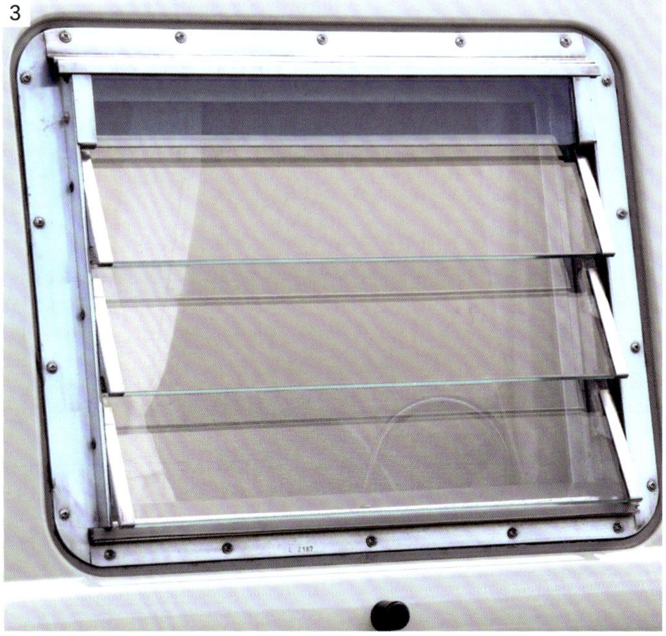

4

5

7

8

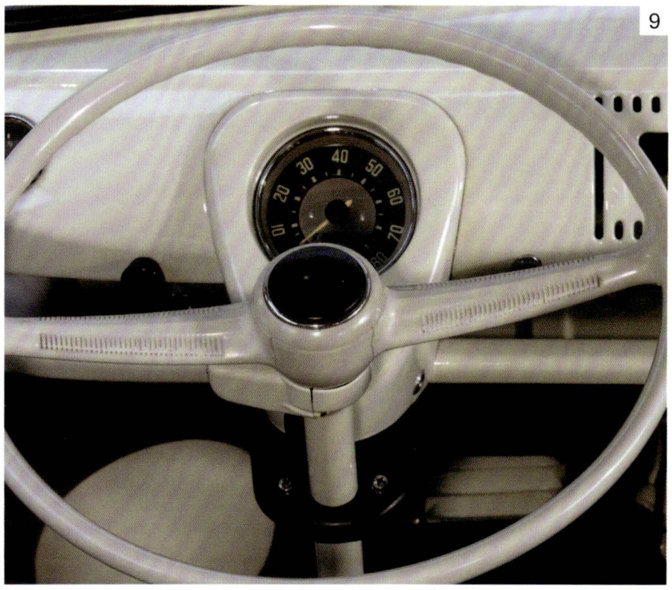
9

6

10

魅力轿车

欧宝和沃克斯豪尔等大型汽车吸引了不断涌现的消费者，这些品牌从经济的小型豪华轿车起步，但也生产一些大型汽车来吸引更多的客户。就像如今的梅赛德斯、捷豹和宝马被认为是豪华的车型一样，阿姆斯特朗·西德利（Armstrong Siddeley）和蓝旗亚也给车主留下了高档的印象。这些汽车的设计和处理方式往往不同寻常。有些品牌以质量高超和简单直接的工程设计为卖点，有的品牌则因为均衡的性能而受到青睐，但它们都是人们渴望拥有的汽车。

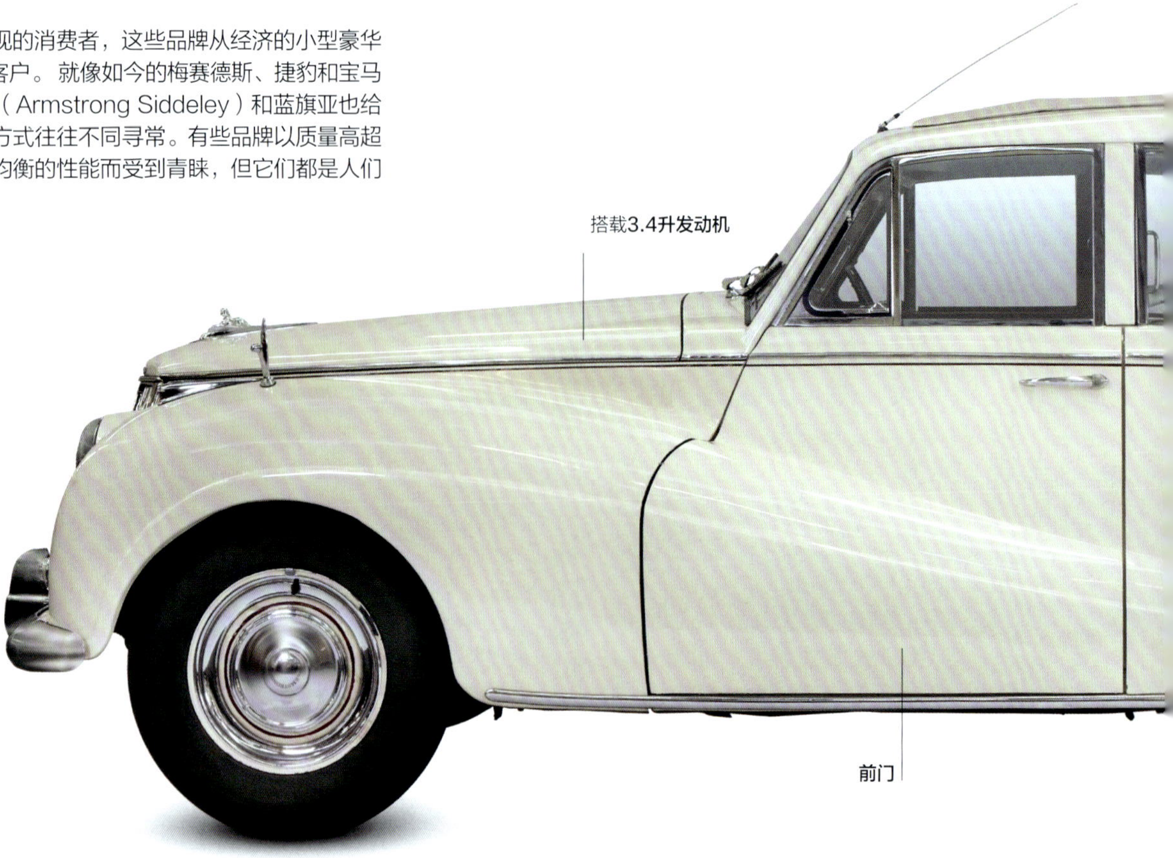

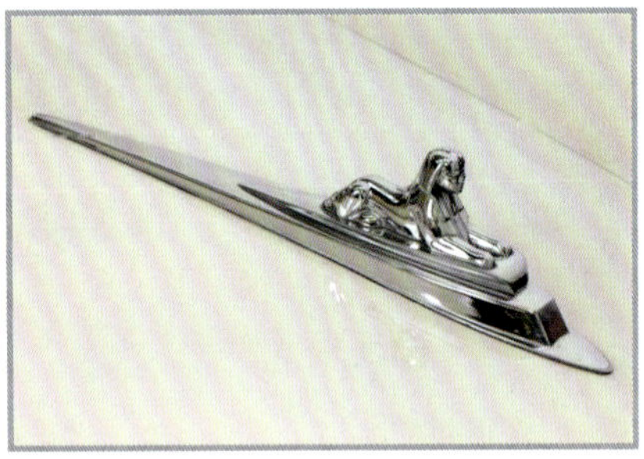

狮身人面像车标
尽管阿姆斯特朗·西德利在20世纪50年代制造的汽车散发出一种不那么华丽的谨慎英式风味，其独特的镀铬狮身人面像车标却体现出那个时代的装饰艺术。

◁ 莱利 RME 1952款

产　地	英国
发 动 机	1.496升，直列四缸
最高车速	126千米/时

这是一款传统、帅气的汽车，分开的风挡玻璃和翼子板上的翅膀赋予它复古的外观，这与它的生产方式一致，即独立的底盘和木框架车身。它的车身质量和操控性的完美组合赢得了许多消费者。

▷ MG Magnette ZA 1954款

产　地	英国
发 动 机	1.489升，直列四缸
最高车速	129千米/时

这款漂亮的汽车是“徽章工程”的产物。它由英国汽车公司制造，与Wolseley 4/44共享车身，其发动机来自奥斯汀，采用双化油器和齿条转向。MG非常适合时尚的木材和皮革内饰。

▽阿姆斯特朗·西德利 Sapphire 346 1953款

产　地	英国
发动机	3.435升，直列六缸
最高车速	161千米/时

与罗孚一起，阿姆斯特朗·西德利制造了英国的医生和银行经理梦想拥有的那种坚固、有品味、安静、豪华的汽车。这款车不仅拥有独特的狮身人面像车标，还配备了自动变速器。Sapphire成为阿姆斯特朗·西德利的最后一款车型。

前视图

理想之车
Sapphire诞生在一个很多家庭买不起车的时代，这些家庭往往使用老旧的和二手的交通工具凑合。除了捷豹和罗孚，阿姆斯特朗·西德利就是当时的大多数人梦寐以求的车型。

◁泰脱拉（Tatra）603 1956款

产　地	捷克斯洛伐克
发动机	2.474~2.545升，V型八缸
最高车速	161千米/时

20世纪30年代，汽车制造商泰脱拉开始制造先进的高性能轿车，这些车型都具有流线型车身且发动机后置，这个传统延续至603。这款车获得了捷克外交官的青睐。这款精心打造的空气动力车采用轻型强力风冷后置V8发动机，可供驾驶者偶尔体验一下令人兴奋的操控性。

▷蓝旗亚 Flaminia 1957款

产　地	意大利
发动机	2.458升，V型六缸
最高车速	164千米/时

意大利汽车设计师宾尼法利纳在其他车型上使用了类似的视觉设计，其中包括奥斯汀·威斯敏斯特（Austin Westminster）。然而，与英国车不同的是，蓝旗亚的Dion驱动桥在技术上是先进的，并且非常适合驾驶。

亨利·利兰和最早的凯迪拉克汽车

伟大的品牌

凯迪拉克的故事

1940—1990年是经典汽车时代，凯迪拉克在这个时代则是豪华、风格和权力的代表。亨利·利兰（Henry M. Leland）于1902年创立凯迪拉克，品牌以大规模生产高质量汽车的能力而著称。

亨利·利兰创立凯迪拉克时已经是一位汽车行家，一位经验丰富的发明家，他以18世纪底特律的创始人安东尼·德·拉·蒙特·凯迪拉克的名字为品牌命名。最初的A型车实际上基于福特底盘，并使用了Oldsmobile发动机。3年后的四缸D型车推动凯迪拉克迅速崛起，成为世界第三大汽车生产商。

1909年，凯迪拉克被通用汽车收购，但并未停止创新，成为首个全系使用电动起动的品牌。V8车型很快就有了多种车身风格，并且凯迪拉克于1930年成为第一家（目前也是唯一一家）同时提供V8、V12和V16车型的制造商；同时，为了照顾普通消费者，1927年还推出了更便宜的拉萨尔（LaSalle）品牌，但在1940年被关停。

20世纪30年代，Fleetwood（宾夕法尼亚州的车身制造商）代表顶级凯迪拉克车型，通用年轻的主设计师哈利·厄尔开始对凯迪拉克的车型产生影响。1938年，另一位设计师比尔·米歇尔设计了凯迪拉克60特别版，这款车的车身非常圆润，比尔在1958年接任哈利·厄尔担任通用总设计师。

1942年，凯迪拉克制造了第一款提供空调和第二款采用自动变速器的汽车。第二次世界大战期间，凯迪拉克转为军用，制造坦克、军车和飞机发动机零件。民用车的生产于1945年重新开始，1948年的新一代汽车是受P38 Lightning战斗机的启发。凯迪拉克第一款顶置气门的V8车型于1949年发布，这一年，品牌累计销量达到100万辆。美国车手布里格斯·坎宁安（Briggs Cunningham）驾驶V8在1950年的勒芒24小时耐力赛中获得第10名，驾驶搭载凯迪拉克发动机的奥拉德（Allard）则排在第3位。

凯迪拉克明信片
1953年的Eldorado一代是一款展现凯迪拉克前瞻设计能力的限量产品，仅生产了532辆。

1950年后，凯迪拉克的所有车型均配备自动变速器；1954年后则增加了转向助力系统和环绕式风挡玻璃。1957年，高科技的Eldorado Brougham车型标配空气悬架和电动记忆座椅，并附带一瓶Arpège香水。

凯迪拉克 埃尔多拉多赛威, 1959年
这辆1959年凯迪拉克的尾翼和总体比例，依然因其纯粹的奢侈感而令人震惊。

“我所关心的一切在于盛装坐在凯迪拉克里吃大餐。”

——埃塔·詹姆斯（Etta James），《新音乐快递》（*NME*）杂志，1978年

凯迪拉克 59系列的尾翼高度史无前例，随即成了流行文化的象征，但在此之后，这些车型的热度显著降低。1967年，凯迪拉克卓越的新款Eldorado轿跑车拥有前轮驱动的7.0升V8发动机，输出440马力的制动马力。到1970年，其排量已提升到8.2升。

1975年，凯迪拉克的新一代汽车包括相对紧凑的新Seville，新车型都使用无铅汽油。1978年，凯迪拉克采用了颇有争议的V8柴油发动机，1980年开始受到经典劳斯莱斯豪华轿车的影响。

与此形成鲜明对比的是，在经济严重衰退的情况下，1981年的Cimarron配备了1.9升四缸发动机，还破例采用了凯迪拉克30多年来的首款手动变速器。1986年经济复苏，凯迪拉克立即推出了Allanté豪华双座车型，这是一款全新的32气门铝合金北极星（Northstar）V8发动机的概念车，车身由宾尼法利纳在意大利设计和制造。

1996年，凯迪拉克决定停止制造大型轿车，转为生产、销售较小的欧式轿车，然而这是一个失败的决定。凯迪拉克在1998年迎来了复兴，推出了第一款运动型多用途车Escalade，而2002年的CTS紧凑型轿车则终于可以与欧洲一些高级运动型轿车一争高下。2006年，凯迪拉克BLS在欧洲等目标市场销量惨淡，但STS中型轿车（2005年）、全尺寸DTS（2006年）和第二代CTS（2008年）在美国市场都表现良好。2009年，凯迪拉克在通用的汽车破产风波中幸存下来，目前，其豪华轿车系列在中国和美国都很受欢迎。2014年，玛丽·巴拉成为通用汽车首位女性首席执行官。两年后，克里斯特尔·温德姆成为凯迪拉克内饰设计部门的负责人——首位担任这一重要职位的非裔美国女性。2021年她成为通用汽车全球工业设计负责人。

凯迪拉克 Seville，1980年
复古风格的尾翼是这款Seville的关键设计主旨。值得一提的是这款车型配备了V8柴油发动机。

未来的经典

CTS-V 在CTS轿车基础上配备了拥有强大动力的科尔维特发动机、大型制动器和科尔维特 LS6的手动变速器。这款车可以在4.6秒内加速至60千米/时，而完美的质量分布、紧凑的悬轲、大扭矩和扎实的底盘，使得CTS-V在德国的纽博格林赛道跑出了8分19秒的成绩，媲美梅赛德斯-奔驰C55 AMG。

凯迪拉克 CTS-V 2004款

产　地	美国
发 动 机	5.665升，V型八缸
最高车速	262千米/时

CTS-V轿车搭载了来自雪佛兰科尔维特LS6的制动马力为400马力V8发动机，并配备了六挡手动变速器。

ELR 最初作为Converj概念车发布于2009年，经过小幅调整后于4年后正式上市。这是一款采用雪佛兰Volt同款动力系统的插电式混合动力轿车，小型汽油机作为发动机为锂电池组充电，并驱动电动机。在纯电动模式下，续航里程可以达到63千米。2016年，为刺激市场，这款车的售价大幅下调，其动力性也提升了25%。

凯迪拉克 ELR 2013款

产　地	美国
发 动 机	电动机+1.398升直列四缸
最高车速	171千米/时

作为特斯拉 Model S的有力竞争者，凯迪拉克的油电混合动力车的特点非常符合该品牌的传统。

VEGLIA
VEGLIA
OLIO
VEGLIA
73452
LUCI

20世纪60年代

创新和能源

The new AUSTIN se7en

创新和能源

20世纪60年代中期可能是无拘无束的驾驶乐趣的顶峰。世界各地的行车道路还不像现在这么拥堵，也没有进行限速，工程师们则从市场领域的另一端入手，采用各种方式来挑战汽车操控性的上限。

真正的超级跑车出现了跨越式发展。捷豹在1961年率先推出了神话般的E-type车型，它是速度、美学、科技和价值的完美融合。1966年，兰博基尼在博通设计的Miura车型采用了赛车风格的中置发动机，甚至击败了外形华丽的法拉利和阿斯顿·马丁。

这也是小型跑车的黄金10年，出现了MGB、阿尔法·罗密欧 Duetto Spider、菲亚特124 Spider和凯旋 Spitfire。莲花 Elan 为操控领域树立了新的标杆，而运动车型福特 野马则提出了为消费者定制配置的想法。

Mini成为大众汽车的创新标准，发动机横置和前轮驱动提供了可靠的操控，而精妙的总布置则引领了小型车宽敞、实用的趋势。

来自NSU Motorenwerke和马自达的转子发动机的丝滑动力表现让技术爱好者兴奋不已。简单、紧凑、比功率高，它们有如此多的优点。但在这个时代，广泛采用燃油喷射技术来提高发动机性能在商业上更具重要意义。

大多数人并没有注意到，日本汽车制造商正在学习制造易于驾驶且耐用可靠的汽车。但此时他们还不能对底特律的产业构成威胁，底特律的制造商仍然沉迷于强大的动力及肌肉造型。

△ **失败的革命**
NSU ORO 80车型的转子发动机提供了直接、顺滑的动力，但粗劣的设计和制造工艺令这款发动机的可靠性很差，也很费油。

> “提升动力只能使汽车在直道上跑得更快，而减轻重量却可以在任何情况下变得更快。”
>
> ——柯林·查普曼，莲花汽车创始人

大事记

- ▷ **1960年** 前轮驱动、发动机横置的Mini成为小型家用车的标杆，内部空间可供4个成人相对舒适地乘坐
- ▷ **1961年** 捷豹发布E-type，其最大时速为241千米，售价仅为拥有同等性能的法拉利的1/3
- ▷ **1962年** 福特的第3000万台V8发动机制造完成
- ▷ **1963年** 新款梅赛德斯-奔驰 280SL跑车代表了典雅与性能的融合
- ▷ **1963年** 首款保时捷911跑车诞生，取代了广受好评的保时捷356

△ **传奇诞生**
因为侵犯了标致公司的命名专利，保时捷901改名为911，经过多次改款和升级的保时捷911至今仍在生产。

- ▷ **1964年** 福特野马在纽约世博会上首次亮相，普利茅斯Barracuda成为美国首款肌肉车
- ▷ **1965年** 劳斯莱斯银影上市，它是劳斯莱斯第一款非独立底盘的车型
- ▷ **1966年** 斯蒂旁克品牌在经营64年后最终关停
- ▷ **1966年** 丰田花冠（Toyota Corolla）发布，它是丰田第一个获得巨大成功的车系
- ▷ **1967年** NSU RO 80车型发布，这是一款极具未来感的商务轿车，搭载了第一款双转子发动机
- ▷ **1968年** 法拉利365 GTB4 Daytona 车型发布，这是世界上最吸引人的超级跑车

◁ 新款奥斯汀 7（之后以“奥斯汀 迷你”之名出售）的宣传手册封面，1959年

运动型轿车

谈到性能，人们首先想到的是敞篷跑车，但情况在20世纪60年代发生了改变——运动型轿车粉墨登场。福特、BMC等汽车公司都推出了运动型轿车，这些汽车是家用轿车的升级版，可以适应场地及拉力赛。与此同时，轿车也变得日益复杂而精妙，盘式制动器和独立悬架的使用越来越普遍，并配备了轻量化的高强度车身。对那些既想享受驾驶乐趣，还想与几个朋友分享的车主而言，这些都是好消息。

令人印象深刻的仪表
捷豹总是将风格和内涵融为一体，多功能的仪表板不仅设计美观，还为驾驶员提供实用的信息。车速表和转速表位于驾驶员的正前方，而中控部分则布置了其他辅助仪表，如电灯开关、附件开关以及位于中央的点火开关。

▷ 捷豹Mk 2 1959款

产　地	英国
发 动 机	3.781升，直列六缸
最高车速	201千米/时

对于很多人来说，这款轻盈的捷豹是20世纪60年代运动型轿车的缩影。3.4升的版本更受普通驾驶者的青睐，而3.8升版本则是很棒的高性能运动跑车。这款车也是当时的偷盗者的目标，他们通常会盗走印有汽车俱乐部徽章的车，因为这些车受到了良好的维护与保养。

Mk 2的**A柱**比早期车型的更纤细

安装在车门上的**后视镜**也是当时的新设计

独特的**前脸**

早期版本配备了巨大的**保险杠**

六缸发动机需要更大的进气格栅

多功能承载式车身
Mk 2的多功能承载式车身同样应用于戴姆勒V8-250，后者增加了后独立悬架等改装配件。该车身后来又用于捷豹 S-type及420。

发动机盖上的标志被称为**“跳跃者”**

前后轮均配备了**盘式制动器**

侧视图

平顺的六缸
Mk2有3款出自捷豹的平顺发动机可选，排量分别是2.4升、3.4升和3.8升。3.8升发动机装备了双SU化油器，总输出动力为220马力。这款动力更加强劲的车是汽车迷之选。

▷ **奥斯汀/莫里斯 Mini Cooper 1961款**

产　　地	英国
发 动 机	1.275升，直列四缸
最高车速	161千米/时

Mini从未被定义为高性能轿车，但F1车队老板约翰·库珀（John Cooper）发掘了它的潜能，改进了它的发动机，并为其增加了盘式制动器，从而发挥出Mini非同凡响的操控性。随后，该车赢得了一系列包括蒙特卡洛拉力赛和英国房车冠军赛等比赛。总而言之，这是一款为驾驶乐趣而生的轿车。

◁ **沃尔沃122S 1961款**

产　　地	瑞典
发 动 机	1.778升，直列四缸
最高车速	161千米/时

这是一辆非常坚固的运动型轿车，配备双化油器的发动机最大可以提供85马力的制动马力，随后推出的123GT版本则将功率提升至100马力。这款车动力输出非常及时，在可选的高速模式下的表现尤为突出。虽然在大多数市场这款车型由数字命名，但在瑞典它被叫作亚马逊（Amazon）。

▷ **雷诺 8 Gordini 1964款**

产　　地	法国
发 动 机	1.108升，直列四缸
最高车速	171千米/时

Gordini版本的雷诺8型车诞生于1964年，它升级自2年前发布的普通车型。该车搭载了制动马力为49马力的1.108升双化油器发动机及四速手动变速器（常规的雷诺8型车仅有三速）。

◁ **日产 Skyline GT-R 1969款**

产　　地	日本
发 动 机	1.998升，直列六缸
最高车速	200千米/时

GT-R中的双凸轮轴发动机使这款简单的Skyline天际线轿车成了一款专业的冠军之车，GT-R在推出的前3年赢得了50场比赛的冠军。动力通过五速变速器传递到后轮，并且有半曳臂型的独立后悬架。

奥斯汀·希利 3000

1946年，著名的前拉力赛车手兼工程师唐纳德·希利（Donald Healey）创立了自己的汽车公司。他想打造一款高性能且廉价的运动跑车，希利 100的问世意味着他实现了这一目标。这款双座跑车在1952年的伦敦汽车展上推出，它配备了已停产的奥斯汀·大西洋（Austin Atlantic）高性能2.6升四缸发动机。凭借这款新车，奥斯汀给公众留下了深刻印象，并立刻获得了订单。

在1959年发布的奥斯汀·希利 3000采用了继大型希利轿车希利100和希利100-6之后的第3代设计。它采用了英国汽车公司的新款3.0升六缸发动机，并配备了高性能前盘式制动器以抵消其强劲的加速。超速挡是四速手动变速器上的一个可选配置。

奥斯汀·希利 3000是20世纪50年代末跑车风格的缩影，它的车轮和双色调车身显得特别时髦。但令人惊讶的是，大多数售出的都是四座版本，后座有2个方便儿童使用的小座位，即使在一向被视为汽车最大市场的美国，双座版本也非常罕见。

侧视图

前视图

后视图

奥斯汀 · 希利车标
该车标是在唐纳德 · 希利和英国汽车公司(BMC)旗下的奥斯汀联手后设计的。奥斯汀 · 希利3000比BMC的MG TF和MGA空间更大、动力更强。但3款跑车的出口数量都很可观。

规格	
车型	奥斯汀 · 希利 3000 Mk I BN7，1959—1961年
产地	英国
产量	13 650辆
结构	梯形底盘，钢板焊接车身
发动机	2.912升，直列六缸
输出功率	4600转/分时制动马力为124马力
变速器	配备超速挡的四速手动变速器
悬架	独立前悬，后置传动轴
制动器	前盘后鼓
最高车速	183千米/时

造型
唐纳德 · 希利十分擅长“包装”跑车。与许多汽车行业的企业家不同，他也具有设计意识，并与车身造型师格里 · 科克尔（Gerry Coker）密切合作，从而创造出奥斯汀 · 希利3000的协调轮廓。

在路上

奥斯汀·希利希望制造出快速的敞篷汽车，因此，虽有美丽的外表，但为了保持最小重量和体积，它的内饰是相当简单的。凭借该车型的低重心，以及它因强劲动力而可以预知的道路性能，它非常适合拉力赛。这款车的主要战绩是由著名女赛车手帕特 · 莫斯驾驶、在列日–罗马–列日拉力赛中胜出。1961年的3000 Mk II采用三化油器发动机；而1963年的Mk III是最强大的，制动马力高达150马力，并提供了更舒适的驾驶舱。后来的3000是在1967年制造的，令车迷惊讶的是，它的车身外形并无变化。

1. 包含2个汽车品牌的车标
2. 波浪散热器格栅板条上的3000徽章
3. 钢丝轮旋转器提供有用的指令
4. 带有指示灯的前照灯
5. 镀铬覆盖件可防止低速颠簸
6. 嵌入后保护板的反射镜
7. 无多余装饰的驾驶舱，专为追求速度的车迷设计；舒适的驾驶舱
8. 速度表显示最高时速为193千米，实际最高时速为114千米
9. 带双化油器的3.0升六缸发动机（右侧）

1

4

5
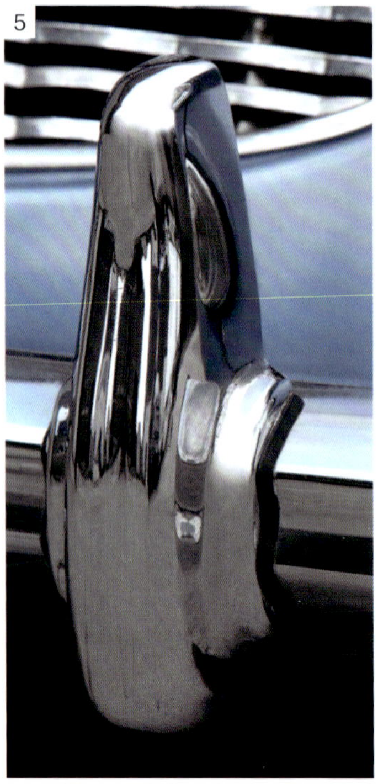

7

6

3000
2

LEFT NEARSIDE
3

SMITHS
MPH
HIGH BEAM
SIDE
HEAD
FUEL
MADE IN ENGLAND
8

AUSTIN
9

SELF - FI
SHELL
TURNBULLS
SHELL
£250
£695
U.S. ROYAL TYRES
2
OUT
SLC 892

助力未来

汽车需要燃料，而对于那些在20世纪初拥有汽车的幸运者来说，这意味着他们要从最近的商店购买罐装汽油。然而，汽车保有量的增加及福特T型车的发布，路边油泵和专门建造的路边服务式的加油站变得至关重要。到了20世纪30年代，它们已经成为人们熟悉的全球公路网的风景线。不过，直到设计出万无一失的设备使得司机能够自己给汽车加油为止，处理这些珍贵的燃料仍然是训练有素的服务员的专利。

引人注目的设计

石油公司必须使加油站环境对顾客更友好。对于工程师、建筑师和零售商来说，这是一个全新的领域，但大多数石油公司都坚持类似的方案，将燃料保存在地下油箱中，在加油站安装汽油泵，并在室内收费。几乎所有的加油站都被覆盖了，并且有一个保护性的顶篷为顾客和他们的汽车遮风避雨。

随着时间的推移，加油站变得更加引人注目，著名的建筑师如路德维希·密斯·凡·德·罗和安恩·雅各布森设计了出色的现代主义混凝土结构。英国第一家专门建造的自助加油站于1960年在普利茅斯开业，并加盖了令人印象深刻的悬臂式顶篷。

这座教堂般的壳牌（Shell）加油站于1960年在普利茅斯开业，是英国第一家自助加油站。

伟大的设计师

亚历克 · 伊兹高尼

全世界见证了一位真正的汽车设计天才——亚历克 · 伊兹高尼爵士，他凭一己之力为现代小型汽车设定了模板。他是一位真正具有独特思想的杰出人才，站在传统观念的对立面，他也是一位个人主义者。他的作品——莫里斯Minor、奥斯汀1100和Mini被证明非常受欢迎，这归功于他的远见。

生涯大事记

- ▷ **1936年** 伊兹高尼加入莫里斯，从事悬架系统方面的工作。莫里斯10的悬架因第二次世界大战而无法投入生产，后来被应用在1949款的MG YA上
- ▷ **1948年** 伊兹高尼的第一个独立设计莫里斯Minor上市后立即成为畅销款
- ▷ **1959年** 伊兹高尼设计的Mini首次在公众面前亮相，它为现代小型汽车的设计模式奠定了基础
- ▷ **1962年** 另一款前轮驱动杰作奥斯汀/莫里斯1100获得了巨大的赞誉

△ **奥斯汀/莫里斯1100，1963年**

相比车体，它的内部空间大得惊人，1100是BMC在1962年推出的一款四门家庭轿车。它具有前盘式制动器、前轮驱动和新型液压平衡的液压悬架。

- ▷ **1967年** 英国皇家学会认定伊兹高尼为研究员；2年后，他被伊丽莎白二世（Elizabeth II）女王封为爵士
- ▷ **1969年** 伊兹高尼被任命为英国利兰汽车有限公司的特别开发总监
- ▷ **1971年** 退休后的伊兹高尼仍然活跃，设计实验性的无齿轮传动装置和蒸汽动力汽车

亚历克 · 伊兹高尼于1908年出生在土耳其的士麦那（现在的伊兹密尔），父亲是希腊人，母亲是德国人，1922年随家人一起来到英国。他的绘画天赋很快被认可，并在巴特西理工学院学习工程，但没有通过毕业考试。

伊兹高尼成为一名杰出的赛车手，驾驶自己改装自奥斯汀 7的赛车，他还入股了一家工程咨询公司，致力于变速器的研发。继为亨伯和奥斯汀工作后，1936年他又为莫里斯工作，并为莫里斯设计了MG YA的前轮独立悬架。

草图

这些图绘于1944年，展示了伊兹高尼对Mosquito的散热器格栅和前照灯的想法，它们最终被应用在莫里斯 Minor上。

1948—1971年生产的莫里斯Minor是伊兹高尼的独立设计。它开创了莫里斯对整体结构的使用，并且具有高度的空间有效性。伊兹高尼本想使用前轮驱动，但令他失望的是公司坚持使用后轮驱动。

1952年，莫里斯与奥斯汀合并成立了英国汽车公司（BMC），伊兹高尼也离开了莫里斯。他在阿尔维斯担任新职位，在那里他设计了一款V8动力轿车，该轿车以拥有世界上第一台前后连接功能的液压悬架为特色。可悲的是，阿尔维斯无力承担这笔费用，因此伊兹高尼于1955年应BMC董事长伦纳德 · 洛德（Leonard Lord）的邀请重返BMC。

实质重于风格

伊兹高尼欣然接受"伟大的设计师"的荣誉，但他会因听到自己被称为"造型设计师"而感到震惊。20世纪50年代在美国传播的"风格"概念与伊兹高尼的理念截然相反，他更愿意将自己形容为"铁器商"。

伊兹高尼会轻松地勾勒出想法，将它们交给绘图员以转化为技术图纸。有时候，这些与达 · 芬奇（Leonardo da Vinci）的风格极相似的草图会出现在信封或餐厅的餐巾纸上。伊兹高尼的自信近乎

> "当你设计量产的新车时，千万不要模仿对手。"
>
> ——亚历克 · 伊兹高尼爵士

前格栅和鼻子，莫里斯Minor，1949年

Mini，1959年

傲慢。他不喜欢收音机和安全带等“奢侈品”，这意味着他设计的汽车上没有这些。他谴责委员会设计的过程，没有花时间进行市场调查，他可能是唯一一个能够独立设计出量产汽车的人。

Mini 的魔力

在设计BMC的新款小型汽车Mini时，伦纳德·洛德给予伊兹高尼完全的自由。Mini全面展示和概括了伊兹高尼的设计理念。与当时古板、过时的汽车相比，1959年的Mini完全是革命性的：发动机横置以节省空间，为前轮提供动力；更值得注意的是，变速器被放置在发动机下面来节省空间，而且它与发动机共用相同的润滑油；车轮也很小，直径只有25厘米，这为整车让出了更多内部空间。

保险杠与保险杠之间只有305厘米，Mini能够轻松容纳下4个成人及其行李。伊兹高尼计算了4名乘客所需的最小空间，并尽可能在其余部分节省空间。

Mini在推出时是售价很便宜的汽车，但它比许多当时所谓的跑车更快、更灵活。所有其他汽车制造商最终都采用了Mini的“包装”和前驱布局，用于他们自己的小型汽车。至于造型，Mini从不追求风格——形式只是遵循功能。

在Mini流行的同时期，伊兹高尼还为英国汽车公司设计了奥斯汀/莫里斯1100，这款车在20世纪60年代的大部分时间里都是英国最畅销的汽车。然而，同样的前轮驱动形式应用于更大的奥斯汀/莫里斯1800时反响并不好。

伊兹高尼的执着和傲慢令他逐渐被BMC淘汰出局，最终在1971年退休。他一直是英国利兰汽车有限公司的顾问，直到1988年去世。

在画板上
照片拍摄于1959年，亚历克·伊兹高尼在位于伯明翰的长桥工厂的办公室内，当时他是BMC的技术总监。

亚历克·伊兹高尼爵士在和他（日后）世界闻名的Mini样车起摆造型

伟大的品牌
Mini的故事

Mini现在是一个完全成熟的汽车品牌，包括两厢汽车、轿车、跑车和赛车模型，但其核心在于一个革命性的小型汽车，根据亚历克·伊兹高尼在50年代中期设想的设计。迷你现在归宝马公司所有，该公司继续在小车的成功基础上再接再厉。

Mini是汽车设计天才亚历克·伊兹高尼的作品，他于1932年就职莫里斯从事悬架系统的研发工作，后来又设计了著名的莫里斯 Minor。尽管莫里斯的创始人痛恨Minor的造型，并将其比作荷包蛋，但这款小车还是取得了巨大的成功，成为英国第一款吸引100万消费者的汽车，部分原因是它虽然体积小却内部空间宽敞，而且设计合理，这些让Mini大受欢迎。

1952年，当莫里斯与主要竞争对手奥斯汀合并成立英国汽车公司时，伊兹高尼转去军用车辆和豪华汽车制造商阿尔维斯工作，但在1955年他受邀返回。公司希望生产出一种新型、小巧、经济实惠的轿车，并通过它与当时占据市场的小型三轮汽车的德国制造商梅塞施密特和亨克尔竞争。随着1956年苏伊士危机爆发，汽油价格飙升，燃料配给量锐减，造新车的任务变得更加紧迫，因此新车的开发速度加快。

有传言称，伊兹高尼在桌布上勾画出了Mini的基本模型，为了画出这辆3米高的汽车的轮廓，他在地板上的四把椅子周围用粉笔画了一个矩形。该汽车被称为ADO 15，其设计符合BMC的要求，即使用现有的发动机带动四座车。

伊兹高尼用一款打破模具的创新车型迎接了这一挑战，为汽车布置了四缸水冷式横置发动机、前轮驱动和四挡变速器。它极其紧凑的尺寸有助于装卸和节省空间，其中80%分配给乘客和行李。

Mini项目获得批准后，伊兹高尼被要求一年后汽车即可投入生产。他负责监督一切，包括设计制作工具。然而，在1959年推出后，这辆车显露出一些初期问题，包括伊兹高尼后来承认由于他的设计疏漏而导致地板间隙漏水。然而，Mini立即被公众接受并受到欢迎。

莫里斯Mini旅行者手册，1960年
这一次，英国广播公司广告部没有夸大宣传。

伊兹高尼不喜欢妥协或接受建议。他认为，汽车需要有不适感以使司机保持警觉，收音机是毫无意义的奢侈品，所以Mini没有它的空间。尽管如此，在中空的门里仍有内部储藏室，大概是他最喜欢的一瓶杜松子酒的大小。

Mini提供的空间、出色的操控性和经济性成为了“摇摆六十年代”文化的一部分，并且是受披头士乐队（Beatles）、玛格丽特（Margaret）公主及大众的推动。它甚至出现在1969年的迈克尔·凯恩（Michael Caine）的电影《意大利工作》（*The Italian Job*）中。

1961年，赛车传奇和汽车制造商约翰·库伯把他的名字用在Mini上，很快Mini Cooper成为能力或品质的标志。强大的S版本有一个1.071升的发动机，标志着它是强大的赛车。20世纪60年代中期，它在蒙特卡洛拉力赛中一直有优势，并于1964年、1965年和1967年取得胜利。

最初的模型采用橡胶圆锥悬架，1964年开始采用互连的液压平衡系统，由于不可靠性和高成本在1971年被弃用，较早的橡胶悬架被恢复使用。

同时，伊兹高尼开始致力于开发Mini的替代品9X，它比Mini更轻、更短，并且外型看起来不错，但这款车从来没有超越Mini。相反，仍然畅销的Mini被改版了。与经典的圆头型号一起销售的Clubman版本于1969年推出，并配有方形鼻子和重新定位的仪表。原来的车型还在生产中，尽管挡

蒙特卡洛拉力赛，1965年
迪莫·马基宁和保罗·伊斯特尔驾驶他们的迷你库珀S在蒙特卡洛拉力赛获得胜利。

> “我是继布加迪之后最后一个独立设计整车的人。而现在，开发新车的工作往往由一个工作团队完成。”
>
> ——亚历克·伊兹高尼，Mini的设计师谈到他的设计理念时说

风窗已取代了推拉窗。1980年，另一个替代品奥斯汀 Metro上市，Mini则直到2000年一直是现代经典车型。

2001年，宝马展示了一款全新的Mini车型，立即获得成功。这款车的内、外都更大，性能更独特，没有了扰人的噪声及坚硬、直立的驾驶位置。

从牛津郡考利的莫里斯工厂成立之初，Mini及其改装车就在全球范围内广受欢迎。伊兹高尼的创新设计彻底改变了小型车，它仍然是英国目前最受欢迎的汽车之一。

Mini，1999年
20世纪90年代末制造的最后一批Mini，其外形几乎没有什么变化。

未来的经典

Cooper S JCW GP 这也许是2001年推出的宝马Mini的第一款高性能版本。这款车只在Mk2车型推出之前生产了2000辆左右。机械增压1.6升发动机使该车在6.5秒完成0—96千米/时的加速。这款车坚固耐用，敏锐的操控性提供了巨大的驾驶乐趣。

Mini Cooper S JCW GP 2006款

产　地	英国
发动机	1.6升，四缸
最高车速	240千米/时

采用碳纤维尾翼的圆滑空气动力学造型意味着这款小车可以以218马力的制动马力快速行驶。缺乏后座增加了其轻盈性。

Cooper S双门轿跑车 双门轿跑车是第二款拥有传统行李箱盖的迷你车(原款有一个下拉版)，提供了280升的行李空间。这款两座车保证了驾驶乐趣，尤其是Cooper S和JCW涡轮增压版本，制动马力分别为181马力和208马力。凭借独特的后置电动扰流板和宽敞的内饰，双门轿跑车将乐趣、风格及实用性充分融合在一起。

Mini Cooper S Coupé 2014款

产　地	英国
发动机	1.6升，四缸
最高车速	235千米/时

与之前的车型相比，双门轿跑车更加环保、快速和安静，采用新的“头盔式车顶”、倾斜的前大灯和宽敞的内饰。

非常小，非常萌

小型汽车成了大新闻。随着越来越多的人生活在城市，伦敦、巴黎和罗马的道路开始出现交通拥堵，小型汽车是解决交通拥堵的一个方案，而且它们的尺寸使停车变得更容易。各生产商在小型汽车的布局上没有达成共识。菲亚特选择将发动机放在后部，罗茨集团也紧随其后；但亚历克·伊兹高尼为Mini设计了前轮驱动和横置发动机，小型轿车也采用相同模式，这种模式沿用至今。

可爱、紧凑
Nuova 500的内部空间有限，但足够容纳2个成年人在前排和2个孩子在后排。简单的仪表板包括一个被封装在吊舱内的速度表，除此之外几乎没有其他仪表。落地式变速杆和小型方向盘给人一种控制感。

▷ 菲亚特 500D 1960款

产　　地	意大利
发 动 机	0.4995升，直列双缸
最高车速	95千米/时

1957年的Nuova 500的发动机排量为0.479升，但1960年的500D增长到0.4995升，这使汽车更快、更容易驾驶。在1977年Giardiniera旅行车退出市场之前，已经生产了400多万辆500及其衍生车辆。

新面孔
发动机在车身后部，不需要前格栅来吸入空气以供发动机冷却或燃烧，菲亚特于是用一个显眼的徽章填补了这个空缺。

侧视图

△雷诺 4 1961款

产　地	法国
发 动 机	0.747升，直列四缸
最高车速	120千米/时

雷诺更接近雪铁龙 2CV，但没有什么特点。随着廉价R3的推出，R4成了明星。R4凭借古怪的仪表盘、换挡杆和不平衡的轴距长度（悬架意味着左边较短），它的生产一直持续到1992年。

▷皮尔 P50 1963款

产　地	英国
发 动 机	0.49升，单缸
最高车速	61千米/时

20世纪50年代，小型汽车的发展达到巅峰，世界上最小的产品汽车是可以容纳1个成人和1个购物袋或手提箱的城市轻便汽车。作为宣传噱头，P50被带到布莱克浦塔的顶部，在观景阳台周围驾驶。

◁Wolseley Hornet Mk III 1968款

产　地	英国
发 动 机	0.848升，直列四缸
最高车速	114千米/时

这款袖珍的豪华车型增加了一个更大的行李箱、升级了格栅，并拥有高级的内饰。1963年的Mk II配备的发动机更大，并且带有1966款Mk III的发条车窗。Riley Elf是个近乎理想的衍生车型。

▷Hillman Imp 1963款

产　地	英国
发 动 机	0.875升，直列四缸
最高车速	126千米/时

罗茨集团的小型汽车后部配备了极好的铝质发动机，后部提升窗可以轻松装载。该车在13年内共销售了约50万辆，但销量由于可靠性问题而下滑，并被Mini大幅超越。

Amphicar 770

这款德国制造的两栖车在20世纪60年代出口到世界各地，它是公认的在非常小的市场中最成功的车型。在美国，它在小范围内受到了狂热追捧，大约有3000辆被出售，在今天仍具有很高的收藏价值。1968年，两位车主分别驾驶Amphicar 770尝试穿越英吉利海峡，其中一辆中途抛锚，但最终被另一辆拖曳着到达终点。

汽车出现了多久，人们希望汽车能够起飞和下水的梦想就持续了多久。德国人汉斯·特里彭（Hans Trippel）在20世纪30年代有过军事和民用两栖车方面的经验，于是在1961年推出了一款名为Eurocar的车型。

后置式Triumph Herald发动机为后轮提供动力，最高时速可达113千米。水陆航行驾驶切换到一对小型推进器，能够以6.5节/时或约12千米/时的速度稳定驱动敞篷车。车辆不是使用方向舵，而是使用前轮转向，这种设置在水流平静的条件下运行良好。

侧视图

正视图

后视图

Amphicar车标

如果这个名称还不足以说明这辆车的用途的话，在A型车标底部的波浪图案就清楚地表明了它的设计者希望车主们驾驶这辆车去水上冒险。

规格	
车型	Amphicar 770, 1961—1968年
产地	德国吕贝克
产量	3 878辆
结构	整体钢结构
发动机	1.147升，直列四缸
输出功率	4 750转/分时制动马力为43马力
变速器	四速手动
悬架	前后螺旋弹簧
制动器	鼓式制动器
最高车速	陆上113千米/时，水上7节/时

与许多衍生两栖车一样，**无底盘车身**由钢而非塑料制成

造型

虽然外观未受褒奖，但Amphicar的造型仍然整齐而独特。车辆后部的小鳍看起来时尚的同时可防止侧翼受到波浪的影响，但短轴距、立式车门和高离地间隙使它比停在旁边的传统车型看起来更奇怪。

在路上

Amphicar衍生自四轮驱动的大众Schwimmwagen，由原来的大众甲壳虫开发而来，这辆小巧的两栖吉普车在1942年以后被德国军队大量使用。

在德国工业公司的财政支持下，Amphicar的设计师汉斯开始设计一种基于同样原则的汽车，但其目的完全是为了娱乐。770车型是在1961年纽约车展上推出的，尽管与大多数汽车或船只相比它的性能有限，但它却成为唯一批量生产的两栖民用乘用车。截至1968年，Quandt集团制造了数千辆770，后其因设计无法满足美国新推出的安全规定而停产。

1. 红色和绿色导航灯
2. 加油盖和镀铬物夹板
3. 外装喇叭
4. 典型的镀铬装饰细节
5. 可拆卸的发动机罩及车钥匙
6. 车身重复编号
7. 鳍包含尾灯组
8. 水陆两栖的操控按钮
9. 奶油色的节流阀控制水上速度
10. 2个舒适的后座
11. 独立发动机为后螺旋桨提供动力
12. 汽车两侧的推进器提供水上动力

4

1

2

3

5

6

7

8

9

10

11

12

家庭汽车

20世纪60年代的畅销汽车通常采用模板化设计，即前置四缸发动机驱动后轮，造型也没什么亮点。但是有很多例外。这个时代最好的家用轿车在设计上通常很巧妙，而且运行也很顺畅。像Panhard和Lancia这样的制造商可能一直在走下坡路，但是有新的汽车制造商要取代它们，尤其是日本的汽车制造业正蓬勃发展。

紧凑的发动机舱
PL17的发动机是一款紧凑的双缸发动机，由Tigre公司提供，输出50马力的制动马力。最初的0.851升的发动机被降至0.848升，以便满足一些国家0.850升的限制来降低道路税。发动机的运转未受影响。

▷ Panhard PL17 Tigre 1960款

产　地	法国
发动机	0.848升，水平对置双缸
最高车速	145千米/时

从1954年的Dyna开始，前轮驱动的PL17采用了圆润流线型新车身。0.848升水平对置双缸发动机是一个佳作，在1961年后，Tigre的速度足以赢得蒙特卡罗拉力赛。这辆车很轻、速度快、油耗低，超前于其他车好几年。

头灯嵌入发动机罩

转向灯

双缸发动机
驱动前轮

灯光上方的**“眉毛”**是前后造型的一个特点

1962年推出**前排单座**款

钢铁风格
车身基于早期的Dyna，前端和后端经重新调整。虽然Dyna是铝质，但PL17改为全钢质。

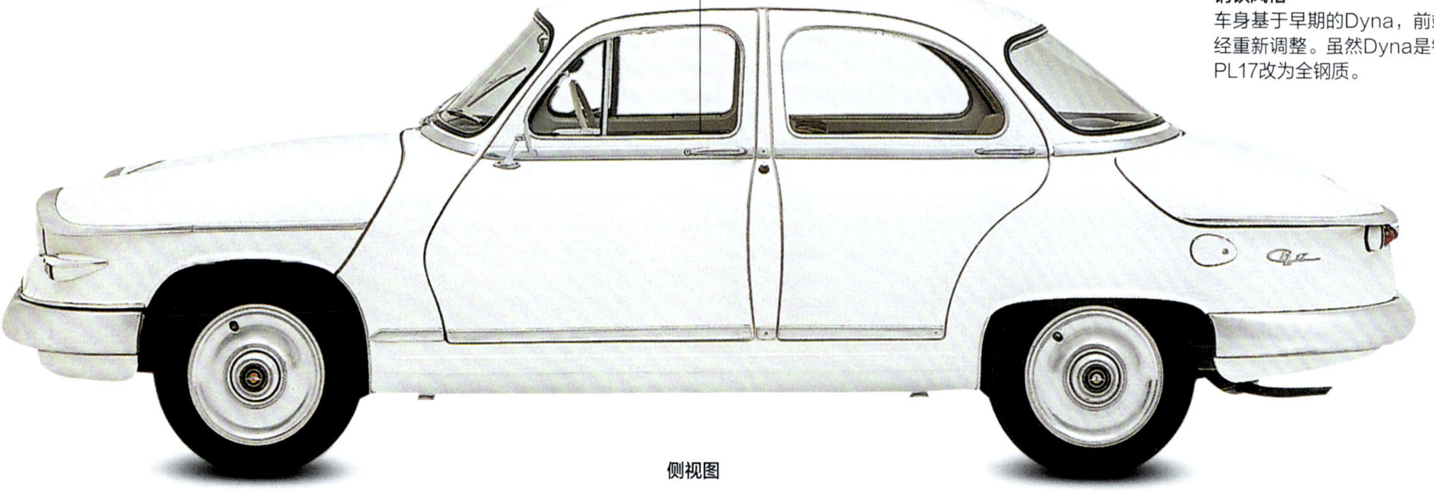

侧视图

▷蓝旗亚 Lancia Flavia 1961款

产　地	意大利
发动机	1.488升，直列四缸
最高车速	150千米/时

这是一种使许多英国轿车看起来不可能过时的汽车。Flavia配有全铝质四缸发动机、双回路伺服盘式制动器和子午线轮胎，前轮驱动。在1963年发动机变成了1.8升，并在1965年增加了燃油喷射系统。

◁福特 Cortina MkI GT 1963款

产　地	英国
发动机	1.498升，直列四缸
最高车速	152千米/时

虽然德国福特正在使用前轮驱动的Taunus进行创新，但Cortina的灵巧并不是因为它的操作，而是因为它真正的专注于购车者的需求。这款坚固传统的汽车因其低摩擦系数的超级发动机、同步器变速器和宽敞的车身而广受欢迎。

▷雷诺 16 1965款

产　地	法国
发动机	1.565升，直列四缸
最高车速	161千米/时

为替代销售不佳的Frégate，1965年，雷诺推出了两厢中档家用轿车。它有一个新颖的传动系，变速器在前面，纵置发动机在后面。宽敞、多功能、舒适的雷诺16直到1980年仍在生产。

◁丰田 Corolla 1966款

产　地	日本
发动机	1.077升，直列四缸
最高车速	137千米/时

丰田 Corolla 是第一款非常成功的系列车型，它设计传统，但是它的组装和可靠性很好。该车型成为理想的家用汽车，并于1968年开始向美国出口。

伟大的品牌
雪佛兰的故事

1946—1976年，雪佛兰是美国最畅销的汽车品牌。自20世纪50年代应用V8发动机起，雪佛兰、贝莱尔、科尔维特和科迈罗共同成为速度和动力的代名词，尽管其车型范围总是很广且包罗万象。

路易斯·雪佛兰
图片上这位出生于瑞士、蓄胡子的赛车手，随时准备戴上护目镜，坐在他最喜欢的地方——方向盘后面。

雪佛兰源于瑞士赛车手路易斯·雪佛兰（Louis Chevrolet）和汽车业大亨威廉·杜兰特的短暂合作。杜兰特是通用汽车（GM）背后的商业策划组织者。1911年11月，两人共同创立了雪佛兰，1年后，他们推出了一款搭载4.9升六缸发动机的高性能、最高时速为105千米的旅游车。1910年，杜兰特被驱逐出通用汽车后希望建立另一家大公司，路易斯·雪佛兰则渴望利用赛车技术开发出高性能的汽车。事实证明，他们的分歧巨大。杜兰特在1913年收购了雪佛兰，然后接管了通用汽车。

雪佛兰于1918年推出了第一款V8D型车，但它实际上是1925年强劲的四缸Superior车型，智能盘式车轮和光亮的纤维素涂料使其销量猛增。1927年，雪佛兰的销售额突破百万美元。

在整个20世纪30年代，雪佛兰提供了一个更广泛的汽车名册，到1941年，它已包含旅行车和顶级动力的敞篷车。1950年，雪佛兰首次应用自动变速器。最大的技术里程碑出现在1955年，小体积V8问世，它是迄今为止最成功的动力单元，服务超过1亿辆汽车。强大而紧凑的小体积V8发动机被无数雪佛兰及通用其他汽车使用，成为一代美国人改装车文化的基石。

此外，小型V8发动机还拯救了雪佛兰 科尔维特跑车。这款突破性的敞篷跑车于1953年推出，是首款使用玻璃纤维车身的量产车，但直列六缸发动机使其成为一台“虚弱”的“机器”。搭载小体积V8发动机后，它变得动力十足，而科尔维特也成为美国的一个标志品牌。

1960年的Corvair则是一场灾难。为与在美国大规模销售的德国大众汽车抗衡，雪佛兰决定模仿其概念。Corvair采用了后置风冷六缸发动机，以及干净、现代的造型。但它尾部沉重，这导致一些令人震惊的事故以及消费者的指控，雪佛兰却是在知道它存在缺陷的情况下推出了这款车。因此，美国汽车制造商不得不采取安全措施，如安全带、溃缩区和安全气囊。

20世纪60—70年代，雪佛兰始终是美国汽车的典范，无论是全尺寸的Impala（1958年首次出现）、紧凑的Chevelle、时尚的Monte Carlo、

雪佛兰 科迈罗RS，1968年
科迈罗是雪佛兰对标福特野马的运动型“小马”车，很快成为美国的一个标志。

“让设计师继续下去的是：你永不满足，你一直在寻找创造性的答案。”

——苏珊娜 · 范德比尔特，雪佛兰内饰设计工作室的前首席设计师，1985年

科尔维特 Chevelle SS，1970年
7.4升的V8发动机输出380制动马力的动力，这款Chevelle是这个时代肌肉车的标志

Camaro coupés、El Camino皮卡车，还是4x4 Blazer。和其他美国汽车制造商一样，雪佛兰受到70年代末、80年代初的经济危机影响，诸如Chevette、通用超小型T型车的1975年雪佛兰版本、通用X汽车前轮驱动平台的雪佛兰引用版本以及通用“J汽车”的1982年Cavalier衍生产品出现在雪佛兰这一时期的产品名册中。在20世纪80年代，为了提供更省油的汽车，雪佛兰从五十铃、丰田和铃木进口小型车。近些年，为降低排放量，雪佛兰公司开发了Volt的插电式混合动力汽车。旗下的奥兹莫比尔（Oldsmobile）、庞蒂亚克（Pontiac）和土星（Saturn）相继脱离通用集团，雪佛兰成为集团入门级品牌，同时，雪佛兰也凭借值得尊敬的科迈罗和科尔维特所代表的一系列车型而成为通用汽车的性能标杆。

雪佛兰 科尔维特，1953年
科尔维特率先在汽车行业采用轻质玻璃纤维来增强塑料车身结构。

未来的经典

科尔维特 Z06 它是美国第6代星际跑车，最典型的特点是它的前灯在塑料整流罩下，而不是弹出式的。超高性能Z06具有轻质合金底盘，制动马力为550马力的V8发动机不但是雪佛兰史上容量最大的小缸体发动机，也是通用汽车中从未见过的最强大的非涡轮增压发动机。

雪佛兰 科尔维特 Z06 2005款

产　地	美国
发 动 机	7.011升，V型八缸
最高车速	332千米/时

碳纤维和巴沙木是Z06版本的Corvette C6中的轻量级材料；它可以在3.6秒内加速至96千米/时。

雪佛兰 科迈罗 第一款科迈罗于1967年亮相，当时的雪佛兰成为最畅销的运动型福特 野马的有力竞争对手。2010款的造型旨在重新获得原版的吸引力和光环，无论是在紧凑的外观上还是在良好的性能方面。该车与通用汽车澳大利亚分部的几款Holden车型共享基础平台，并于2011年加入了敞篷车款。同年，科迈罗开始广泛出口。

雪佛兰 科迈罗 2010款

产　地	美国
发 动 机	6.162升，V型八缸
最高车速	250千米/时

气概非凡的新款科迈罗配备了六速手动变速器或五速自动变速器，后者比6.2升V8发动机制动马力少了20马力。

运动型美国跑车

20世纪60年代，肌肉车以更大、更先进的V8发动机驱动着美国的汽车行业。最大的发动机排量超过7.0升，功率约400马力。竞争对手福特6.997升的big-block和克莱斯勒著名的6.981升的“街头半决赛”都被用于NASCAR赛车和NHRA / AHRA拖曳赛事。保险成本和排放问题终将终结大型发动机，但这将是另一个10年的事，20世纪60年代的一切都与动力有关。

别克的“钉头”
以高扭矩输出著称，别克不同寻常的设计“钉头”得名于它们的独特形状的气门，类似于钉子的顶部。由于用于补偿小型阀门的竞赛式凸轮轮廓，V8发动机经常空转得很差。Riviera产品采用6.6升和7.0升版本，这是1963年别克用全合金小块替代它们之前的最后一款。

▷ 克莱斯勒 300F 1960款

产　　地	美国
发 动 机	6.768升，V型八缸
最高车速	193千米/时

300系列“字母车”是克莱斯勒最强大的机器，300 F采用单板结构和冲压调整感应，但仍然有20世纪50年代风格的尾翼。然而，行李箱盖上的备用轮胎盖并不受欢迎，它被比作马桶座圈。

◁ 福特 野马 Fastback 1965款

产　　地	美国
发 动 机	4.727升，V型八缸
最高车速	186千米/时

低廉的价格和长长的选配清单，意味着超过100万辆野马在它上市后的前2年得以售出。它的造型是如此人见人爱，以至赢得了美国设计界的蒂凡尼奖。

▷别克 Riviera 1964款

产　　地	美国
发 动 机	6.967升，V型八缸
最高车速	185千米/时

通用汽车的设计主管比尔·米切尔想要“法拉利和劳斯莱斯的结合体”，于是英俊的Riviera诞生。惊人的直线加速能力来自一台大型V8发动机和两挡自动变速器。别克Riviera每年限量4万发售，以维持排他性。

可选遥控**后视镜**

独特的**前大灯**

独特的主张与大多数通用汽车不同，Riviera的车身和底盘是独一无二的。凭借比现代别克LeSabre更短的轴距和整体长度，其微妙的造型与众不同。

前视图

简洁造型，无后鳍

后悬架使用盘簧上的**活轴**

超轻型汽车
Riviera与其他别克车型共享悬架布局，但其重量更轻意味着它的操控性更好而且更快捷，因此更符合驾驶者之车的定义。

后视图

▷奥兹莫比尔 Toronado 1967款

产　　地	美国
发 动 机	6.970升，V型八缸
最高车速	217千米/时

它是汽车的一座里程碑，也是有史以来最受欢迎的老款，非凡的动力总成通过一个独特的链条和链轮驱动的自动变速器传递给前轮，从而实现了V8驱动。尽管它的平稳性和速度表现都很出色，但还是在上市几年后才赢得美国保守购车者的青睐。

V8发动机
驱动前轮

专为Toronado设计的**Firestone轮胎**

黑色乙烯基覆盖的**车顶**

扇贝造型的**车门**

只在R型车和T型车中可用的**大黄蜂条纹**

◁道奇 挑战者 1968款

产　　地	美国
发 动 机	7.212升，V型八缸
最高车速	193千米/时

挑战者在新款超级平滑“可乐瓶”风格增压器V8的帮助下于1968年创下了道奇品牌的销售纪录。R/T代表道路/轨道，表示一个规范，包括最大的可用发动机（著名的426半决赛是一个选项）和大黄蜂条纹。

POIAROIL
ALLINQUANT
Continental
SHELL
15

勒芒的力量

在法国勒芒24小时耐力赛中获胜几乎可以奠定这辆跑车的经典地位。24小时的比赛时长是耐力赛的壮举，赛车和车手都承受着巨大的压力。对于一辆赛车来说，它不仅要完成艰苦的、全天候的比赛，还必须始终保持坚固、高效，能够在极端条件下运行。为了能跑出最长的里程，车队的车手轮班上阵，他们如果在24小时后没有越过终点线，则将被取消资格。

优胜的品质

1966年的第34届勒芒24小时耐力赛是该赛事有史以来最令人兴奋的一届比赛：福特汽车借助专门设计的GT40赛车，努力从一直在比赛中占主导地位的法拉利赛车手中夺取胜利；车手布鲁斯·迈凯伦和克里斯·阿蒙驾驶GT40 MkII赢得了冠军，他们以125.39英里/小时（201.80千米/小时）的惊人的平均速度跑了360圈 。事实上，GT40赛车包揽了比赛前三名， 法拉利赛车的最好成绩是第八名。2019年由马特 · 达蒙主演的备受赞誉的电影《极速车王》的情节就是以这场比赛为灵感来源。

1966年的第34届勒芒24小时耐力赛中，3辆福特GT40赛车领跑，3辆红色法拉利赛车紧追不舍。

豪华轿车

20世纪60年代顶级的豪华轿车为皇室、国家元首、工业领袖及其他贵宾提供服务。美国汽车行业每年都会对美国豪华轿车的标准进行修订。然而在欧洲，这类车的标准历经多年而几乎没有变化。梅赛德斯-奔驰、劳斯莱斯和捷豹/戴姆勒都制造了超豪华的豪华轿车，这些车自20世纪60年代下线起延用至80年代或90年代。这些汽车的手工木质和皮革内饰符合皇室对舒适性和阶级性的要求：英国女王伊丽莎白二世更喜欢布质座椅。

显赫的20世纪60年代
薄边方向盘和刹车都是动力辅助装置，后视镜可以远程调节，传动系统当然是自动的。镀铬和铝合金装饰以及胡桃木饰面（在一些汽车上）打造出优雅、复杂、有魅力的外观。

▷ 林肯 大陆 1961款

产　地	美国
发 动 机	7.046升，V型八缸
最高车速	185千米/时

林肯是20世纪60年代最豪华、最先进的美国汽车之一。它不仅有2年39000千米的保修服务，而且每台发动机都经过台架测试，每辆车都有200次分类测试。

对开门
后铰链对开门不仅更便于进入后座，也为车身营造出典型的豪华气质。轿车和敞篷车版本都有4扇车门。

侧视图

顶板机构
Convertible Continentals依靠复杂的电动液压系统来升高和降低车顶。行李箱盖在后部铰接，打开的后车顶可在其下方折叠。

▷嘎斯 Chaika 1959款

产　　地	苏联
发 动 机	5.522升，V型八缸
最高车速	160千米/时

1955款Packard的仿制品Chaika直到1981年才被制造出来。20世纪60年代，这辆车仅供当地的官员、学者、科学家和获政府批准的人使用，如菲德尔·卡斯特罗（Fidel Castro）、尼基塔·赫鲁晓夫（Nikita Khrushchev）和克格勃（KGB）。

◁宾利S3 大陆 1962款

产　　地	英国
发 动 机	6.23升，V型八缸
最高车速	182 千米/时

宾利S3大陆跑车的最高时速为182千米，大部分车身是由铝和更多的直线条构成的。更轻、动力更强大，这款车比钢铁车身的轿车更快。四门版本被称为飞驰（Flying Spur）。

▷梅赛德斯-奔驰 600 1963款

产　　地	德国
发 动 机	6.332升，V型八缸
最高车速	209千米/时

1963—1981年，梅赛德斯向VIP顾客供应这款大轿车。该车的车厢是绝缘的，出厂时的最高时速达到193千米，还有六门的长轴距版车型可供选择，但只有2677辆梅赛德斯 600被制造出来。

◁凯迪拉克 Calais 1965款

产　　地	美国
发 动 机	7.03升，V型八缸
最高车速	193千米/时

每一辆凯迪拉克都是豪华轿车。这款车型配有弧形侧窗、遥控后视镜、动力刹车和方向盘，当然还有自动变速器。更豪华的德维尔车型增加了电动窗和电动座椅，空调和皮革装饰是可选项。

谢尔比 眼镜蛇

得克萨斯州赛车手卡罗尔·谢尔比（Carroll Shelby）在小型轻便的英国跑车上安装了大型美产 V8 发动机，这款国际“明星”汽车便诞生了。这款英美混合动力汽车虽然做工粗糙，但它时尚，燃油经济性高，并且在赛道和展厅中均获得了成功。自1962年首次亮相以来，该车一直处于零星生产状态。

卡罗尔·谢尔比曾是著名的勒芒24小时耐力赛的冠军车手，他的改装灵感很快就在国际比赛中得到验证。如今，几乎没有同时代的人能触摸到眼镜蛇。意大利的竞争对手法拉利也曾受到了打击，德托马索甚至给自己的GT（高性能豪华旅游车）取了个名字——Mangusta（猫鼬），暗示它是眼镜蛇的天敌。

1965年，眼镜蛇在跑车世界锦标赛中大获全胜，谢尔比和眼镜蛇从此名留千古。AC制造完整的车身/底盘单元，为谢尔比安装福特V8发动机做好准备。眼镜蛇来自所谓的粗糙的跑车时代，至今它仍然是其中最典型的一款。

侧视图

前视图

后视图

谢尔比 眼镜蛇徽章
这款“一条眼镜蛇直立起凶猛的头部”的徽章是在美国市场销售的车型独有的标志。AC汽车在英国也销售了少量该车型，但发动机盖上并未使用这个徽章。

规格	
车型	谢尔比 眼镜蛇，1962—1967年
产地	英国泰晤士河迪顿
产量	998辆
结构	铝质车身，钢架
发动机	4.267～6.997升，V8
输出功率	制动马力为260～425马力
变速器	四速手动
悬架	前后盘簧
制动器	圆鼓
最高车速	220～264千米/时

造型
第一款眼镜蛇优雅简洁。然而在后来的大型发动机型号中，随着扩大轮拱以适应更大的轮胎和充分发挥汽车的强大动力，其外形在视觉上增加了车身重量。

V8发动机的排量从4.2升到7.0升不等，搭载福特5.0升发动机的版本在最近几年被认为已足够强大

眼镜蛇为经典的前置后驱布置，拥有近乎完美的重量分布

原装汽车以手工制作的铝质车身为特色；现代版则是更轻的合金车身

在路上

如果现在看到眼镜蛇，这可能是一种模仿，因为之前或之后没有汽车像眼镜蛇一样吸引了复制品和套件汽车制造商的注意力。看到这个真正的模型是一件令人高兴的事。然而，它坚韧的姿态和强壮、肌肉发达的体形就像任何一只美洲虎一样令人联想到一只大猫——在错误的人手中可能也同样危险。

时尚而富有侵略性的外观、轻松快捷的性能、灵敏的操控性，以及简洁明快的驾驶舱凸显了眼镜蛇的赛车属性，以及它作为驾驶车辆的首要作用。在车轮后方，内饰没有什么特别的生物舒适性，但前方的景观非常壮观——一台福特V8发动机，谁需要收音机？

1. 简洁的圆形灯
2. 镀铬保险杠
3. 钢丝轮毂
4. 单气动门镜
5. 通风口确保汽车刹车不过热
6. 仪表盘显示汽车的性能
7. 转速计数器——赛场上至关重要
8. 粗短的手动变速杆
9. 方向盘毂上的AC标志
10. 英国著名脚踏板品牌
11. 福特V8发动机——眼镜蛇的“心脏”

4

1

2

3

5

RPM
THOUSANDS
ROTUNDA

7

8

9

WATER
AMPS
OIL
FUEL
MPH
SMITHS
PANEL

6

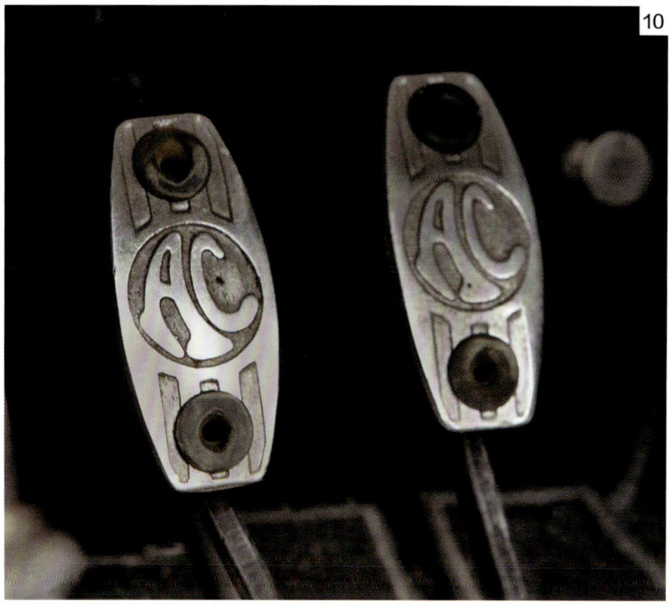

10

RED BY FORD

11

跑车

20世纪60年代是跑车的鼎盛时期。以前从未有过如此快速的跑车供选择，欧洲是跑车的行业领头羊。阿尔法·罗密欧、MG和奥斯汀·希利在当时名声最大，它们的跑车结合了耐用性、扭矩性能以及传统的后轮驱动，不仅在赛车和拉力赛中获得成功，还在全球流行。最大的市场是美国，达特桑（Datsun）以Fairlady为目标，紧随其后的是Z-car Coupés，而美国本土则拥有一款玻璃纤维车身的雪佛兰科尔维特。

▽阿尔法·罗密欧 Spider 1968款

产　　地	意大利
发 动 机	1.57升，直列四缸
最高车速	185千米/时

华丽的外形和完善的操控性使Spider成为当时最好的跑车之一。1966年首发时搭载的是1.6升发动机，后来升级到1.8升，并加入了1.3升的Spider Junior。配有五速变速器和全盘式制动器的Spider使英国的竞争对手看起来过时了。

▷MGB 1962款

产　　地	英国
发 动 机	1.798升，直列四缸
最高车速	166千米/时

这是英国1962—1980年最畅销的跑车，共售出了50多万辆。它坚固、耐用、可靠，而且车身比例完美。有Roadsters和三门GT车型，并且有一款罕见的只有GT装备的V8车型。

◁Sunbeam Tiger 1964款

产　　地	英国
发 动 机	4.261升，V型八缸
最高车速	188千米/时

Rootes委托Cobra将其现有的Sunbeam Alpine模型发展为Tiger。这款车采用了福特V8发动机，并增加了底盘和悬架装置，通常被称为“穷人的眼镜蛇”。

优雅的内饰
简洁的仪表板拥有漆过的金属饰面，有许多功能用指尖操作。风挡玻璃上的雨刷由地板上的一个按钮控制，用脚踩即可操作。

意大利动力
阿尔法·罗密欧的双凸轮轴发动机于1954年首次问世，它在当时非常先进，是第一台批量生产、水冷、全铝质的发动机。随着时间的推移，它被不断升级，直到1997年被取代。

前视图

惹麻烦的“鼻子”
倾斜的发动机盖意味着该车很容易发生意外，因为司机会误判汽车的长度。细长的镀铬保险杠并没有提供多少保护。

▷ **雪佛兰 科尔维特 Sting Ray 1965款**

产　　地	美国
发 动 机	5.360升，V型八缸
最高车速	237千米/时

1963年，科尔维特进行了一次令人惊叹的改装，变身为Sting Ray。轻量化玻璃纤维车身采用超现代的线条，可拆卸的硬顶是一个选装附件。Sting Ray所散发出的大气得益于制动马力为375马力的L84发动机。Sting Ray卖得很好。

◁ **达特桑 Fairlady 1965款**

产　　地	日本
发 动 机	1.595升，直列四缸
最高车速	161千米/时

1961年的Fairlady 1500是一款基于日产蓝鸟的三座跑车。1965年安装了1.6升发动机，1967年升级为2.0升发动机。这款日产车工艺精良，令美国车主有了购买日产车的意向。

罗伯托·布西内洛（Roberto Bussinello）与阿尔法·罗密欧Giulia TZ在勒芒赛事的维修站，1964年

伟大的品牌
阿尔法·罗密欧的故事

意大利汽车品牌阿尔法·罗密欧是经典汽车品牌之一。对于车迷来说，它代表了具有卓越的机械复杂度和驾驶乐趣的、相对经济实惠的运动型汽车和敞篷车。但品牌的投资还包括跑车和有历史影响的赛车比赛。

阿尔法·罗密欧是伦巴第汽车厂（Anonima Lombarda Fabbrica Automobili）和尼古拉·罗密欧（Nicola Romeo）组合后的缩写。罗密欧于1906年收购了这家位于米兰的工厂，于1920年将其更名为阿尔法·罗密欧。

1910年，第1辆阿尔法汽车是总工程师朱塞佩·梅罗西（Giuseppe Merosi）的作品，配备4.082升直列四缸发动机。它迅速赢得围绕西西里岛的1911年Targa Florio公路赛，这暗示了该车的竞赛本能，梅罗西利用赛车知识开发出双顶置凸轮轴发动机。

阿尔法·罗密欧品牌第一款车是1920年的G1，配有6.3升的直列六缸发动机，恩佐·法拉利和朱塞佩·坎帕里都曾驾驶着它冲击赛车跑道。1923年，公司的新首席工程师维托里奥·雅诺开始致力于新的直列八缸发动机的研究，并被应用于P2 Grand Prix车型，该车在1925年赢得了第一届世界锦标赛，这个消息震动了董事会。

1928—1938年，阿尔法·罗密欧蝉联Mille Miglia比赛冠军。

阿尔法·罗密欧8C-2300，1931年
19世纪20年代和30年代，阿尔法·罗密欧品牌制造了一批令人着迷的跑车和赛车。图中，车手努沃拉里和康帕格诺尼正在1933年的 Mille Miglia公路赛中驶向胜利。

雅诺设计的其他赛车包括P3、6C 1750和8C 2300，阿尔法·罗密欧凭借它们主宰了所有主要的赛车运动场地，包括Grands Prix和法国勒芒24小时耐力赛。宾尼法利纳以及Touring为阿尔法·罗密欧（如1938年的8C 2900B）制造美丽的车身，在这个过程中创造了一些在那个时代最令人向往的公路车。

第二次世界大战后，阿尔法·罗密欧转为国有，其知名的跑车也逐渐退出市场，公司开始将重心放在1900和Giulia家庭轿车上。这些车型仍然使用双凸轮轴发动机，1954年，Giulia Spider和Sprint coupé问世。1962年的高空气动力学Giulia超级轿车带有五速变速器，发动机从1.3升升级至2.0升的Duetto Spider（Pininfarina）和GT Junior/GTV（Bertone）。直到1993年，跑车才彻底退出市场。

随着Alfasud的问世，公司在1971年开始向全新的方向发展。这款全新的前轮驱动家用轿车设置了新的处理基准（仅在1975年被大众高尔夫GTI超越），并为那不勒斯一家全新的工厂提供服务。1970年的蒙特利尔（Montreal）是

阿尔法·罗密欧Giulietta的海报

“我宁愿撞车也不愿坠入爱河——这证明了我有多爱赛车。”

——玛丽亚“莱拉”，隆巴迪前阿尔法·罗密欧赛车手

一辆引人注目的、搭载贝尔托内牌V8发动机的超级跑车，而1972年的Alfetta产生了大量的衍生产品，包括Giulietta、Alfa 6和最终的75。

阿尔法·罗密欧在1951年后不再参与F1，但从20世纪60年代开始回到赛道上，参加世界跑车锦标赛，并在1975年和1977年取得胜利。同样从20世纪60年代初期开始，阿尔法·罗密欧的公路赛车开始在拉力赛、巡回汽车赛和GT系列中占据重要位置，赢得了大量的胜利。公司于1986年被菲亚特收购，通过与菲亚特集团的其他汽车共享零部件实现了成本节约，1998年凭借156车型重新回归运动型轿车，它与2001年的147的速度一样，并获得了欧洲年度车型奖。1995年的新Spider和GTV受到好评，品牌自那以后的亮点包括运动型Brera、紧凑型MiTo和2010年的新Giulietta（这是该品牌的百年纪念款）。20世纪50年代，阿尔法·罗密欧为意大利市场带来了雷诺Dauphine，并于20世纪80年代将其发动机装入本地销售的日产Cherry，这一举动并未获得阿尔法·罗密欧和日产的车迷的认可。现在阿尔法·罗密欧现在是斯特兰蒂斯集团旗下品牌。

阿尔法·罗密欧 蒙特利尔，1970年
蒙特利尔最初是在加拿大举办的1967年世界博览会的展品，它因此而得名。蒙特利尔在由博通设计的车身内装着一台V型八缸的赛车发动机。

阿尔法·罗密欧 Giulietta Spider，1955年
这款跑车是宾尼法利纳风格造型，在欧洲和美国颇受欢迎。发动机是1.3升的双凸轮轴发动机。

未来的经典

SZ 这款限量版GT是阿尔法·罗密欧和长途汽车制造商扎加托之间的合作成果，后者最初的创意来自阿尔法·罗密欧，负责1989—1991年的1 035个样板的建造。它的车型名称是ES 30。与早期的Zagato Alfas不同，它的车身是热塑性塑料，而不是手工打磨的铝。只有一种选择：红色车身、灰色车顶和棕褐色真皮内饰。

阿尔法·罗密欧 SZ 1989款

产　地	意大利
发动机	2.959升，V型六缸
最高车速	152千米/时

SZ这款奇妙迷人的双门轿跑中采用了210马力的阿尔法·罗密欧V6发动机。

4C 令人满意的设计使它在2014年上市几天后便售罄。该车采用轻质结构：碳纤维底盘、前后铝质框架以及紧密包裹的复合车身面板；它的重量仅为895千克。中置发动机使其在4.5秒内加速至100千米/时，转向设计旨在提供赛车般的体验。

阿尔法·罗密欧 4C 2013款

产　地	意大利
发动机	1.742升，直列四缸
最高车速	258千米/时

阿尔法·罗密欧用这款双座跑车震惊了车迷。它每年仅制造1000辆，由玛莎拉蒂代工。

小型GT车

虽然美国的肌肉车试图证明发动机的排量可以无限扩大，但在欧洲，主流和专业汽车制造商试图依靠高效率和低重量来提高速度。这些汽车速度快，并且更适合比人多数美国道路更狭窄和更蜿蜒的道路。遗憾的是，很多家族产业项目很早就失败了，如英国的Gilbern，但也有少数项目取得了成功并建立了持久的声誉，如雷诺-阿尔派（Renault-Alpine）。

有目的的设计
保时捷的内饰更强调功能强大而非奢华。356B简单的仪表板将3个基本仪表放在驾驶员前面，包括速度表、转速表和组合油温/燃油液位计。转速表位于中心位置，这是保时捷发展到911车型时的一个特色。踏板为底部铰链，变速杆安装在车身底部。

▷ 保时捷 356B 1962款

产　地	德国
发动机	1.582升，水平对置四缸
最高车速	177千米/时

保时捷于1940年开始生产大众汽车。到了20世纪60年代，356车型已经发展成熟，成为快速、时尚的“机器”，它具有更大的功率、更多的配置和更佳的舒适性，尽管它的操控性仍然不稳定。356车型的生产一直持续到1963年，直至被911取代。

1955年推出
弧形风挡玻璃

均配备
鼓式制动器

更大的保险杠
更大的覆盖

大众的起源
费迪南德·波尔舍负责大众汽车的设计，而356则基于大众汽车平台。随着时间的推移，356变得更加专业，使用的大众汽车零部件也越来越少。

隐藏式
折叠车顶

前照灯升级自以前的车型
以满足美国的规定

侧视图

四缸发动机家族
356B可搭载1600 Carrera GS中的1.6升692系列发动机、1600系列中的2.0升587系列发动机，以及Carrera 2 GS中的四凸轮轴发动机，它们都是四冲程发动机。

▷纳苏 Sport Prinz 1959款

产　地	德国
发 动 机	0.598升，直列双缸
最高车速	122千米/时

意大利的Bertone基于Prinz轿车为勇敢独立的NSU设计了这款迷人的小型双门轿跑车。轻便但很小的双缸发动机意味着它永远跑不快。即便如此，它在20世纪60年代仍卖出了2万多辆。

◁Gilbern GT 1959款

产　地	英国
发 动 机	1.622升，直列四缸
最高车速	161千米/时

威尔士唯一一家成功的汽车制造商使用了管状钢质底盘、具有吸引力的玻璃纤维车身以及高品质内饰，打造出这款帅气的由MGA或MGB提供动力的轿跑车。Genie车型和Invader车型都采用福特V6发动机，总产量仅1000多辆。

▷雷诺 Alpine A110 Berlinette 1963款

产　地	法国
发 动 机	1.108升，直列四缸
最高车速	212千米/时

Jean Rédélé是一名拉力赛车手，也是雷诺的经销商，他从1956年开始采用雷诺的轻质玻璃纤维制造自己的汽车。A 110使用雷诺8或16发动机，速度快，但难以驾驭。它是一辆很棒的拉力赛赛车。

◁Saab Sonett 1966款

产　地	瑞典
发 动 机	1.498升，V型四缸
最高车速	161千米/时

前轮驱动、自由轮和圆柱齿轮变速是Sonett系列轿车的独特之处。第一辆258型采用了三缸二冲程发动机，但大部分都装有较大的福特V4发动机。1970年的Sonett III的隐藏式前照灯采用了整齐且小阻力的玻璃纤维。

敞篷车

20世纪60年代，敞篷车受到追求驾驶乐趣的车迷的青睐。即使是预算有限的人也能承担得起像Mini Moke这样的沙滩车，像奥斯汀·希利 Sprite和MG Midget这样的小尺寸跑车，以及意大利的Innocenti Spider。此外，还有时尚的双座和四座活动帆布车顶版本，用于巡回演出等活动。

前视图

后视图

玻璃纤维**行李箱盖**重量轻

节省空间

与许多现代汽车不同，DS没有传统的散热器格栅。它的特点是位于发动机罩下方的低进气口，使其具有时尚的空气动力学轮廓。

稳定性和结构

为了提供结构刚性，可转换的DS车型在车身面板下方配备了加固框架。另外，为了防止转向力不足，后面的轮距比前面的窄。

▷ 戴姆勒 SP250 1959款

产　地	英国
发动机	2.548升，V型八缸
最高车速	193千米/时

豪华轿车制造商制造了新的铝质V8发动机，并将其应用于从Triumph复制的底盘的玻璃纤维跑车。当捷豹在1960年收购戴姆勒时，SP250被E型车超越，并于1964年停产。

驾驶时，发动机盖可能会意外打开

狭窄的**后排儿童座椅**

从Triumph复制的**钢质大梁底盘**

适用于有可拆卸的**金属车顶**的汽车

符合意大利人喜好的**车身**

◁ Innocenti Spider 1961款

产　地	意大利
发动机	0.948升，直列四缸
最高车速	138千米/时

米兰的Innocenti委托吉亚设计更高档的车身，以搭配英国奥斯汀·希利Spider的传动装置。这款英国汽车缺乏的新功能包括行李厢盖、卷起的窗户和加热器。1963年推出了一款载有1.098升发动机、前盘式制动器和改装了后悬架的S版本。

▽ **雪铁龙 DS 21 Decapotable 1961款**

产　地	法国
发 动 机	2.175升，直列四缸
最高车速	171千米/时

DS在1955年推出时，是世界上最先进的汽车，具有液压气动悬架系统、可驱动制动器、转向器、自动离合器和独特的自动调平悬架。1958年推出的一款时尚敞篷车型售出超过1000辆，堪称经典之作。

安全而时尚
该车的内饰设计标志着未来主义外观的出现，并使驾驶者能够轻松触及所有主要的控制装置。单辐条方向盘在发生碰撞事故时可保护司机，它也成了雪铁龙的标志。

◁ **Mini Moke 1964款**

产　地	英国
发 动 机	0.848升，直列四缸
最高车速	135千米/时

Mini Moke最初的设计目的是作为英国陆军的越野轻型侦察车。它最终被人们称为"有趣"的汽车，并在澳大利亚和葡萄牙成为一款很受欢迎的海滩车。它还有双发动机版本的四轮驱动车型。

▷ **雪佛兰 Corvair Monza 1965款**

产　地	美国
发 动 机	2.687升，平置六缸
最高车速	145千米/时

对于大多数美国人来说，后置铝质发动机的1960款Corvair的稀奇配置太多了，但是车迷喜欢它。1965年的第二代进行了改进，但是Corvair的制造成本太高，并且面临与福特野马及雪佛兰科迈罗的激烈竞争。

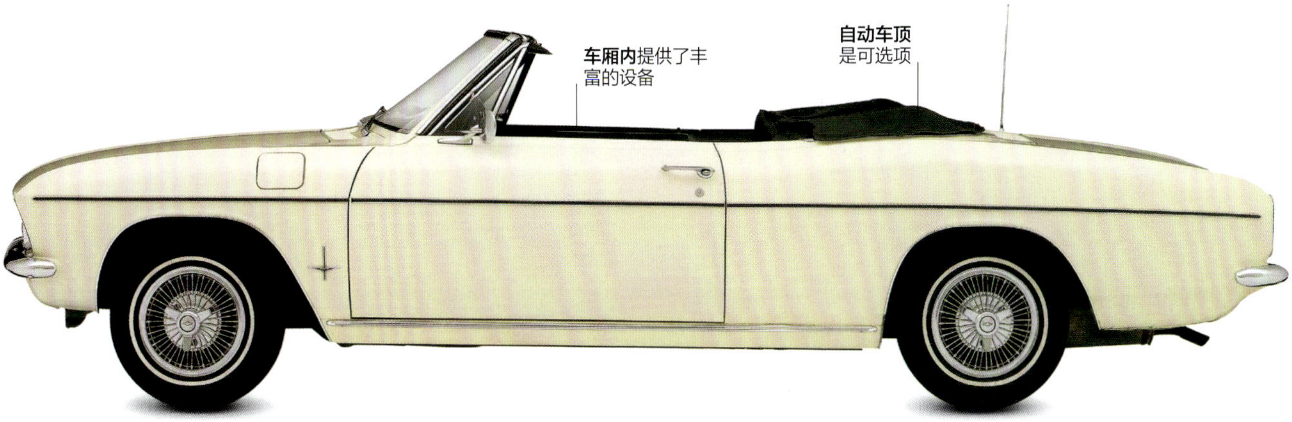

法国国家标志

很少有汽车能像法国的雪铁龙DS那样与一个国家的文化有如此紧密的联系。雪铁龙DS于1955年推出，立即成为技术探索先驱和时代象征，每个人都可以合理地追求它，法国领导人很快就将这款车作为官方交通工具。

救生技术

1964年8月22日，戴高乐总统遇袭，总统车队途经巴黎郊区Petit Clamart时遭到枪击。戴高乐总统的汽车上布满着子弹，轮胎也爆了。这辆车不是防弹车，但戴高乐总统没有受伤，受损的这辆车凭借它的液压气动悬挂和转向装置安全迅速地逃离了现场。当然，这辆车就是雪铁龙DS。

图中展示的这辆雪铁龙汽车是更早期的总统座驾，一辆15 Six H Traction Avant，配有巴黎汽车制造商亨利·查普伦制作的一个特殊的敞篷车身，1956年3月交付给勒内·科蒂总统使用，在戴高乐总统1959年开始执政后，也继续使用。

1969年2月，戴高乐总统访问布列塔尼（半岛）的坎佩尔市，他的座驾是亨利·查普伦在14年前手工制造的雪铁龙15 Six H 敞篷车。

BEAUTE

运动休旅车

运动休旅车有两种不同风格的发动机。第一种是宾利和阿斯顿·马丁等豪华汽车配备的、专门开发的平顺而强大的六缸或V8发动机，车身往往具有传统或意大利风格线条；第二种则是大排量美式V8发动机，以Jensen的时尚美式车为代表。新动力系统不仅开发成本低，还能输出澎湃且迷人的驾驶体验。搭载这两种类型发动机的休旅车都很受欢迎，其中一些是当时速度最快、最耀眼的车型。

手工打造的驾驶舱
作为一款长途旅行车，Jensen的内饰围绕舒适性设计，配有4个大型皮革扶手椅式座椅和豪华威尔顿地毯。然而，这辆车也配有实用而精美的仪表盘，是一辆实实在在的“驾驶者之车”。纹板装饰的中控台配有丰富的仪表和开关，一些车评人甚至称它为“小型飞机的驾驶舱”。

▷ Jensen Interceptor 1966款

产　地	英国
发 动 机	6.276升，V型八缸
最高车速	217千米/时

这款Interceptor就像充满魅力的鸡尾酒，意大利风格的车身、美国V8发动机和英国流行的工艺令它成为20世纪60年代末和70年代的标杆车型。它造型优美时尚，速度很快，更衍生出了具备四轮驱动和防抱装置的高性能版本——FF。

长途旅行时极舒适的**车厢**

克莱斯勒V8发动机

前独立悬架采用螺旋弹簧

车身由意大利设计公司Carrozzeria Touring打造

四驱奇迹
Jensen FF是在1966年与Interceptor一起发布的，虽然造型看起来很相似，但它们的底盘和车身都不同。Ferguson四轮驱动和邓禄普 Maxaret制动系统赋予它那个时代最非凡的性能。

侧视图

◁ **梅赛德斯-奔驰 300SE 1962款**

产　地	德国
发 动 机	2.996升，直列六缸
最高车速	200千米/时

作为德国20世纪60年代早期最好的汽车之一，300SE获得了赛事认证。燃油喷射、六缸发动机、空气悬架和盘式制动器的豪华配置使得这款车的售价相比220SE大幅上涨。这款由保罗·布拉克设计的车身提供双门版本和敞篷版本，造型一直沿用到1971年。

▷ **Facel Vega Facel II 1962款**

产　地	法国
发 动 机	6.286升，V型八缸
最高车速	214千米/时

Facel II的宽大造型毫无疑问是法国风格，它由一款克莱斯勒V8发动机提供动力，是典型的传统长途旅行车。但遗憾的是，Facel公司仅生产了180辆这款昂贵的汽车，之后便倒闭了。

◁ **斯蒂旁克 Avanti 1962款**

产　地	美国
发 动 机	4.736升，V型八缸
最高车速	193 千米/时

作为斯蒂旁克新任老板谢伍德·埃格伯特的心血结晶，Avanti的雷蒙德·洛维风格玻璃纤维车身与紧凑型Lark底盘相结合。斯蒂旁克勉强维持生产，于1963年停产，但在配备了雪佛兰V8动力的Avanti II问世后宣告复活。

▷ **Gordon-Keeble 1964款**

产　地	英国
发 动 机	5.395升，V型八缸
最高车速	219千米/时

这款出色的GT车是英国工艺、美国大排量V8发动机及优雅的意大利Bertone造型设计的结合体。但零件供应问题妨碍了其生产并造成公司面临财务困境。最终Gordon-Keeble只生产了100辆，幸运的是，几乎所有都留存下来。

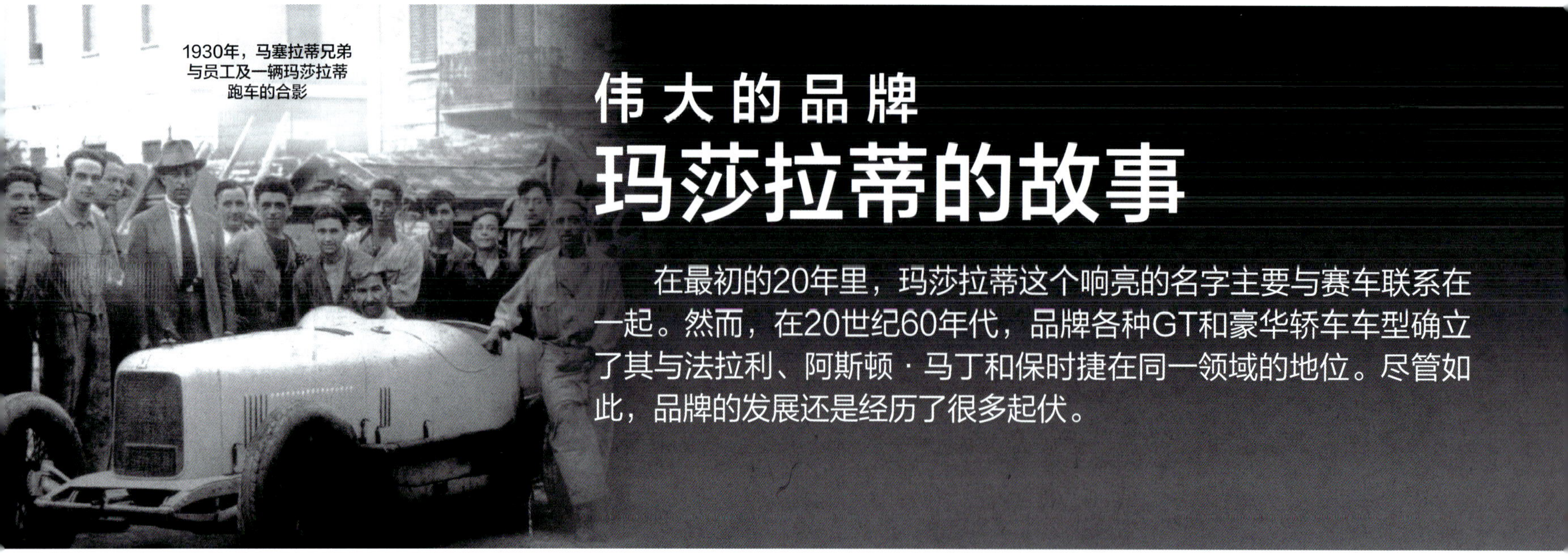

1930年，马塞拉蒂兄弟与员工及一辆玛莎拉蒂跑车的合影

伟大的品牌
玛莎拉蒂的故事

在最初的20年里，玛莎拉蒂这个响亮的名字主要与赛车联系在一起。然而，在20世纪60年代，品牌各种GT和豪华轿车车型确立了其与法拉利、阿斯顿·马丁和保时捷在同一领域的地位。尽管如此，品牌的发展还是经历了很多起伏。

共有5位马塞拉蒂（Maserati）家族的兄弟参与继承自家族姓氏的汽车公司。阿尔菲利（Alfieri）、埃托雷（Ettore）和埃内斯托（Ernesto）一起于1914年12月1日在博洛尼亚开设了第一个试制车间。另外两兄弟宾多（Bindo）和卡洛（Carlo）随后加入。

玛莎拉蒂公司在很短的时间内便建立起良好的声誉，公司为迪亚托（Diatto）公司制造2.0升排量的赛车，并于1919年搬到更大的工厂。1926年是玛莎拉蒂的转折之年，公司推出了自己设计、制造的Tipo 26车型，阿尔菲利·马塞拉蒂驾驶这辆赛车在1926年的Targa Florio上获得了第一场胜利。同年，玛莎拉蒂启用受博洛尼亚市中心喷泉中海王星雕像启发的三叉戟标志。

由马克宁·博扎齐尼（Baconin Borzacchini）驾驶的、搭载十六缸V4发动机的车型在1929年9月创造了行驶超过10千米、车速达到245千米/时的纪录，这是一项无与伦比的壮举，一直保持到1937年。

玛利亚·特蕾莎·德·菲利皮斯——第一位获得一级方程式赛车参赛资格的女性，在1958年驾驶玛莎拉蒂250F

1939年和1940年，美国人威尔伯·肖（Wilbur Shaw）驾驶玛莎拉蒂赢得了美国印第安纳波利斯804千米比赛。而公司创始人Alfieri Maserati已经于1932年去世，并且公司已被工业家Adolfo Orsi在1937年收购，玛莎拉蒂搬至摩德纳。

玛莎拉蒂于1947年推出A6系列单座赛车、运动赛车和公路跑车，于1953年加入F1赛事。同年，胡安·曼纽·方吉奥第一次为玛莎拉蒂赢得意大利大奖赛。方吉奥代表玛莎拉蒂参加69场F1赛事，他总共获得了9场冠军，并因此两获F1车手个人总冠军（个人生涯共获5次），他还帮助玛莎拉蒂的两个车队获得世界锦标赛冠军。

玛莎拉蒂 450S
在1957年6月的勒芒24小时耐力赛中，胡安·曼纽·方吉奥在赛车中抬起了他的护目镜。这是这位车手在勒芒赛场上的最后一役。

然而，致力于参加顶级赛车运动的巨额投入几乎毁了公司。1958年，当公司认识到比赛成绩并不能为品牌带来提升后，赛车部门遭遇解散，公司将重心转移至打造一辆新的公路跑车——时尚而性能充沛的3500GT，这款车利用了玛莎拉蒂品牌所营造的神秘感。

一年后，玛莎拉蒂推出了5000GT超级跑车，为皇室成员和电影明星提供限量版。1963年，公司不仅推出了紧凑而时尚的Mistral双门轿跑车，随后推出的配备4.7升V8发动机的Quattroporte四门轿车更是在一夜之间成为世界上最快的四门轿车。

1966年推出的Ghibli GT以274千米/时的速度成为全球最快的汽车之一。1971年，玛莎拉蒂跟随Bora V8车型的中置发动机两座趋势，并在同年推出了配备六缸发动机的Merak。

1968年，雪铁龙收购了玛莎拉蒂，随后玛莎拉蒂这家意大利企业为雪铁龙 SM制造了2.7升V6发动机。然而，两家车企的合作关系没能持续太久母公司雪铁龙就宣告破产，于是，意大利政府和亚利山德罗·德·托马索于1975年介入以挽救该公司。

总裁（Quattroporte）系列轿车是一款复杂的前轮驱动车型，但公司随即削减了这个项目的资金，并将资源倾注在Biturbo车型上。Biturbo是一款搭配了双涡轮增压玛莎拉蒂V6发动机的宝马3系轿车，是一款更实惠、半批量生产的汽车，于1981年推出。

Biturbo衍生出各种各样的车型，其中包括新的Ghibli和Shamal。1993年，菲亚特收购了玛莎拉蒂，并于2004年开始扩大玛莎拉蒂的业务，它成了阿尔法·罗密欧的姊妹品牌。

玛莎拉蒂 Bora，1971年
中置发动机超级跑车在当时飞速发展，玛莎拉蒂在这一领域开发了Bora，它搭载了中置V8发动机，其姐妹车型Merak则配备了V6发动机。

“第一次驾驶时，它出色的弯道表现和性能令人叹为观止。”

——1974年4月《汽车》杂志对玛莎拉蒂Bora的评价

玛莎拉蒂在1998年推出的3200GT广受好评，随后于2002年推出了Coupé和Spyder车型，2003年则推出了全新的总裁豪华轿车。2004年，玛莎拉蒂的高性能MC12 GT跑车重返赛场。车手安德烈亚·贝托里尼（Andrea Bertolini）和米卡·萨罗（Mika Salo）帮助玛莎拉蒂在当年9月首次赢得比赛。2010年，贝托里尼驾驶着玛莎拉蒂 MC12成为FIA GT赛事的世界冠军。

宾尼法利纳设计的Gran-Turismo车型于2007年推出，GranCabrio则在2年后推出。2013年，继总裁车型后，Ghibli也成了中型商务轿车。

玛莎拉蒂 Mistral Spider，1963年
它是20世纪60年代最令人着迷的玛莎拉蒂车型之一，尤其是这辆稀有的敞篷款。

未来经典

Spyder 这款车有时被称为4200GT型车，以区别于早期仅提供双门轿跑车的3200GT型车。4200GT Coupé是一款四座轿车，但Spyder是两座。这两款车都由Italdesign设计，而发动机等整个动力传动系统都源于法拉利，六速手动变速器或带F1风格方向盘的无离合器手动变速器可供选择。

玛莎拉蒂 Spyder 2001款

产　　地	意大利
发 动 机	4.244升，V型八缸
最高车速	283千米/时

Spyder基于缩短的双门轿跑车底盘，是玛莎拉蒂为重返美国市场的重点车型。

MC12 为了打造出赛车版本，MC12基于法拉利Enzo进行开发，与其共用中置V12发动机、半自动六速变速器及后驱布置。这是一辆大车，但并不实用，因为它没有设计后窗、备用轮胎、行李箱和音响，但这款车的内部空间很大。这是一辆真正的赛车，难得的是，许多驾驶员表示它的操控非常简单、安全。

玛莎拉蒂 MC12 2004款

产　　地	意大利
发 动 机	5.998升，V型十二缸
最高车速	330千米/时

除了玛莎拉蒂为重返赛场制造的12辆赛车版本外，公司还制造了50辆公路车版本。

强劲的GT汽车

20世纪60年代最快的汽车就是这些专门制造的公路"机器"，而不再是过去那些低调的赛车。虽然它们中的一些在改装后驶上了赛道，但这些车被制造出来的真正目的是为车手提供快速驾驶时的原始刺激，而不只是为了赢得比赛。随着时间的推移，这些车与其他赛车越来越不同，而这并不是坏事。这是一个拥有有史以来最多受欢迎的GT跑车的年代。

▽ **兰博基尼 Miura 1966款**

产　地	意大利
发动机	3.929升，V型十二缸
最高车速	281千米/时

在1967年的日内瓦车展上，兰博基尼推出了Miura超级跑车。这辆具有惊艳外观、卓越技术和难以置信速度的跑车是由3位20多岁的工程奇才制造的。独特的喷漆色彩充满20世纪60年代中期的时代感。

◁ **玛莎拉蒂 Ghibli 1967款**

产　地	意大利
发动机	4.719升，V型八缸
最高车速	266千米/时

玛莎拉蒂杰出的四凸轮轴V8发动机使这款豪华轿跑车的性能与超级跑车相当。这辆拥有完美比例的溜背造型车身由意大利设计师乔治亚罗设计，后续也推出了敞篷版本。

▷ **法拉利 275GTB 1965款**

产　地	意大利
发动机	3.286升，V型十二缸
最高车速	246千米/时

宾尼法利纳设计的比例完美的造型搭配五速变速器和全独立悬架，表明了法拉利与时俱进的态度。六化油器版本的速度为266千米/时。"长鼻"2系列从1965年开始供货，而更快的275GTB/4自1966年起就一直在做包括四凸轮发动机等诸多改进。

意大利动力

为了实现更短、更灵活的轴距，V12发动机横向安装。变速器、主减速器和曲轴箱都是一体铸造，以节省空间。

前视图

油箱口隐藏在格栅下方

钢铁风格

Miura拥有强度很高的钢质结构和车门，前后封闭板则由铝合金制成。所有量产的Miura都是固定式车顶的跑车，尽管Bertone制造了一辆Miura 敞篷车，并且此后又陆续改装了几辆。

中心锁止合金轮毂是标准配置

更宽的翼子板

Miura SV的后翼子板向外延伸以适应更宽的后轮。后灯也得到了升级，并贴有“SV”徽章。惊艳的外表之下，发动机配备了新的化油器和改进的气门正时，提升了总体动力。此外，发动机和变速器的润滑也被分开。

发动机舱百叶窗可以排出热气

后视图

弹出式大灯，行车灯在玻璃罩内

全螺旋弹簧独立悬架

◁丰田 2000GT 1966款

产　地	日本
发 动 机	1.988升，直列六缸
最高车速	206千米/时

这款车的性能和配置与其漂亮的外观相匹配。这款车的车型很少见（仅制造337辆），因为它是在丰田准备开拓出口市场之前制造的。但这辆车证明了日本当时的设计可以与世界顶级设计相媲美。

宾尼法利纳设计的**钢质车身**

GT版本为**固定式金属车顶**，而GTS版本则拥有一个**可折叠的车顶**

发动机中置使**车头**前倾且较低

▷Dino 246 GT 1969款

产　地	意大利
发 动 机	2.418升，V型六缸
最高车速	238千米/时

保时捷911的竞争对手法拉利 Dino造型优美、速度快、操控性极佳。第一款206车型的发动机排量是2.0升，但1969年的246车型配备了2.4升的发动机。Dino本身就是一个品牌，所以这些车在上市时从未使用过法拉利车标。

行政轿车

20世纪50年代的过度造型让位于60年代更保守、更有品味的造型。这种变化在高级轿车中最引人注目，意大利设计师利落、精美的设计取代了美式汽车略显浮夸的风格。这些车的技术也日趋复杂。几年前仍为赛车专用的盘式制动器开始普及，活轴和板簧搭配的悬架让位于使用螺旋弹簧的独立悬架，而在发动机罩下，顶置凸轮轴发动机也变得常见起来。

传统的吸引力
与小型P6车型非常现代的内饰形成鲜明对比，P5B采用木质仪表板、皮革饰边和镀铬高光等传统的装饰。野餐托盘可以从仪表板下方滑出，里面藏有一个工具箱。

▷ **罗孚 3.5L P5B 1967款**

产　　地	英国
发 动 机	3.528升，V型八缸
最高车速	174千米/时

罗孚这款成功的P5车型最早采用3.0升六缸发动机，但在1967年改为平稳、动力充沛的V8发动机。这款车的轿跑版本保留了4个车门，但车顶弧度较低。直至1973年停产，该车一共生产了20000多辆。

罗孚的第一款单体壳车身

辅助灯在搭载V8发动机的版本中是标准配置

Rostyle车轮（一种轮毂形式）是区分P5B的特征

美国动力
当通用汽车改用薄壁发动机时，罗孚从别克购买了这款全合金V8发动机，它配备双SU化油器，更适合欧洲的驾驶条件。

首相的最爱
P5B是英国政府官员的常用公务车。首相玛格丽特·撒切尔（Margaret Thatcher）的座驾曾长时间为一辆罗孚汽车。

传统的**木质仪表板**

双门跑车版本有更低、曲率更大的车顶弧线

侧视图

◁ 福特 Zephyr 6 Mk III 1962款

产　地	英国
发 动 机	2.553升，直列六缸
最高车速	153千米/时

福特为这款大型英式轿车提供了四缸和六缸发动机。这款车配备了前盘式制动器、全同步器变速器及自动变速器。它拥有大型后尾翼和镀铬装饰，是最接近美式汽车的英国轿车。

▷ 沃克斯豪尔 Cresta PB 1962款

产　地	英国
发 动 机	3.294升，直列六缸
最高车速	150千米/时

Cresta是一款来自通用汽车英国分公司的大型舒适型轿车，其造型风格比20世纪50年代的前身更保守。前盘式制动器是标准配置，从1965年开始使用自动变速器。还有一款由客车制造商马丁·沃尔特（Martin Walter）改装的房车版本。

◁ 凯旋（Triumph）2000 1963款

产　地	英国
发 动 机	1.998升，直列六缸
最高车速	150千米/时

这款时尚的汽车深受20世纪60年代企业高管青睐，2000车型采用了平顺的六缸发动机、全独立悬架、前盘式制动器、最初采用卢卡斯燃油喷射系统及吉奥瓦尼·米切洛蒂（Giovanni Michelotti）设计的迷人意大利车身。后续车型搭载了2.5升发动机。

▷ 捷豹 XJ6 1968款

产　地	英国
发 动 机	4.235升，直列六缸
最高车速	200千米/时

捷豹在1968年做出用XJ6取代其全系列汽车的决定。XJ6在发布时被誉为世界上最好的轿车，是卓越的性能、精致的外型、舒适的乘用体验和大的抓地力的完美融合。

捷豹 E型车

20世纪60年代，Mini站在时代的前沿，而高性能车爱好者则更青睐捷豹 E型车。它辨识度高且造型优美，虽然并不像公众想象的那样快，但它的空气动力学造型明显来自征服勒芒赛事的D型车。时至今日，它仍然经常被选为有史以来造型最漂亮的汽车，这是有据可依的。

为复制XK120、C型车和D型车等的成功，捷豹创始人威廉·里昂（William Lyons）爵士在20世纪50年代后期责成赛车部门设计、制造了第一辆E1A原型车，用于技术评估（在公众看到它之前已报废），1961年，量产版才上市销售。

E型车的空气动力学造型、3.8升直列六缸发动机以及超高的性价比令它迅速获得成功。双门轿跑车和跑车版本的推出扩大了销量。后续也推出了配备平顺的V12发动机的大功率版本，尽管这些后来的车型放弃了最初的设计。

侧视图

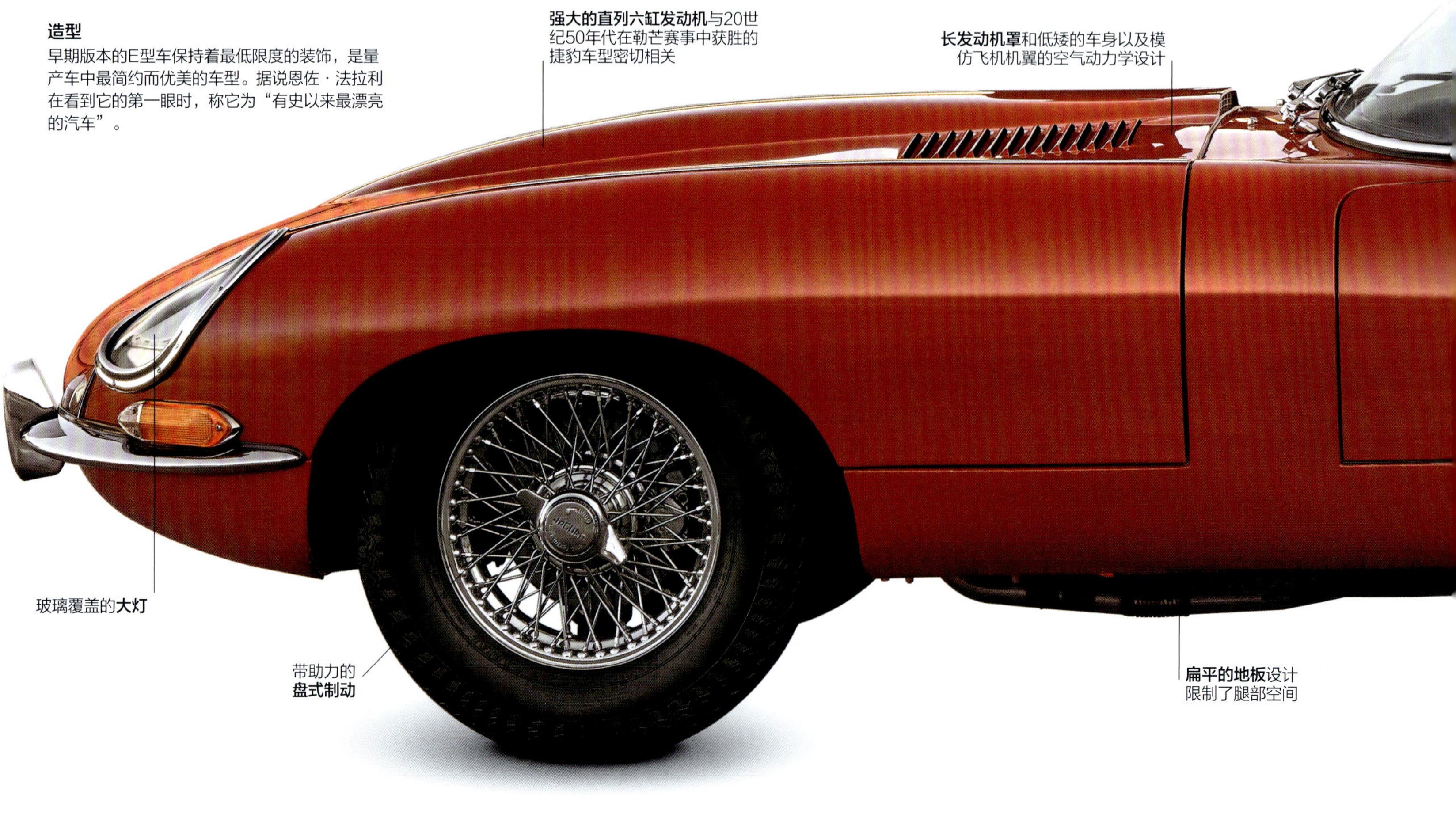

前视图

后视图

捷豹车标

与E型车的高辨识度类似，捷豹的车标既时尚又富有吸引力。奔跑的猎豹标志显然是为了彰显汽车的速度和轻盈的肌肉感。多年来，E型车始终秉持“优雅、速度和空间”的设计初衷。

规格	
型号	捷豹 E型车1系，1961—1964年
产地	英国考文垂
产量	15 490辆
结构	钢质单体壳
发动机	3.781升，直列六缸
输出功率	制动马力为265马力
变速器	4速手动
悬架	前扭杆，后螺旋弹簧
制动器	全盘式制动
最高车速	230千米/时

后尾灯位于保险杠上方

优雅的外型是飞机和汽车设计师马尔科姆·塞耶（Malcolm Sayer）的创意

配备螺旋弹簧的**后独立悬架**

在路上

很容易理解为什么捷豹E型车吸引了如此多的关注。长而时尚的发动机罩、较短的尾部、紧凑的尺寸，以及符合空气动力学的低风阻造型（更不用说其经典的XK直列六缸发动机令人愉悦的轰鸣声），很难相信当它首次上市时只是同类竞品中最便宜的。

事实上，至今它仍然是便宜的车。近年来，E型车价格飙升，特别是早期版本，但是作为一款经典汽车，它仍然可以提供平顺的驾驶品质，而其价格只是类似的老式法拉利的零头。

车迷仍在争论哪种设计是最好看的，跑车、轿跑车、双座跑车，或后来的2+2跑车，但有一件事是肯定的，其造型的优美程度空前绝后。

1. 标志性的猎豹车标
2. 早期车型上的斜大灯，用来改善空气动力学性能
3. 精美的尾灯组
4. 罕见的三雨刷
5. 金属辐轮上的镀铬旋转机构
6. 镀铬及皮革内饰
7. 超薄皮革的桶型座椅
8. 简明的开关装置
9. 优雅的手刹杆
10. 经典的XK直列六缸发动机

3

4

1

2

5
UNDO
JAGUAR
LEFT (NEAR) SIDE

6
RPM
MPH
E·TYPE

7

8
MAP
FAST
SLOW
WIPER
WASHER

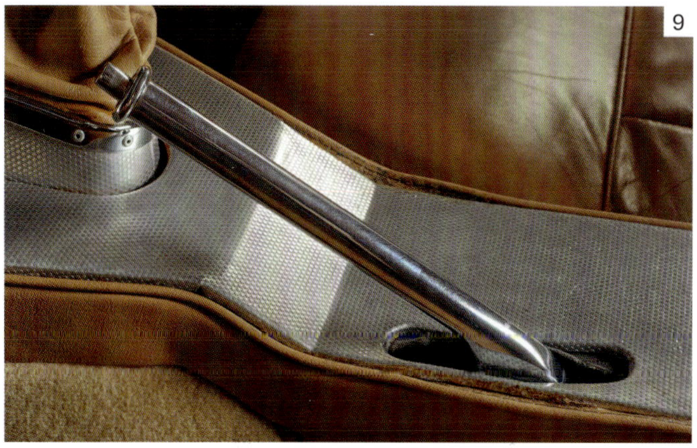
9

10

豪华运动汽车

在20世纪60年代，如果你想要速度和个性，这些有异国情调（但昂贵）的跑车可以满足你的要求。久负盛名的意大利品牌，如法拉利和玛莎拉蒂，制造出民众渴望的汽车，10年后，意大利超跑制造商兰博基尼加入它们的行列。

美国的科尔维特过于浮夸，英国的捷豹则太便宜，宾利又太过稳重，这些车不能被超级富豪视为意大利跑车的替代品，唯独阿斯顿·马丁的定制运动型双门跑车有资格与意大利跑车抗衡。如果这些汽车都没有吸引到你的话，梅赛德斯SL系列的优雅和稳重，也是富豪买家的心头好。

驾驶安全
SL车型与时俱进，后续车型融入了最新的安全功能，包括带衬垫的方向盘和可折叠的吸能式转向柱。SL的内饰看起来很简洁，带有简单的烤漆仪表板。标准配置包括乙烯基座椅和手动变速箱。

▷ 梅赛德斯-奔驰 280SL 1963款

产　地	德国
发 动 机	2.778升，直列六缸
最高车速	200千米/时

继1963年的“宝塔屋顶”230SL，梅赛德斯-奔驰又推出了配备大型发动机的250SL和280SL。280SL较宽的轮距有助于改善操控性，是与1959年Fintail轿车共享行驶系的成果，它也是第一辆应用溃缩区的跑车。

加长的SL
280SL比其前辈更像一辆旅行车。更平稳的发动机具有更灵活的动力输出，升级的悬架使驾驶更安静和舒适。

侧视图

▷法拉利 250 California Spider 1959款

产　　地	意大利
发 动 机	2.953升，V型十二缸
最高车速	233千米/时

作为有史以来最美丽和最令人向往的法拉利汽车之一，California Spider深受电影明星喜爱，著名的车主包括詹姆斯·柯本（James Coburn）和阿兰·德龙（Alain Delon）。V12发动机与其他法拉利250系列车型共享，可输出制动马力为276马力的动力。它还配有盘式制动器和子午线轮胎。

◁阿斯顿·马丁 DB5 1963款

产　　地	英国
发 动 机	3.995升，直列六缸
最高车速	238千米/时

1963年的DB5是对1958年的DB4的许多细节进行改进的结果，最著名的是它的4.0升发动机。它与DB4共享更高的车顶线和独特的大灯设计。该车因在007系列电影中出现而闻名，它最早出现在1964年的《金手指》（*Goldfinger*）中。

▷玛莎拉蒂 Mistral Spider 1963款

产　　地	意大利
发 动 机	3.692升，直列六缸
最高车速	233千米/时

玛莎拉蒂为该车的发动机配备了喷射系统，以获得可以和捷豹匹敌的性能，并委托Frua设计这款低调而精致的两座双门敞篷轿跑车的车身。第二代开始搭载V8发动机，在1972年的V8 Merak推出以前，这款车是在摩德纳生产的最后一款六缸发动机汽车。

◁蒙特威尔第（Monteverdi）375C 1967款

产　　地	瑞士
发 动 机	6.974升，V型八缸
最高车速	241千米/时

彼得·蒙特威尔第（Peter Monteverdi）是瑞士有声望的进口汽车经销商，他于1967年开始以自己的名义开发汽车。375C是敞篷版，车身由Fissore制造，搭载了克莱斯勒V8发动机。该款车只获得了小批量生产，并于1977年停产。

道奇 Charger

虽然道奇已经是知名的汽车和卡车制造商，但直到它于20世纪50年代在邦纳维尔盐滩上破了纪录，美国人才真正注意到这个品牌。在炎热的太阳下，道奇在一年内打破了不少于196次速度纪录。1968年推出的、配备了V8发动机的道奇 Charger为道奇品牌带来了真正的活力。

通过为消费者提供可选的V8发动机，包括近乎传奇的426克莱斯勒 Hemi发动机，道奇经销商以一款快速且非常实用的汽车吸引了大量普通消费者。

作为街头赛车的传奇，Charger具有标志性的半溜背式造型。在美国热播电视剧《正义前锋》（*The Dukes of Hazzard*）中，李将军的座驾就是道奇Charger，这奠定了道奇在流行文化史上的地位。在竞争日益激烈的肌肉车市场中，道奇R/T（Road/Track）版本是明星车型，并成为更符合空气动力学、擅长赛事的道奇Charger Daytona的前身。

侧视图

前视图

后视图

Charger 车标

Charger来自道奇倾向于不悬挂品牌标志的时代，每个车型的车标是单独设计的，因此Charger的车标上有一些独特的、无意义的图形图案。

规格	
型号	道奇 Charger，1967—1970年
产地	美国
产量	96 100辆
结构	钢质单体壳
发动机	5.211~7.206升，V型八缸
输出功率	制动马力为290~375马力
变速器	三速或四速手动/三速自动变速器
悬架	前扭杆，后板簧
制动器	鼓式制动，带有可选的前盘式制动
最高车速	203~241千米/时

造型

简洁的线条、动感的造型、无B柱的车窗，以及时尚、复杂的外形使Charger成为主流设计，并指明了道奇的发展方向。

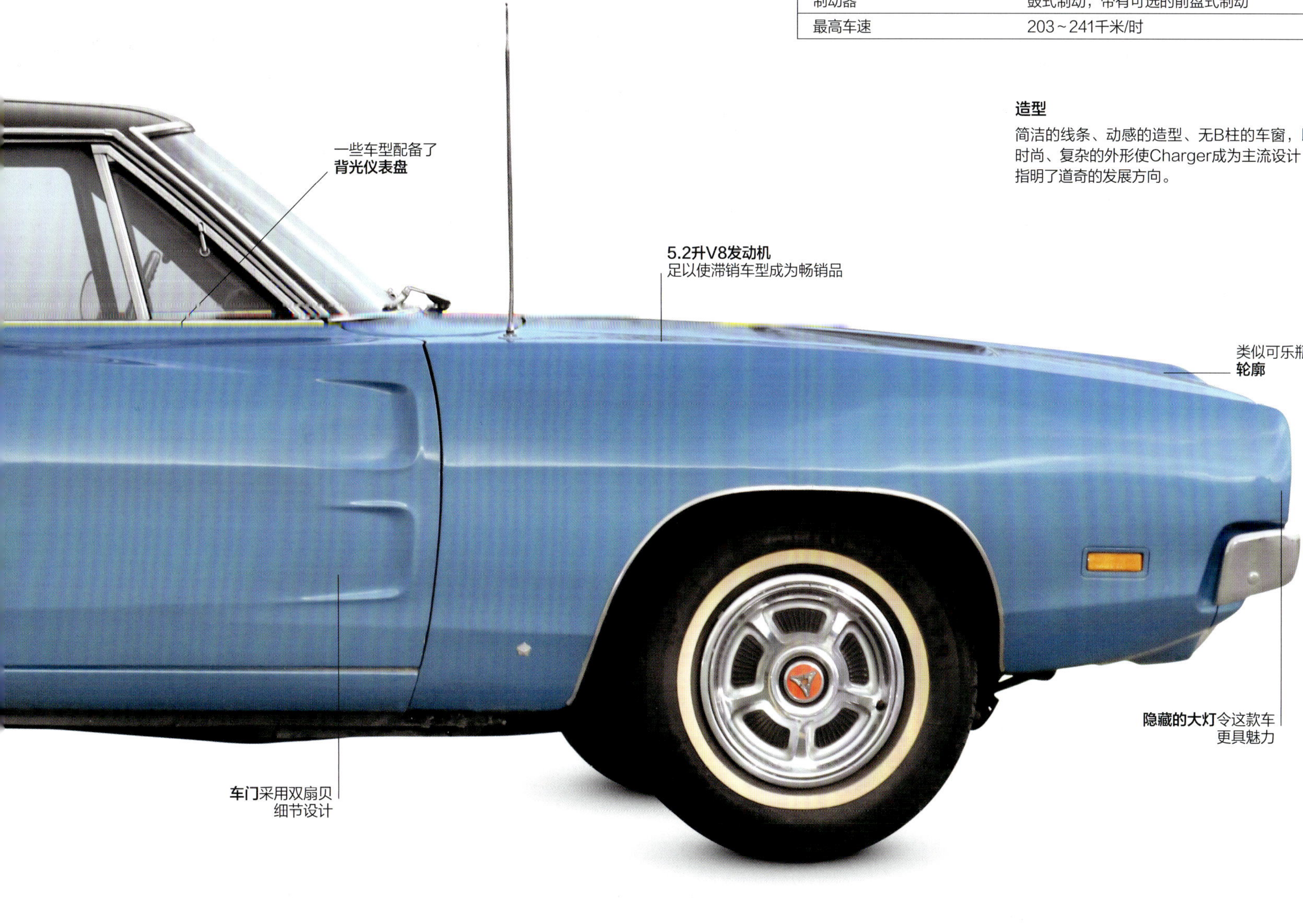

在路上

由于道奇在北美以外的市场销量不高，因此它很容易被低估，很多人忽略了这个品牌长达1个世纪的发展历程中的许多亮点。

巨大、快速、个性张扬，对于美式汽车爱好者来说，几乎没有什么可以击败肌肉车的吸引力。这些车虽然不能与欧洲跑车的魅力和精密性相媲美，但是美国赛车的速度同样快（至少在一个水平），并且能提供相当程度的精彩效果。

大型V8发动机十分耗油，但它们耐用、容易维护。当时的Charger与Mammoth等较小车型共享很多零部件，这也意味着Charger的备件通常很容易从美国供应商处获得。

1. 未被覆盖的双灯
2. 可伸缩塑料大灯罩
3. 发动机罩上的造型细节
4. 带有道奇标志的运动型轮毂盖
5. 可打开的角窗
6. 后车顶支撑用黑色乙烯基覆盖
7. 镀铬燃料填充盖
8. 丰富的黑色镀铬仪表板
9. 自动变速器安装在中间
10. 头枕是当时少见的安全装备

4

5

1

2

3

6

7

8

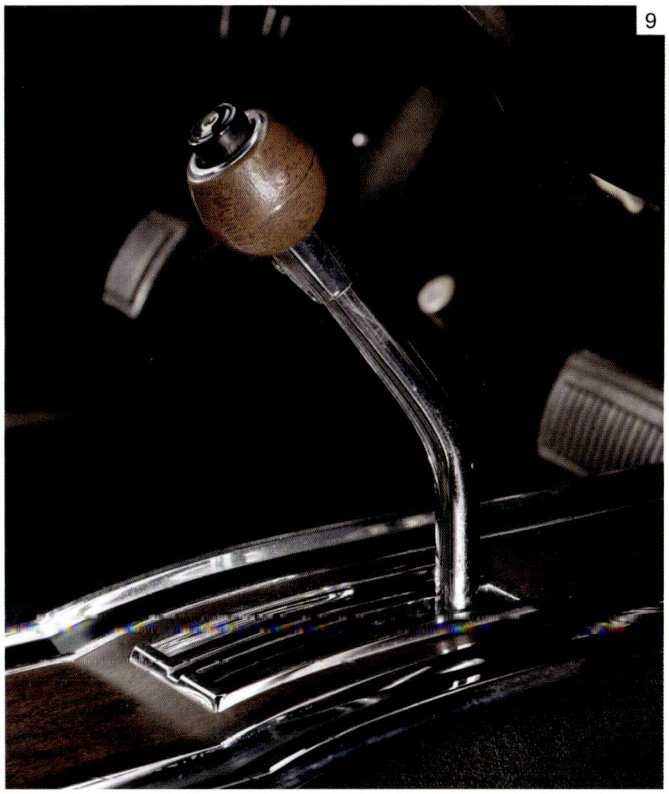

9

10

TEMP. OLIO °C
OIL TEMP. °F
BENZINA
FUEL
ACQUA °C
WATER °F
MPH
VEGLIA BORLETTI
DEFROSTER
km/h
GENERATOR
STARTER
GENERATORE
PRESS. OLIO
OIL PRESS.
QUARZO
BATTERY

20世纪70年代

洁净之风

A L F A R O M E O

洁净之风

△ **石油危机**
1974年燃油短缺时期，需要加油的汽车在加利福尼亚州一家加油站排长队。美国当时的油价比世界上任何地方的都高出许多。

20世纪70年代的汽车工业与当时的世界经济局势一样，混乱不堪。随着油价的猛烈波动，生产大功率汽车的企业举步维艰。在美国，肌肉车时代戛然而止；在意大利，玛莎拉蒂艰难求生，而其竞争对手Iso则彻底消失。在英国，简森汽车歇业停产，劳斯莱斯和捷豹得以幸存。

然而，20世纪70年代初也见证了一些偶像级高性能楔形跑车的诞生。例如，中置发动机的兰博基尼Countach和法拉利 Berlinetta Boxer都提供了卓越的操控性和空气动力学性能。

日本车企，如丰田、达特桑（日产的前身）、本田和马自达，生产可靠性与性能皆佳的国民车。欧洲车企则依靠设计才华做出回应：雷诺5定义了国民小型汽车，大众高尔夫则成为全能家用车的分水岭。

美国大城市及整个加利福尼亚州空气质量的下滑迫使车企们意识到环境保护的重要性，也推动工程师们为降低排放、提高燃油经济性而努力。与此同时，沃尔沃把注意力转向了一个新的销售亮点——安全性。座椅安全带、溃缩区及防撞护垫先于安全气囊和防抱装置出现，是最早的安全装备。

正当替代能源——尤其是电能——的发展如火如荼，新一代更安静、更高效的柴油机证明了自己才是最务实有效的解决方案。涡轮增压器很快被安装到这些柴油机上，正如它们此前被安装在汽油机上（以便在不扩大排量的前提下增强性能）一样。

“我坚决不会模仿其他品牌……这是我们如此努力工作的原因，因为我们从不模仿。”

——本田宗一郎（Soichiro Honda），本田汽车创始人

◁ 英国杂志上刊登的阿尔法·罗密欧汽车广告语，20世纪70年代

大事记

- ▷ **1970年** 英国利兰公司发布了4X4路虎揽胜和凯旋Stag敞篷车
- ▷ **1970年** VAZ制造出第一款基于菲亚特124的拉达汽车
- ▷ **1970年** 雪铁龙 SM问世，它是法国雪铁龙和意大利玛莎拉蒂的合作成果
- ▷ **1971年** 兰博基尼Countach展车发布
- ▷ **1972年** 第15007034辆大众 甲壳虫下线，超越福特 T型车成为历史上销量最高的车型

△ **大批量生产**
装配线上的工人为成列的1972款大众甲壳虫进行最后的收尾工作。截至1973年，甲壳虫的产量超过1600万辆。

- ▷ **1972年** 本田 Civic和雷诺 5开启了经济型全能小型汽车市场
- ▷ **1973年** 福特以尺寸大幅缩小的私家车野马II对全球石油危机做出回应
- ▷ **1974年** 第一辆大众高尔夫从沃尔夫斯堡生产线下线；高尔夫GTI于次年推出
- ▷ **1975年** 捷豹发布E型车的继任者XJ-S GT车型
- ▷ **1976年** 简森汽车宣布破产
- ▷ **1978年** 前置发动机的保时捷928成为有史以来第一款获得“欧洲年度汽车”称号的跑车
- ▷ **1978年** 马自达通过发布RX7跑车来展现品牌对转子发动机重燃信心

蓝旗亚 Stratos HF

1974—1976年度世界汽车拉力锦标赛的冠军车是蓝旗亚Stratos，它源自一款由博通公司设计、发布于1971年都灵车展的醒目荧光橙色楔形概念车。将Stratos的四缸蓝旗亚发动机替换成法拉利Dino V6发动机后，它成为整个20世纪70年代最耀眼的明星汽车之一。至少在行家手中，它是一件征服顶级汽车赛事的极品利器。

博通的楔形概念车出自马塞罗·甘迪尼（Marcello Gandini）之手，他为了能与蓝旗亚合作，设计了这个与众不同的车型。

Stratos的车身非常紧凑，前鼻低垂、尾部高挑。得益于它独特的、延伸至侧面的新月形风挡，它的前视野极宽广，但后视野却近乎没有。整车很轻，只有900千克，顶配版本搭载的2.4升法拉利发动机确保了它风暴般的速度。

经过专业改装后，Stratos也是一款出色的拉力赛车。它在20世纪70年代连续3年赢得了世界汽车拉力锦标赛的冠军，也在一众国际车坛传奇之中赢得了自己的一席之地。

侧视图

轻量化的塑料侧窗以向下转动的方式开启

后部百叶窗降低了可视性

依据**空气动力学设计**的扰流板在后期的一些赛车版本中被扩大到了夸张的尺寸

短轴距对快速机动而言堪称完美，但也使操控性变差

前视图

后视图

Stratos的车标
这个极具个性的车标是博通设计工作室专为这款车型设计的。它与蓝旗亚短粗发动机盖上的传统标识形成鲜明的对比。

规格	
车型	蓝旗亚 Stratos HF，1973—1980年
产地	意大利都灵
产量	492辆
结构	玻璃纤维，钢
发动机	2.418升，V型六缸
输出功率	制动马力为190马力
变速器	五速手动
悬架	前后卷簧
制动器	前后盘式制动
最高车速	230千米/时

造型
Stratos HF的车身尺寸十分紧凑，以至从上面俯视时几乎是一个正方形，但这样设计是有目的的。它的楔形侧面轮廓通过将发动机直接置于驾驶员身后、后轴之上而得以实现。

在路上

用仅比本田Civic略大的车身爆发出科尔维特级别的性能，即便没有国际赛事中的显赫成就，Stratos也堪称一件杰作。与母公司菲亚特的车型共享很多零件的事实也丝毫无损它巨大的吸引力。Stratos惊艳的博通式侧面令人一见倾心，也给了蓝旗亚睽违多年的巨大吸引力。它的价格居高不下，因为它当时是、现在也依然是一辆与众不同的车。它个性鲜明，甚至还不那么舒适，但它是这个品牌的里程碑，数十年后，它仍被视作拉力赛历史上的传奇之一，被铭记至今。

1. 发动机盖上的蓝旗亚标志
2. 百叶窗式的车身板件提升了发动机冷却性能
3. 博通的徽章和标识
4. 黑色百叶窗遮蔽了后窗，也限制了后视野
5. 简单的速度表——极速为230千米/时
6. 朴素的仪表板与明艳的内饰形成鲜明对比
7. 传统的手刹作用在后轮上
8. 2.4升法拉利发动机

3

1

2

4

5

6

7

8

伟大的设计师
努乔·贝尔托内

作为汽车造型史上最伟大名字的有力竞争者，努乔·贝尔托内（Nuccio Bertone）的博通是世界上延续时间最长的设计品牌之一。在努乔的带领下，博通为阿尔法·罗密欧、兰博基尼等汽车品牌设计了先锋而又畅销的车型，绝佳的创意运用到概念车上，从而建立起一座非凡的汽车工厂，并且发现和培养了一批非凡的设计天才。

生涯大事记

- ▷ **1912年** 吉瓦尼·贝尔托内（Giovanni Bertone）在都灵开始车厢制造的生意
- ▷ **1920年** 贝尔托内在都灵开了一家汽车工厂
- ▷ **1933年** 19岁的努乔·贝尔托内加入父亲的公司
- ▷ **1952年** 努乔携两款广受赞誉的MG设计出席都灵车展
- ▷ **1953年** 空气动力学设计的阿尔法·罗密欧BAT系列的第一款车型震惊了设计界
- ▷ **1959年** 博通在都灵郊外的格鲁利亚斯科新工厂投入使用

△ **阿尔法·罗密欧 Giulietta SZ，1960年**
首发于1960年日内瓦沙龙，由博通设计炫酷造型的Giulietta SZ整车使用铝材手工打造。轻量化之后的速度为它带来了多场赛事的胜利。

- ▷ **1966年** 努乔在兰博基尼 缪拉上开创了“中置超跑”设计
- ▷ **1967年** Marzal成为博通多款先锋设计车型中的第一辆
- ▷ **1973年** 在世界汽车拉力锦标赛赢得三连胜的蓝旗亚 Stratos发布
- ▷ **1980年** 菲亚特 Ritmo敞篷版和X1/9在博通公司名下生产并销售
- ▷ **1997年** 努乔去世，享年83岁
- ▷ **2014年** 博通申请破产

造车匠出身的吉瓦尼·贝尔托内是意大利设计热潮的引领者之一，1912年在都灵创建了自己的汽车专卖店。然而，这家公司的辉煌从20世纪50年代才开始——在吉瓦尼的儿子努乔·贝尔托内接管之后。出于天才的直觉，努乔很快洞察到，车身制造的未来不是为底盘装上外壳，而是使车身适应车企们所采用的新型承载式车身平台。他也是最早意识到纯粹“梦想之车”造型所带来影响的设计经理之一。

在第二次世界大战后大获成功、同时也是努乔最惊艳的作品，是他1953年为阿尔法·罗密欧设计的Berlina Aerodinamica Tecnica（BAT）。得益于追求空气动力学的极致设计，BAT大胆的俯冲造型据称达到了0.19的风阻系数——有史以来最低的汽车风阻系数之一。努乔随后又在1954年和1955年的两款更加吸引眼球的BAT车型中进一步夸大了车身的蝙蝠特征。

汽车制造商的宠儿

另一款阿尔法·罗密欧——发布于1954年都灵车展的Giulietta Sprint真正巩固了努乔在设计方面的声望。这辆优美、简洁的双门跑车使博通公司成为汽车制造商在车身设计领域的第一选择。

20世纪60年代初，博通设计出了包括宝马3200CS、ISO Grifo和菲亚特 Dino在内的标志性车型，但有一款车型却在它们中脱颖而出——兰博基尼 缪拉。1966年发布的缪拉对汽车设计界的影响不容忽视——优雅的比例、惊艳的细节和开创性的中置发动机布局都使它立刻广受赞誉。

努乔善于发掘才华横溢的青年设计师：乔吉

“汽车是情感产品，更确切地说是一系列情感的集合体。”

——努乔·贝尔托内

阿尔法·罗密欧 BAT9，1955年

弹出式前灯 兰博基尼缪拉，1966年

中控台 兰博基尼Marzal，1967年

托·乔治亚罗、马塞罗·甘迪尼、吉奥瓦尼·米切洛蒂、佛朗哥·斯凯荣内这些伟大的设计师都是在博通度过了他们的学徒期。

博通公司的汽车制造业务同样蒸蒸日上，为阿尔法·罗密欧、菲亚特、沃尔沃、欧宝等品牌代工生产汽车。1968年之前，其年装配量就已达到了30000辆。与此同时，博通还创立了自己的汽车品牌，推出了贴有自己品牌标识的产品，包括X1/9、Ritmo敞篷车及Freeclimber越野车。

顽皮的孩子

然而，在努乔的心中，被他称为“孩子”的纯概念车，尤其是被他称作“顽皮孩子”、挑战常规的争议车型始终占据着特殊的位置。

博通的概念车开始于1967年的兰博基尼Marzal，一款四座超级跑车，它装有硕大的、全部由玻璃覆盖的鸥翼门，使被银色皮革覆盖的车舱一览无余。1968年箭头造型的阿尔法·罗密欧Carabo也毫不逊色。荧光红的前鼻隐喻着“红移”，暗示它光速般迅捷；而向上打开的“剪刀门”也启发了4年后博通的伟大车型——兰博基尼Countach。

博通在1970年推出的蓝旗亚Stratos Zero的造型也许是有史以来最接近雕塑气质的。这辆车从任何角度看都如此奇特：楔形车身异乎寻常的低矮，乘客从车前端向上开启的风挡进入车内，座椅像床一样，而中置发动机盖的打开方式如同打开一架三角钢琴。随后，Stratos这个名字在1973年被蓝旗亚的量产拉力车型——另一款里程碑式的博通车型重新启用。

几何手法

紧随而至的是更加引人注目的新颖概念设计：1974年的兰博基尼Bravo拥有看上去浑然一体的包围式前风挡；1978年的蓝旗亚Sibilo将塑料侧窗完全融入了车身；而1976年的法拉利Rainbow几乎完全由尖锐的硬线条组成。这种几何式的造型手法是“博通设计”时代的一个特征。和几乎所有其他设计工作室不同的是，博通十分自豪于其展示用车都是可以上路行驶的。即使是退休以后，努乔也会在周末检查设计师们的工作，留下他中肯的手写建议。

努乔·贝尔托内1997年去世。在此之前，博通是拥有1 500名员工的大公司。可惜的是，它于2014年宣布破产。

亲力亲为
努乔·贝尔托内正在仔细检查他为阿尔法·罗密欧设计的概念车Carabo。它激动人心的楔形设计将一直影响汽车造型设计，直至20世纪70年代中后期。

征服一切险阻

第一次世界大战期间的实用越野车，在战后衍生出了皮卡、旅行车和SUV等车型，保留了基本的、征服各种地形的能力。它们普遍配有转向助力、螺旋弹簧悬架、自动挡等舒适便捷的配置。汽车制造商们也开发出了出色的拖曳车，它们柔软的弹簧悬架和抬高的驾驶座位带来的良好视野赢得了一众拥趸——即便是从未离开过柏油路面的驾驶者。随着购买豪华SUV的买家增多，高档材质电动车窗、电动后视镜之类的附加便利设备变得越来越普遍。

旅行车式车身为4个人和大量行李提供了空间

前视图

后视图

更宽的发动机盖
揽胜的“蚌壳”式发动机盖在开启时会将翼子板的顶部也一同抬起。前端的凸起式边角有助于驾驶员在低速越野状态下确定车的位置。

轻松开启
从中间断开的两段式后风挡是一个关键特征：上面的玻璃窗部分向上开启，下面的向下开启。安装在顶部的雨刮器则是一个非同寻常而又价值极高的组成要素。

平板玻璃降低了制造成本

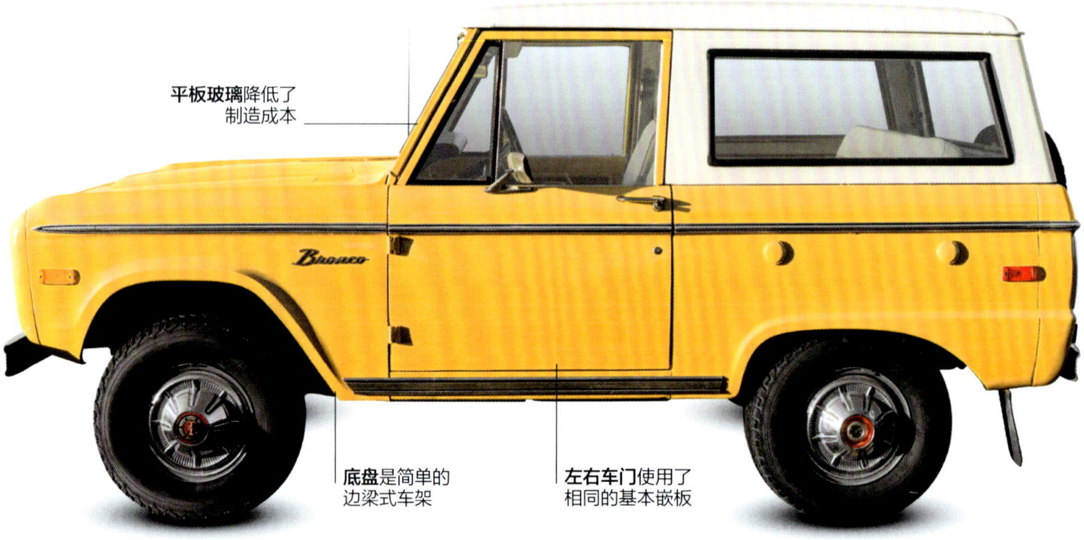

底盘是简单的边梁式车架

左右车门使用了相同的基本嵌板

▷ 福特 Bronco 1970款

产　　地	美国
发 动 机	2.781升，直列六缸
最高车速	122千米/时

野马汽车是福特公司早期占领美国SUV市场的勇敢尝试，由包括小麦金利·汤普森在内的团队构思，他是第一批在汽车设计领域工作的非裔美国人之一。当时，大众认为这款野马汽车太小了，所以从1978年的第二代车型开始以更大的F-100皮卡为设计基础。

金属硬顶可以拆卸

直列六缸和V型八缸发动机供选择

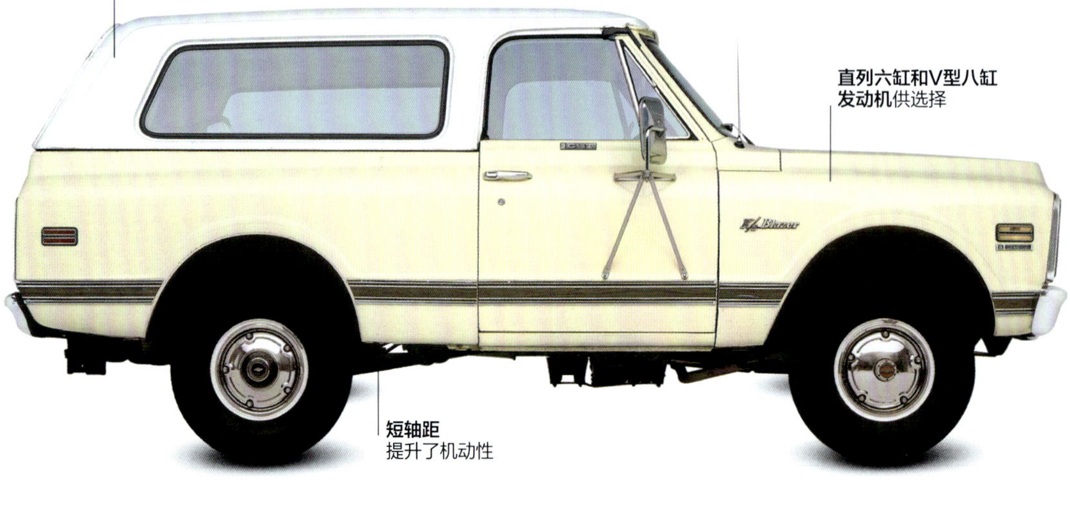

短轴距提升了机动性

◁ 雪佛兰 Blazer K5 1970款

产　　地	美国
发 动 机	5.735升，V型八缸
最高车速	158千米/时

Blazer是雪佛兰皮卡加装了车顶的缩短版本。它有两门/四门版本、六缸/八缸版本供选择，目的是与吉普、福特 Bronco和国际收割机公司的Scout竞争市场。这款车同时也以Jimmy的名字售卖。

▽揽胜 1970款

产　地	英国
发动机	3.528升，V型八缸
最高车速	160千米/时

比路虎更进一步，这款车型拥有极佳的越野能力、舒适的乘坐体验和强大的V8动力。乙烯基树脂的座椅和塑料仪表板意味着内饰可以用冲洗的方式清洁。豪华配置和四门版本在该车之后很久才出现。

▷斯巴鲁 Leone旅行车 1972款

产　地	日本
发动机	1.595升，水平对置四缸
最高车速	140千米/时

作为第一款四轮驱动的日常路面车型，Leone（在英国和美国市场名为1600）旅行车是先锋车型——四轮驱动系统和轿车的舒适性、易用性相结合。Leone在山地卖得很好，那里的冬天环境恶劣。

◁吉普 Wagoneer 1972款

产　地	美国
发动机	5.896升，V型八缸
最高车速	153千米/时

AMC在1970年接管吉普，并用新的发动机改善吉普车的性能。Wagoneer是初代豪华4X4车型，比揽胜早了好几年。精巧易用的Quadra-Trac四轮驱动系统加装于1973年。这款车型持续生产到20世纪90年代。

赛车运动——加利福尼亚风格

20世纪50年代后期，别出心裁的美国汽车爱好者们发明了一种花费少而又有趣的业余活动——沙丘赛车。轻量化的沙地越野车以遭遇车祸的大众甲壳虫的残余部件为基础打造，又加装了简单的玻璃纤维车身。这是一种回归本质的越野乐趣，并不需要四驱系统。

登顶沙丘

来自经改装的大众发动机的强大动力及加宽轮辋上的宽大轮胎是赛车攀登沙丘、腾空飞跃的所有倚仗。想在20世纪60年代后期享受加利福尼亚州海岸巴哈半岛的沙漠风情，制造一辆巴哈（Baja Bug）越野车甚至是更经济的方法。大众甲壳虫的前后金属板件被拆除，发动机暴露在空气中便创造出了有效的散热系统。车身重量削减至最低的轻量化塑料车身用于容纳宽大柔软的轮胎，这对于松软沙地上的弹跳是必要的。额外的好处是，这种脱胎换骨却又可以合法上路的车型，在沙丘上摸爬滚打一天之后，会在高速公路上显得格外炫酷。

一辆大众巴哈越野车在1972年10月的加利福尼亚巴哈与沙漠搏斗，巨大的轮胎使它能轻易穿越流沙。

drivers LEHMAN / LONG
BOOJUM
9
220

霍勒斯和约翰驾驶着他们的
一辆早期汽车

伟大的品牌
道奇的故事

从备受尊敬的零部件制造商到整车制造商，再到菲亚特-克莱斯勒公司的核心品牌之一，道奇已经成为美国汽车史上历久弥新的活化石。作为一个中档品牌，道奇在被克莱斯勒并购后的20世纪60年代凭借肌肉车在业内绽放，又在80年代成为小型厢式车的先行者。

霍勒斯·道奇（Horace Dodge）和约翰·道奇（John Dodge）兄弟在1901年成立了一家精密工程公司，这家公司很快因高品质而声誉卓著，奥兹汽车公司和新成立的福特汽车公司都在其客户名单中。兄弟俩也成为福特的股东，持有亨利·福特日渐壮大的汽车帝国10%的股权，直到因为公司运营方面的分歧而与福特对簿公堂。福特在商业上取得了成功，但却拒绝为两位股东分红，表面上是为了将资金用于更新生产设备，其实是想阻止道奇研发出福特T型车的竞争车型。1919年，名气更响的第二次诉讼以道奇兄弟胜诉终结。

1914年，道奇兄弟发布第一款车型，它证明了福特对道奇的戒心并非杞人忧天。这款钢质车身的Model 30是福特T型车的高质量而又独特的替代选择。Model 30装备了制动马力为35马力的发动机、12伏电机系统、滑动齿轮变速器，在全美销售排行榜上仅次于福特排名第2。然而，早期的成功中止于道奇兄弟在1920年相继去世，自此，公司江河日下。1925年，道奇兄弟的遗孀把公司以1.46亿美元的价格出售给狄龙·瑞德投资银行，后者将其重组并在1928年把它卖给了克莱斯勒公司。在克莱斯勒公司的品牌序列中，道奇位于低端的普利茅斯、德索托和高端的克莱斯勒之间。此时的道奇是轻型卡车制造商中的领头

道奇 Polara 敞篷车，1963年
这款中型车相对收敛的车身线条下依然隐藏着来自底特律的V8发动机所提供的充足动力。

羊，公司在第二次世界大战期间制造了总数超过25万辆的军用卡车和WC54救护车，包括4×4和6×6版本。

道奇在战后遭遇了数年的市场低谷，直到克莱斯勒设计师维吉尔·艾克斯内尔的前卫设计和新的V8发动机使它重焕生机。20世纪60年代早期，道奇将原有的全尺寸车型缩小为大获成功的中级尺寸车型Coronet和溜背车型Charger，并在这两款车型基础上推出了新的全尺寸车型Polara和Monaco。在NASCAR赛事中的成功令道奇肌肉车的形象深入人心，以Super Bee为首，它是普利茅斯Road Runner的高端版本。赛事需求促使道奇在1969年发布了低风阻的Charger Daytona，这款车被普利茅斯以Superbird的名义推出。

道奇 Coronet，1959年
这款大型三厢车凭借坚固的车身和宽敞的车内空间成为全美的警车首选。

20世纪70年代的石油危机使美国消费者对全尺寸车型失去兴趣，道奇以克莱斯勒在欧洲的Horizon平台为基础打造了Omni掀背车，并且把日本三菱汽车贴牌为Colt和挑战者两款紧凑车型售卖。与此同时，资金短缺的克莱斯勒公司也急于在美国市场重振士气。克莱斯勒新任总裁李·艾柯卡（Lee Iacocca）和几位联邦贷款担保人挽救

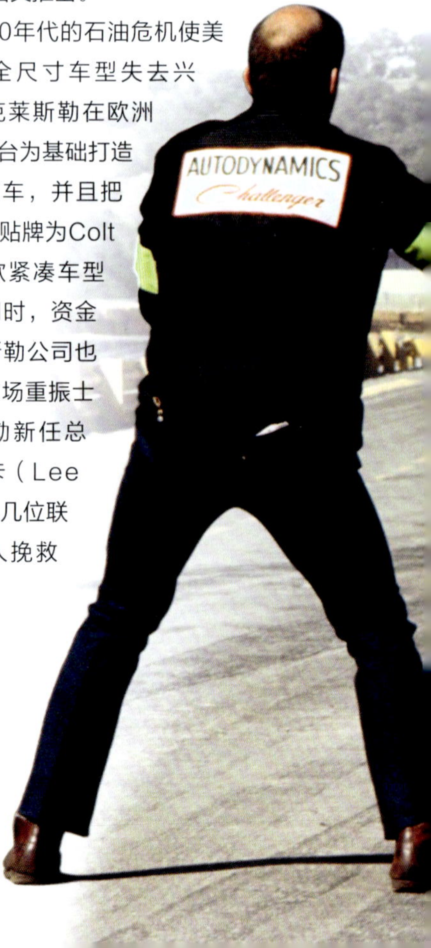

“行驶在英格兰的乡间小道上，你会有比例失调的错觉，就像一头大象坐在一条眼镜蛇上面。”

——《性能车》（*Performance Car*）杂志对道奇 Viper的评价，1993年11月

了岌岌可危的克莱斯勒。

道奇的新时代开启于Aries——克莱斯勒公司前驱小型车的道奇版本，以及Caravan，这款车型领先雷诺 Espace数周发布，开创了全新的厢式车细分市场。20世纪90年代，道奇发布了激动人心的、搭载V10发动机的蝰蛇、新款道奇Ram皮卡，以及新颖的“驾驶室前倾”造型风格影响下的Intrepid、Stratus和Neon三厢车。

与同集团的普利茅斯不同，道奇在克莱斯勒和戴姆勒集团于1998年合并后生存下来，并且借助新的后驱平台开发出造型出众的新款Charger和Challenger车型。2007年，戴姆勒以74亿美元的价格将克莱斯勒出售给美国私募股权投资公司，但克莱斯勒在2009年的金融危机中，申请了破产保护，并得到了美国政府的紧急注资。政府贷款被提前清偿，而克莱斯勒也被菲亚特收购了。出色的机械增压车型宣示着道奇在新成立的菲亚特-克莱斯勒公司（现更名为斯特兰蒂斯）里将作为一个高性能品牌而存在。

道奇 挑战者，1970年
作为美国赛车运动的“常客”，道奇这款重量级肌肉车在电影《粉身碎骨》（*Vanishing Point*）里也是明星。

未来的经典

道奇 Nitro 2007　20世纪90年代Nitro推出时，道奇这个名字已经在紧凑型SUV市场上缺席了很久。Nitro四四方方的外形和夸张的轮拱非常独特，足以奠定其经典地位。它的内饰相当朴素，但人们认为这辆车物有所值。这款车也很少见，因为在它6年的发售期中，只生产了大约20万辆。

道奇 Nitro 2007

产　地	美国
发动机	3.952升，V型六缸
最高车速	202千米/时

大胆的设计和低产量使 Nitro备受追捧。该车有左驾和右驾两种可选。

挑战者 SRT Hellcat　道奇于2007年发布了21世纪的挑战者——一款向第一代挑战者致敬的双门斜背车型。Hellcat特别版搭载了IHI公司双螺杆机械增压器加持的6.2升Hemi V8发动机，通过采埃孚八速自动变速器驱动后轮。制动马力不低于707马力的动力输出使它成为有史以来动力最强劲的肌肉车。

道奇 挑战者 SRT Hellcat 2015款

产　地	美国
发动机	6.166升，V型八缸
最高车速	320千米/时

这是挑战者SRT8的机械增压版本，制动马力达到了强劲的707马力。它复古的造型将我们带回美式肌肉车的光辉岁月。

肌肉车

20世纪70年代初是美国肌肉车的鼎盛期。尺寸空前的V8发动机提供了前所未有的巨大动力。最快也最稀有的肌肉车是专为NASCAR赛事打造的特别版，如依据空气动力学设计的道奇Charger Daytona和普利茅斯 Road Runner Superbird，大多数肌肉车还是为了日常行驶而非赛道驰骋服务的。然而，污染排放问题的加剧和保险费用的上升，以及1973年起的石油危机使肌肉车的时代很快就结束了。高性能车型还会回归，但再也不会以完全相同的形式呈现。

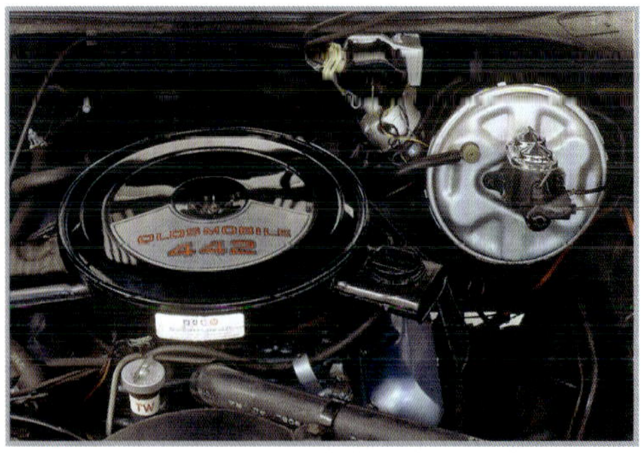

终极动力
“工厂为给您省钱而设计”，这是广告中的说辞。1971款4-4-2的车内藏着一台猛兽般的发动机，但这年也成了它的绝唱之年。动力输出很快随着排放限制而下降，而无铅汽油的使用也要求压缩比更低。

V8发动机是可供选择的最大动力单元

可选的**盘式制动器**

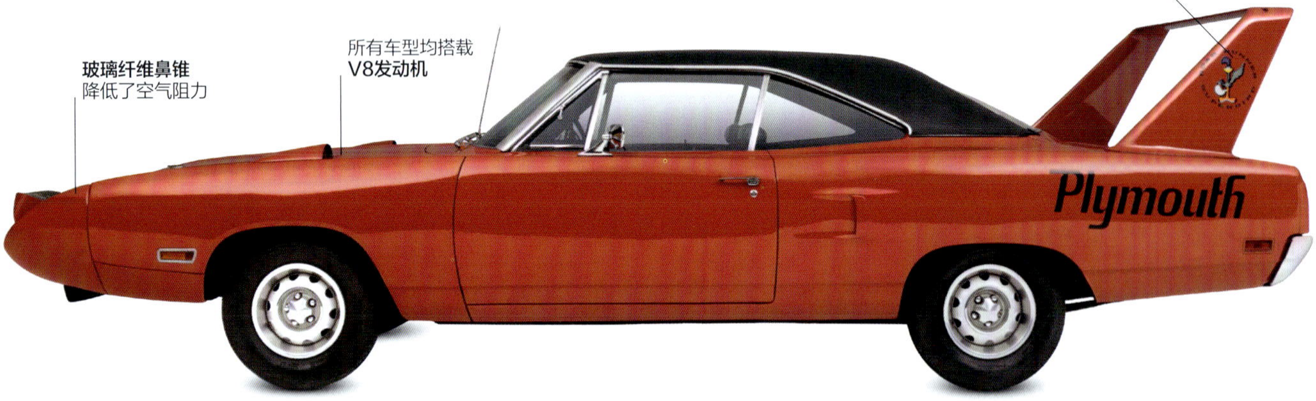

玻璃纤维鼻锥降低了空气阻力

所有车型均搭载**V8发动机**

高耸的尾翼上印着Road Runner

◁ **普利茅斯 Road Runner Superbird 1970款**

产　地	美国
发动机	7.213升，V型八缸
最高车速	209千米/时

作为一款合法上路的NASCAR参赛车，Superbird成为动画片《兔八哥》(*Looney Tunes*)里的角色，甚至加装了可爱的“触角”。大概有1 900辆加装了这种尾翼的Superbird被制造出来，但其中只有135辆搭载的是动力更强悍的426Hemi发动机。

▷ **道奇 挑战者 R/T 440 1970款**

产　地	美国
发动机	6.276升，V型八缸
最高车速	183千米/时

作为肌肉车市场的后来者，道奇推出的是一款实用的硬顶跑车。激动人心的加速性能由7.2升的选装发动机保证，它将标配的动力从制动马力为300马力提升至385马力。这款车因在1971年的电影《粉身碎骨》中出镜而声名鹊起。

裸露式**油箱盖**

R/T的仪表板包含转速表和油压表

Magnum V8发动机是道奇当时最强劲的发动机

▽奥兹莫比尔 4-4-2 1970款

产　　地	美国
发 动 机	7.456升，V型八缸
最高车速	193千米/时

4-4-2发布于1964年，这些数字依次代表四腔化油器、四速变速器、双排气管。这是1968—1972年的一款独立车型，但它7.46升的巨大发动机在1970年才成为常规配置；同年，4-4-2在印地安纳波利斯500英里比赛中成为领跑车。

前视图

后视图

◁雪佛兰 Nova SS 1971款

产　　地	美国
发 动 机	5.736升，V型八缸
最高车速	172千米/时

这款车型一开始只是作为一个标志性的性能版本而存在，但1968年开始装备的V8发动机使得Nova SS（超级运动版）成为紧凑车型中的速度王者。它有能力在6秒内完成0~96千米/时的加速，而打滑和沉重的转向反而增加了它充满“男子汉气概”的吸引力。

▷庞蒂亚克 火鸟 Trans Am 1973款

产　　地	美国
发 动 机	7.459升，V型八缸
最高车速	212千米/时

这款车通常很容易辨别，因为它的发动机盖上有一个巨大的凤凰标识。第一代火鸟以20世纪60年代后期曾经取胜过的赛事系列命名，虽然Trans Am的动力对这项赛事来说实在是过于强大了。

印度斯坦 大使

莫里斯 牛津3系于20世纪50年代后期在英国停产，在印度它则于同一时期获得重生。它被重新命名为印度斯坦 大使，是第一款完全在印度次大陆生产（而不是仅仅组装）的车型，而且作为“印度道路之王”统治印度市场直到20世纪80年代。“Amby”（大使的昵称）一直销售到2014年5月。

当英国的莫里斯将重心转移到生产新款的、由宾尼法利纳设计的车型时，停产的牛津三厢轿车的生产设备就被运到了印度西孟加拉邦，这使得该车型得以保持生产。虽然沿用20世纪50年代的车型，它的设计还是有了一些改进，包括新的仪表板和有设计感的方向盘。

在一个缺乏自主汽车产业的国家，基本没有消费者会反对这种做法，虽然1.476升侧置气门发动机提供的动力小得可怜，但这并不影响它大卖。此后，这款车型逐步迎来一系列改进，包括一款新的“酒窝”式发动盖、前格栅，一段时间之后，大使的英国血统渐渐被遗忘了。

承载式车身意味着内部空间异常宽敞

出口到英国的车型不得不加装**催化式排气净化器**以满足当地的排放法规要求

前视图

后视图

大使车标
以工厂所在地区命名的印度斯坦 大使是西孟加拉邦印度斯坦汽车公司的6名工程师的主意，该车在上市后很快便成为印度富人们的选择。暗示着阶层的车名使它被认为是印度当地的汽车品牌。

规格	
车型	印度斯坦 大使，1958—2014年
产地	印度乌塔帕拉
产量	超过400万辆
结构	钢质承载车身
发动机	1.416~1.817升，直列四缸
输出功率	制动马力为40~75马力
变速器	四速或五速手动
悬架	前扭杆，后卷簧
制动器	前后鼓式制动
最高车速	111~145千米/时

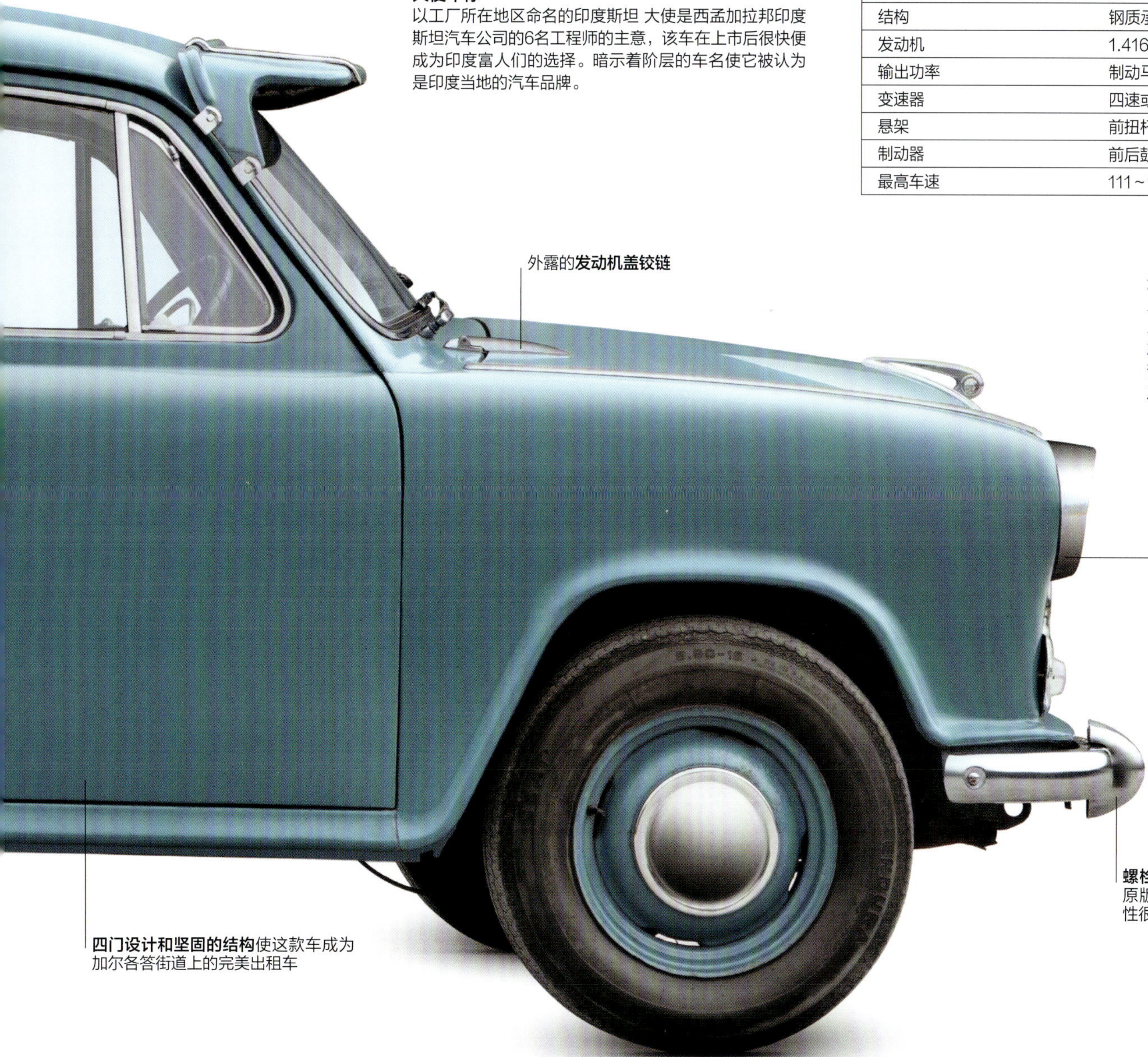

外露的**发动机盖铰链**

造型
虽然进行了大量细节调整，主体车身造型几乎没有变化。它简洁、古典的外观是20世纪50年代的特征，而宽敞舒适的内部空间意味着它会成为印度人最爱的车型之一。

深嵌的**前大灯灯罩**

螺栓紧固的镀铬保险杠显露出原版设计的年代，但它的实用性很高

四门设计和坚固的结构使这款车成为加尔各答街道上的完美出租车

在路上

受欢迎程度远超原版车，这使得印度之外的买家对印度斯坦 大使充满好奇，进而大大提升它对潜在买家的吸引力。以同时代的标准来审视，这款车几乎过时到可笑的地步，而且毫无疑问，从实用性角度来说，其后推出的改款更出色。但许多改进是向成本妥协的结果，反倒是早期的大使看起来更有设计感，车主们也愿意忍受羸弱的性能和欠佳的舒适感。这款车是在印度次大陆生产的第一款车型，也成为备受尊重的国家象征，这也许就足够了。

1. 突出的镀铬散热器格栅在后期车型上被取消
2. 发动机盖立标——20世纪50年代莫里斯汽车的痕迹
3. 可选装遮阳板——在印度比在英国更实用
4. 凸出的油箱口盖
5. 打开状态的前三角窗
6. 小到极致的尾灯
7. “大使”车标在行李箱盖上十分显眼
8. 简单而实用的门内拉手，体现出这款车的设计特征
9. 前后排均为长椅式座位
10. 用旧了的方向盘使印度斯坦的标识更明显
11. 驾驶者要用到的仪表很少

1

2

3

4

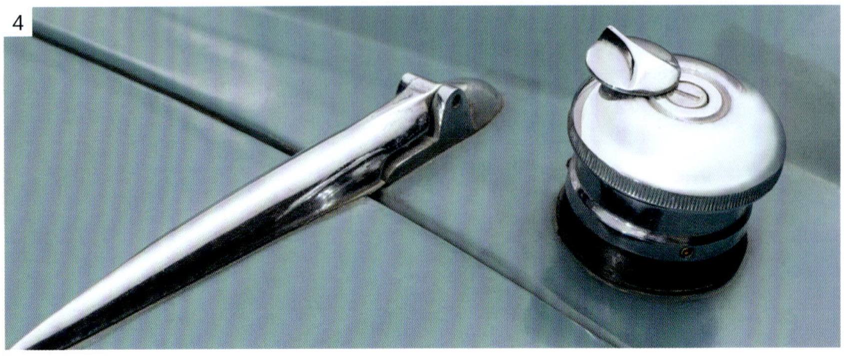

5

6

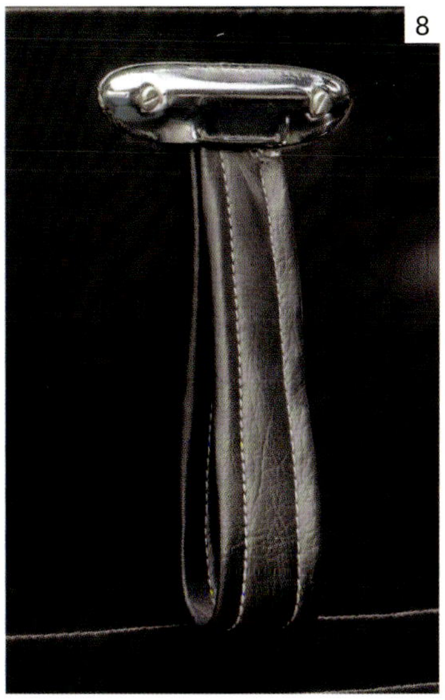
8

9

10

7

11

超级跑车

20世纪70年代，前所未有的大尺寸、大功率发动机带来了更高的极速和更短的加速时间。法拉利是当时的意大利三大超级跑车制造商中最后一个转为中置发动机车型设计的。当时，兰博基尼已经生产了缪拉，正在研发康塔什；玛莎拉蒂推出了Bora和Merak；法拉利则制造了Daytona——它的最后一款传统前置后驱GT车型。随后法拉利便推出了水平对置十二缸的Berlinetta Boxer，携手兰博基尼、玛莎拉蒂和其他制造商进入超跑时代。

激进的发动机
因水平活塞的出拳式工作原理而得名的Boxer式发动机被置于驾驶舱之后。每个合金气缸盖连接着2个凸轮轴，并用组合传动带代替了正时链条。

▷ 法拉利 356 GT4 Berlinetta Boxer 1973款

产　　地	意大利
发 动 机	4.390升，水平对置十二缸
最高车速	281千米/时

Berlinetta Boxer是法拉利第一款中置布局的超级跑车，不仅如此，它还采用了新型发动机。与F1和勒芒赛车的动力单元一样，这是一款水平对置十二缸发动机，变速器安装在下方。这款车仅生产了387辆。

侧视图

▷法拉利 356 GTB/4 Daytona 1968款

产　　地	意大利
发 动 机	4.390升，V型十二缸
最高车速	280千米/时

充满古典雕塑美感却又速度极快的Daytona，是一辆“分裂”的超级跑车：低速时倔强顽固，而在高速下却精妙绝伦。这是最后一辆伟大的前置V12“战马”——至少是一段时间内的最后一辆。Daytona只是它在20世纪70年代的一个绰号，不是官方名称。

◁保时捷 911 卡雷拉RS 1973款

产　　地	德国
发 动 机	2.687升，水平对置六缸
最高车速	240千米/时

保时捷竭尽全力想要把911街车改成一辆能在公路上行驶的赛车。尽量减少配置、轻量化装饰件及更薄的玻璃都降低了车重，而发动机也被升级至2.7升排量、制动马力为210马力。现在，买一辆保时捷911会是一笔稳赚不赔的投资。

▷兰博基尼 Countach 1974款

产　　地	意大利
发 动 机	3.929~5.167升，V型十二缸
最高车速	294千米/时

它是兰博基尼第一款中置发动机的合法街车。它拥有管状车架和升级版缪拉V12发动机——这次是纵向安装，五速变速器安装在发动机的前方，驱动轴通过油底壳向后传递动力以驱动整车。这款车令人激动，即便是以兰博基尼的高标准来评判。

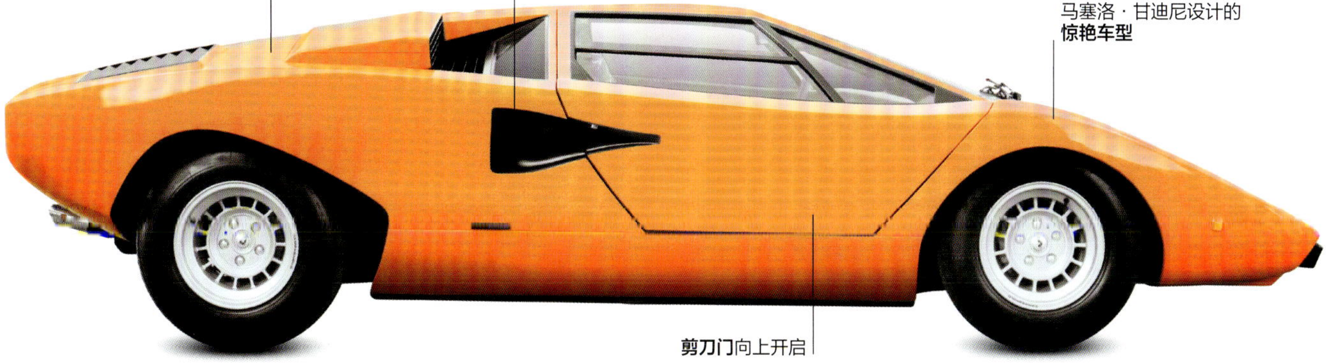

◁宝马 M1 1979款

产　　地	德国
发 动 机	3.453升，直列六缸
最高车速	259千米/时

宝马因一个赛车项目而孕育出一辆公路超跑，乔吉托·乔治亚罗设计的“锋利外衣”包裹着一台强悍的中置六缸发动机，下面是兰博基尼设计的底盘。4年内这款车只生产了453辆，而且其中的20辆还是为了参加昙花一现的Procar系列赛而制造的。

伟大的设计师
柯林·查普曼

作为汽车世界伟大的预言家之一，柯林·查普曼是一个天生的竞争者。为了有足够资金支撑自己制造赛车，他制造了一系列令人眼花缭乱的路特斯公路跑车。查普曼是车身轻量化领域的“魔术师”，也是擅长精准操控性的大师，所有这些能力都被他用在了自己的夺冠伟业中。

生涯大事记

- ▷ **1948年** 柯林·查普曼加入英国皇家空军并在退役之前当过一段时间的飞行员
- ▷ **1952年** 查普曼在父亲位于北伦敦的酒馆后面创建了路特斯工程技术公司，制造跑车
- ▷ **1957年** 里程碑式的Elite成为世界上第一辆玻璃纤维承载式车身汽车，同年，简配版的路特斯Seven投产
- ▷ **1962年** 新推出的Elan为现代跑车树立了品质标杆
- ▷ **1963年** 吉姆·克拉克（Jim Clack）驾驶着单体壳F1赛车Type25帮助路特斯拿到了第一个F1冠军

△ **路特斯 Elan,1967年**
快速、优雅、轻盈的Elan折射出查普曼的轻量化哲学。四轮独立悬架和齿轮齿条转向使这款车也具备了技术上的先进性。

- ▷ **1968年** 格雷厄姆·希尔（Graham Hill）为路特斯摘得F1桂冠，他驾驶的49是第一款将发动机作为底盘承重部件的车型
- ▷ **1976年** 中置发动机的Esprit标志着细节处理方面的一个高峰，它的生产坚持了大约30年
- ▷ **1978年** 查普曼设计的路特斯79引领了F1赛事“地面效应”空气动力学设计潮流
- ▷ **1982年** 查普曼因病去世，年仅54岁

柯林·查普曼从未停下过创新和改革的坚定脚步。这种决心与他过人的才华一起，使他成为一名对赛车充满热情、在设计方程式赛事夺冠车型方面拥有无可比拟的能力的天才工程师。

一切都从1947年的低起点开始。作为一名有工程专业背景的兼职汽车销售员，柯林·查普曼被一项汽车泥地赛事深深吸引。于是，他把一辆卖不出去的老旧奥斯汀 7改装成了泥地赛车，并以“路特斯（莲花）”的名字报名参赛。很快，他将注意力转向了沥青路面赛车，并且迅速凭借自制赛车获得了巨大成功，以至其他赛车手会请求他为自己制造同款赛车。这段经历促使他在1952年创立了路特斯工程技术公司。

同年，查普曼设计出Mk VI——路特斯第一款自主设计底盘的车型。他的设计哲学是使一切部件都尽可能轻，他通过把一款轻量化底盘和最新的悬架相结合而成功地抓住了跑车设计的精髓。1957年的路特斯 Seven大概就是这种“减重至上”设计思路的极致表达，而具备同样设计理念的卡特汉姆Seven至今仍在售。

与此同时，查普曼对赛车的态度也变得更加认真。1954年的Mk VIII和1955年的Mk IX都是令对手胆寒的赛场利器，被汽车制造商和销售商协会吸纳则意味着路特斯可以参加并赢得更有声望的比赛，如勒芒赛事（1956年，路特斯 Eleven在该项赛事中获胜）。查普曼对削减不必要重量的执念使他在1957年对Elite施行了革命性的举措——直接取消独立底盘。这是世界上第一辆采用玻璃纤维单体壳式车身来支撑机械结构的汽车。这个设计最终被证明在量产车型上并不适用，于是查普曼在1962年的Elan上做了进一步的创新，简单的中梁式车架和在当时稀有的双凸轮轴发动机使它能够在道路上轻松战胜同时代的所有竞争者。作为一款在各方面都有巨大升值潜力的车型，它既受欢迎又卖得好，销量超过11000辆。

路特斯 Esprit, 1976年
由乔治亚罗设计的Esprit在全世界享有盛名，因为它出演了詹姆斯·邦德系列电影《海底城》。与电影中有所不同，量产版的标准Esprit不能变成一辆潜艇。

路特斯的成功有一部分要归功于在F1赛事中的胜利。公司在F1赛事中的首场胜利于1960年由斯特林·莫斯取得，随后，1963年和1965年的吉姆·克拉克、1968年的格雷厄姆·希尔都代表路特斯参赛并获得了冠军。

随着赛车的发动机布局从前置转向中置，查普曼尝试着对量产车也进行同样的革新。1966年，路特斯

> “他是一位杰出的设计师，但对胜利的极度渴求有时会让他站在危险的边缘。”
>
> ——斯特林·莫斯

路特斯 Elite，1960年

仪表板，路特斯 Esprit，1976年

将总部搬至诺福克，同年，世界上最早的发动机中置量产车之一Europa问世，它也为操控性树立了新标杆。

路特斯飞速成长，很快就告别了销售汽车配件的岁月。品牌的设计理念也在进化，柯林 · 查普曼只会去制造他想要驾驭的车型，而他的喜好范围也在逐渐变广。1974年的Elite是路特斯第一款四座豪华跑车，而它也标志着这家公司向成熟的新愿景迈进——它正在成为英国的保时捷。

胜利和悲剧

随后而来的是Esprit，一款由乔吉托 · 乔治亚罗设计的杰出的发动机中置跑车，而它也让路特斯汽车又一次成为侪辈中的操控性最佳者。事实上，Esprit是概念和执行力的双重奇迹，这使它持续生产了28年，直到2004年。

好景不长，1982年，查普曼因病离世。在他去世之后，路特斯寻求外部投资，并且进行了咨询工作。通用汽车在1986年收购了路特斯，但公司却自此陷入起伏不定的命运：不久后被卖给了布加迪，然后是马来西亚的宝腾。

然而，查普曼的宝贵遗产——创新从未离开过路特斯。1996年的Elise使路特斯回归根本。这款车的轻量化、纯粹感、创新性和科技感是查普曼的设计理念的完美呈现。

赛车发动机
格雷厄姆 · 希尔（中）、柯林 · 查普曼（右）和考斯沃斯公司的麦克 · 克斯汀（Mike Costin）一起检查一台发动机。希尔在1968年帮助路特斯在赛场上赢得了胜利。

超级小型汽车

小型汽车在20世纪70年代飞速进步。两厢掀背车型的普及使得小型汽车比以往任何时候都更实用、适应性更强。许多制造商采用前驱布局，这也提高了空间利用率，让紧凑的尺寸能容纳更多乘客和行李。前驱布局还带来了安全、稳定的操控性，这对于主流汽车而言非常理想。然而，一些生产商却逆潮流而动，将那些（至少能适合小型性能车的）老款车型遗留下来的后驱平台用在了新车上。

▽ **菲亚特 127 1971款**

产　地	意大利
发 动 机	0.903升，直列四缸
最高车速	134千米/时

菲亚特一贯善于制造精美、快速的小型汽车，127的成功又一次证明了这一点——卖出了370万辆。早期车型带有行李箱，但菲亚特很快就推出了掀背版本。1300 Sport版本搭载了一台1.3升发动机，最高车速可达153千米/时。

▷ **雷诺 5 1972款**

产　地	法国
发 动 机	0.956升，直列四缸
最高车速	138千米/时

雷诺5拥有简洁、现代的三门车身造型，物有所值的价格，6种动力选择（0.782～1.397升），还有四轮独立悬架。当红的Alpine和Gordini版本，以及人气极高的中置发动机Turbo版本为这个系列注入了速度和激情。

◁ **标致 104 1972款**

产　地	法国
发 动 机	0.954升，直列四缸
最高车速	135千米/时

标致的第一款小型汽车以斜背四门车的形式呈现，然后是掀背五门车版本。随后一款是更短的三门104 Coupé，全新的发动机和独立悬架提升了它的吸引力。宾尼法利纳基于104设计了一款Peugette敞篷跑车，但它并未投入量产。

▽ **大众 Polo 1975款**

产　地	德国
发动机	0.895升，直列四缸
最高车速	129千米/时

大众以Polo完成了现代化革命。这款车在1974年以奥迪 50的身份出现。它有新款前置发动机、全独立悬架、前轮驱动系统，以及0.9～1.3升的可选发动机。Polo和它的同门高尔夫是大众在20世纪70年代的市场主力。

▷ **福特 Mk1 嘉年华 1976款**

产　地	西班牙
发动机	0.957升，直列四缸
最高车速	127千米/时

福特在欧洲推出的第一款小型汽车只有四挡变速器，属于入门级，但也有排量高达1.6升的发动机供选择，价格也很有竞争力。截至1983年停产，其销量达到175万辆。嘉年华在西班牙、英国和德国生产。图为XR2版本。

◁ **沃克斯豪尔 Chevette HS 1978款**

产　地	英国
发动机	2.279升，直列四缸
最高车速	185千米/时

大多数Chevette都是平平无奇的1.3升排量两厢/三厢车，但沃克斯豪尔将这款过时的后驱平台加装了大号的16气门发动机，从而创造出一款高性能版本。2300HS很快成为拉力赛中的悍将，向福特 Escort RS发起挑战。

英国跑车

经典的发动机前置、后轮驱动软顶敞篷跑车在20世纪70年代看上去危机重重。美国的新排放法规削弱了发动机动力，使欧洲车型依靠减重和降低动力求得生机。除此之外，安全方面的考虑使丑陋的抗冲击保险杠大行其道，甚至出现了完全禁止敞篷车的建议。但跑车还是得以幸存，甚至发展得更好了。

英国腔调
TR6的驾驶界面是考究的英国敞篷跑车的缩影：抛光木材仪表板，黑底白字仪表盘——便于透过三辐方向盘来观察，粗短的挡把；大面积的亚光黑削弱了炫酷感。

▷ 凯旋 TR6 1970款

产　　地	英国
发 动 机	2.498升，直列六缸
最高车速	192千米/时

1968—1976年在产的TR6像所有TR车系成员一样“肌肉发达”，其造型与TR5相似，但前脸和尾部更方。有些人抱怨，TR6就像动力大到失衡的大版希利，但这恰恰使它更具驾驶乐趣。

独立后悬架
装有螺旋弹簧

车身由卡曼重新设计

圆形前大灯
是一个显著特征

坚固的
钢质独立车架

波浪线
侧面轮廓是从TR4到TR4A，再到TR5/TR250的自然发展，但TR6与众不同的“切断式”设计是由德国的卡曼而非意大利的米切洛蒂完成的。

六缸发动机
装有卢卡斯燃油喷射系统

侧视图

发动机罩下的动力
所有TR6共享基础款2.5升直列六缸发动机。在美国（这款车的主要市场），它装有化油器，制动马力只有105马力；但在欧洲市场，它却拥有燃油喷射技术加持的150马力的制动马力，随后又被调整到124马力。

◁路特斯 Elan Sprint 1971款

产　　地	英国
发 动 机	1.558升，直列四缸
最高车速	193千米/时

作为第五款、最后一款，也是有争议的“最能体现柯林·查普曼设计理念的标杆级跑车”的车型，Elan Sprint的大气门双凸轮轴发动机可以提供126马力的动力，它还拥有五速变速器和醒目的喷涂。它在道路上的表现很棒，这要归功于四轮独立悬架。

▷简森-希利 1972款

产　　地	英国
发 动 机	1.973升，直列四缸
最高车速	193千米/时

简森汽车公司制造的这款敞篷跑车由传奇跑车设计者唐纳德·希利设计，是第一款使用路特斯新款发动机的车型。这款车开起来很棒，也很省油，但有时不太稳定。昙花一现的旅行车版本被称为简森 GT。

◁MGB GT 1974款

产　　地	英国
发 动 机	1.798升，直列四缸
最高车速	169千米/时

MGB GT的斜背车身比MGB跑车的更顺滑，因此GT的最高车速也更高。这车也更实用，尾门打开后就是实用的行李箱，而车厢里还有2个小的后座。

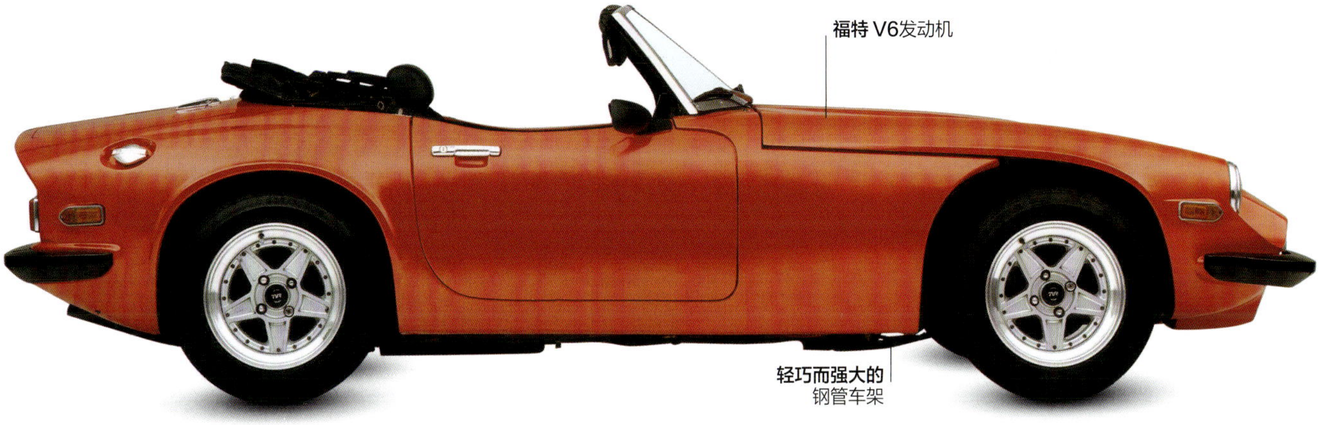

▷TVR 3000S 1978款

产　　地	英国
发 动 机	2.994升，V型六缸
最高车速	195千米/时

英国布莱克浦跑车制造商TVR在创立品牌30年后生产了这款敞篷车。作为搭载福特 V6的3000M的敞篷版本，它拥有充沛的动力、超轻的重量、极快的速度，以及品牌引以为傲的精密操作。

早期丰田卡车的生产过程

伟大的品牌
丰田的故事

20世纪60年代，丰田走在日本汽车工业向出口转型的前列，在世界各地建立自己的工厂。丰田是拉力赛中的有力竞争车队，但它在F1赛事中的表现却并不佳。近年来，丰田因质量问题而遭受冲击，但它仍然是世界第一大汽车制造商。

丰田佐吉（Sakichi Toyoda）在1897年发明了日本的第一台动力织布机，他的儿子丰田喜一郎（Kiichiro Toyodo）在1924年制造出自动织布机。1929年出访美国和欧洲后，喜一郎开始尝试制造燃油动力发动机。1933年，丰田自动织布机工厂变身为丰田汽车公司。虽然这个举动被一些人认为是在冒险，日本政府还是鼓励了丰田的多元化发展，因为日本政府希望推动本国的家用汽车生产。

宣传早期丰田Celica的海报

丰田购买雪佛兰和德索托汽车，然后将它们拆分并进行细致研究，研究的成果体现在丰田的第一批车型——1935年的A1轿车和G1卡车（很快就被分别升级为AA和GA车型）上，它们全部搭载制动马力为65马力的四缸A型发动机。1937年，丰田Toyota（代替原有的Toyoda）正式启用，而且汽车业务被拆分出来成立了独立的公司。

第二次世界大战期间，丰田专注于卡车生产和发动机研发。1947年，公司以一款小型车Toyopet SA重返乘用车市场。1958年，丰田开始向美国出口虽慢但结实可靠的皇冠三厢轿车。当时，公司的下一步计划是研发一款紧凑的经济型轿车——后来的卡罗拉，它拥有动力胜过竞争者的1.077升四缸发动机、四挡变速器（当时的很多同级车型只提供三挡变速器）、现代的支柱式前悬架，以及最低的维护要求。1966年发布的卡罗拉迅速取得巨大成功，使丰田汽车在1969年之前出口量超过100万辆。丰田在出口市场大获成功，以至美国、英国等出口目的国都用进口关税来保护自己的汽车工业，帮助它们对抗新兴的、来自日本的竞争者。

丰田的出口量直到20世纪70年代仍在随着新一代卡罗拉的面世（卡罗拉最终也成为有史以来销量最大的车型）和Corona、Carina、Celica的引入而增长。所有这些车型都可靠而高效，唯独驾驶体验略差。丰田决定为看重速度的车迷打造车型，并且取得了不可思议的成功。80年代的后驱AE86卡罗拉GT因其操控性和生机勃勃的、制动马力为128马力的燃油喷射直列四缸发动机而闻名，而同款发动机还被中置于受欢迎的MR2跑车上。但这些只是丰田产品线上的几个闪光点而已。

丰田的形象通过世界拉力锦标赛得到进一步提升，四轮驱动的Celica GT-Four参与了20世纪90年代的比赛。以德国车手为主的丰田欧洲车队，在1990年和1992年由卡洛斯·赛因斯带领车队获得冠军，1993年的尤哈·坎库宁和1994年的狄迪尔·奥里奥尔也相继夺冠。但丰田车队在1995年因使用了违规的旁路空气节流器系统而被禁赛。1998年，丰田将注意力转向跑车赛事，但新研发的GT-One从来没有达到丰田的期望。下一个赛场是F1，但故事的发展却如此相似。10年的F1历程中，丰田投入了巨额资金，但却收获寥寥，只有加诺·特鲁里和蒂姆·格洛克各获得了几个第二名。

但丰田在全球市场的巨大成功仍在持续上演，并且为了规避进口壁垒，丰田在日本之外的最大市场投入了新的生产设备。丰田在1997年推出了第一款大批量生产的混合动力车型普锐斯，并在2014年之前超越了大众和通用，成为世界最大的汽车制造商。尽管一系列因存在安全

丰田 皇冠硬顶跑车，1971年
20世纪70年代的皇冠跟随美国汽车的设计趋势，动力单元是一台2.6升直列六缸发动机。

“MR2……为很多领域设立了新的标杆，开起来也极其有趣。”

——《汽车》杂志对丰田MR2的评价，1985年3月

丰田MR2，1984年
菲亚特 X1/9开拓了入门级中置跑车的市场，但这辆丰田是在品质、性能和操控性方面的一个提升；可选配置包括一款T形钢车顶和一个机械增压器。

隐患导致的召回事件使人们质疑丰田汽车的质量，但这对丰田的销量的影响并不大。

随着大众因销量问题和排放丑闻放缓了发展步伐，丰田重回世界最大汽车制造商的宝座，并且看上去还会在宝座上停留一段时间。

丰田 Celica，1971年
这是日本汽车工业对欧洲的福特Capri和欧宝Manta做出的回应：一款兼具普通动力和强悍动力的运动跑车。

未来的经典

Supra 丰田的旗舰性能跑车在A80这一代加快了步伐。在线条优雅的车身之下是双涡轮增压3.0升直列六缸2JZ发动机，其涡轮增压器持续工作以降低涡轮迟滞。日本市场销售的车型制动马力为280马力（日本车企达成君子协定，日本本土跑车的发动机最高功率被限制在这个水平），但欧洲的Supra达到了制动马力为326马力，可以在4.6秒内完成0—96千米/时的加速。

丰田 Supra 1992款

产　地	日本
发动机	2.997升，直列六缸
最高车速	250千米/时

外型、性能都出众的双涡轮增压Supra，在提供超跑速度的同时价格也十分合理。

GT86 丰田提出设想，而后由斯巴鲁（由丰田部分控股）提供水平对置四缸发动机，由此便完成了这个新后驱平台的大部分研发工作。其结果就是一辆造型奇特、动力刚刚合适的小型跑车。它的操控性却在同价位车型中拥有无与伦比的响应速度和调整范围，这让它开起来充满乐趣。GT86在美国以Scion FR-S之名销售（直到这个品牌在2016年被关停），也同时作为斯巴鲁BRZ来生产。

丰田 GT86 2012款

产　地	日本
发动机	1.998升，水平对置四缸
最高车速	233千米/时

丰田和斯巴鲁合作研发出一款强调操控性的运动跑车。

马自达 Cosmo 110S

Cosmo（意为“宇宙”或“世界主义”）110S得名于太空竞赛时代，是马自达一款精致双座硬顶旗舰款跑车。在1967年发布时，它是日本第一款运用了转子发动机的量产车。这家位于广岛的公司希望展示出自己敢于创新、富有远见和特立独行的形象。

Cosmo在1964年的东京车展上以展车的形象初次亮相。随后，这款车进行了小规模试制以供工厂和经销商评估。1967年正式发布时，它最与众不同的特征是双转子的汪克尔转子发动机。没有传统气缸、排量不足1.0升的Cosmo，却能提供110马力的制动马力，这意味着它的最高时速可以达到185千米。

这款车以每天一辆的速度手工打造，截至1972年停产，产量超过1 500辆，其中的2辆驶向了赛道，一辆还在德国纽博格林的84小时马拉松耐力赛中获得第四名，展现出非常规发动机的韧性。

侧视图

前视图

后视图

马自达车标
1962—1975年，马自达程式化的M字标取自公司创始人松田重次郎（Jujiro Matsuda）名字的首字母，但对很多亚洲车主来说，这个名字也和象征智慧的神阿胡拉·马兹达（Ahura Mazda）有关。

规格	
车型	马自达 Cosmo 110S，1967—1972年
产地	日本广岛
产量	1 519辆
结构	钢质承载车身
发动机	0.982升，双转子汪克尔发动机
输出功率	制动马力为110马力
变速器	四速手动
悬架	前螺旋弹簧，后板簧
制动器	前盘式制动器，后鼓式制动器
最高车速	185千米/时

造型
通过借鉴竞争对手的造型手法，如路特斯 Elite和法拉利 410 Super America，马自达的设计师们创造出了新颖、现代、与众不同的车型，它还带有一些太空时代的神秘感。

在路上

家用车制造商马白达向新的版图迈出了一步——除了推出Cosmo，品牌还用行动明确宣告了对全新技术的信任，如在1991年勒芒24小时耐力赛上的轰动性胜利。

疾驰如飞而又造型出众的Cosmo，随着时间流逝越发显得迷人。它的转子发动机提供了与同侪迥异的驾驶体验，平顺的动力输出掩盖了娇小的发动机尺寸。作为“一家有远见的小公司，通过愿景和正确的技术选择，能达到怎样的高度”的典范，Cosmo在汽车史上值得留名。它在20世纪60年代显得极为特别，而今依然如此。毫无疑问，它是一辆真正的经典汽车。

1. Cosmo的命名折射出当时的时代精神
2. 封闭式大灯提供了良好的空气动力学性能
3. 前翼子板上秩序井然的细节
4. B柱侧面的座舱通气孔
5. 有格调的尾灯组
6. 运动风格的内饰、乙烯基装饰和传统的木制方向盘
7. 全套仪表强调了运动风格
8. 短行程的换挡杆有助于快速换挡
9. Cosmo的革命性汪克尔转子发动机极其紧凑

3

1

2

4

5

6

7

8

9

高性能轿车

优质的轿车致力于提供一切能提高性能以及适于炫耀的手段。老套的做法是把一台硕大的、笨重的V8发动机塞进中等尺寸的车身，德国的奔驰和英国的罗孚用的就是这种方法。高性能轿车的制造商采用了更小的发动机，但却增加了一些先进的技术：燃油直喷是提升效率的一种途径，而多气门气缸盖也成了改善发动机进气和提升发动机动力的常规手段；另一项技术是涡轮增压，这项技术由萨博在1978年引入主流汽车界，很快就在汽车工业中推广开来。

▽宝马 3.0 CSI 1972款

产　地　德国

发动机　2.985升，直列六缸

最高车速　209千米/时

为了给“大六缸”发动机提供空间，宝马拉长了四缸2000 C/CS硬顶跑车的车身，从而打造出了这款经典车型。起初是采用一款2.8升发动机，而这款最终敲定的燃油喷射3.0 CSI在1971年推出。这款车型也催生了1972年的轻量化版3.0 CSL，它在房车赛事中证明了自己。

◁凯旋 Dolomite Sprint 1973款

产　地　英国

发动机　1.998升，直列四缸

最高车速　185千米/时

凯旋善于以低成本生产造型诱人的创新车型。Dolomite的造型在20世纪70年代早期略显老气，但Sprint使它重焕生机。它灵巧的16气门发动机——凯旋也是最早在量产车型中运用16气门发动机的企业之一——使它的性能足以挑战宝马 2002系列。

▷雪铁龙 CX2400 1974款

产　地　法国

发动机　2.347升，直列四缸

最高车速　182千米/时

作为雪铁龙DS的继承者，这款车将前任车型的创新和一款横置发动机相结合，增大了乘用空间。车内饰也极尽前卫之能，在方向盘的两边设置了后视镜调节功能。1985年经历了一次改款后，它一直生产到1989年。

大六缸
CSI出众的六缸发动机可输出200马力的制动马力，这也有赖于博世的燃油喷射技术；没有喷射技术的姐妹车型CS则为180马力的制动马力。较高的底盘使它成为一辆称职的长途旅行用车，售出的许多辆为自动挡车型。

动力与精致
CSI拥有运动座椅和三幅运动方向盘，转向助力则是其标配，这也是该车唯一一处向驾驶便利性妥协的地方。这是一辆紧凑、操控性精良的车，它可以轻松驾驭高速公路，也可以征服多弯路段。

拥有博世燃油喷射技术的**六缸发动机**

大倾斜角度的**风挡**

前视图

特别定制
每一辆宝马六缸硬顶跑车都由德国奥斯纳布吕克的车身制造商Karmann按照合同打造。同样的车身框架也被用在精妙绝伦的CSL赛车上，只不过CSL赛车使用了铝质的发动机、行李箱盖和车门。

掀背车身在罗孚汽车上被首次应用

全合金罗孚V8发动机以别克设计的一款发动机为基础

车身设计灵感源自**宾尼法利纳 BMC 1800**

◁ **罗孚 3500 SDI 1976款**

产　　地	英国
发 动 机	3.528升，V型八缸
最高车速	201千米/时

虽然拥有高颜值、高规格和高性能，SDI还是在20世纪70年代很快获得了“质量差”的差评。赛场中的胜利挽救了它的形象。升级之后以Vitesse车型于1982年重新面世后，安迪·劳斯驾驶着它取得了1984年英国轿车锦标赛的胜利。它在欧洲大陆和澳大利亚的汽车赛事中也取得了胜利。

扇形的**尾部轮廓**

符合空气动力学设计的**风挡玻璃**

▷ **萨博 99 Turbo 1977款**

产　　地	瑞典
发 动 机	1.985升，直列四缸
最高车速	196千米/时

以燃油喷射的EMS车型为基础打造的Turbo加装了一台盖瑞特涡轮增压器来增加动力。萨博用100辆原型车测试了470万千米，并对它的卓越表现很满意。稀有、小众且具有历史意义的99 Turbo是毋庸置疑的经典。

概念车面面观

乔吉托·乔治亚罗的Italdesign（见第264～265页）是20世纪70年代全世界最具影响力的汽车造型设计公司。阿尔法·罗密欧的Alfasud和大众 高尔夫将乔治亚罗的原创设计交到了各级别的车主手中。

勇敢新世界

20世纪70年代见证了Italdesign一系列概念车的发布，这个名字始终保持在设计趋势的前沿。例如，以玛莎拉蒂为基础的飞梭造型高级轿车Medici II，凭借玻璃车顶等新奇特征在车展上吸引了大量观众的眼球。它在机械结构上基于玛莎拉蒂 总裁，但却加装了曾在赛事中证明自己的4.9升V8发动机。Medici II是一款有4个奢华座椅的超豪华车型，这款漆成闪闪发亮的银色的车，只差一点就达到了2米宽。然而，意大利的车身制造传统只不过是它创造性文化遗产中最年轻的。也许这就是为什么对比鲜明的历史古迹（如米拉大教堂广场）常常被选作体现时代精神的宣传片的拍摄地。

米兰大教堂广场的历史氛围透过Italdesign公司为玛莎拉蒂Medici II设计的开放式车顶被尽收眼底，1974年。

引人注目的轿车和GT车型

科技的进步使20世纪60年代最好的轿车和GT车型在20世纪70年代变得更好。高端车型的动力配置通常是美国制造的V8发动机，虽然它们也会使用V6和V12发动机。这些车型都可以提供惊人的性能和调校，起动时的轰鸣声扣人心弦。独立悬架和盘式制动器都是标配，自动变速器一般也可以选配。这是个性化设计的时代，汽车制造商们将20世纪60年代的曲线和新的硬边、楔形设计及空气动力学性能有机结合起来。

△雪铁龙 SM 1970款

产　地	法国
发 动 机	2.67升，V型六缸
最高车速	220千米/时

当时，玛莎拉蒂在雪铁龙旗下，所以这款极致流线型的轿跑车的动力来自一台90°夹角的玛莎拉蒂V6发动机。作为典型的雪铁龙工程设计，采用了液压气动悬架，转向和刹车也使用了高压液压系统。彼时的它在道路上有着独有的造型和驾驶感受。

▽德·托马索 多维尔 1970款

产　地	意大利
发 动 机	5.763升，V型八缸
最高车速	230千米/时

虽然是乔西亚的设计，但四门的多维尔依然不占优势，因为它的造型与捷豹XJ12相似（性能也与之相近），但价格却是XJ12的2倍。多维尔只进行过小批量生产，但直到20世纪80年代后期仍可以买到。

◁别克 Riviera 1971款

产　地	美国
发 动 机	7.458升，V型八缸
最高车速	201千米/时

别克的招牌轿跑车被赋予了专属于20世纪70年代的全新炫酷造型。它的尾楫式车身因为曲线惊人的车窗而得以实现——灵感来自科尔维特 Stingray。虽然配备了V8发动机，但别克逐渐降低了它的动力来遵守排放法规。

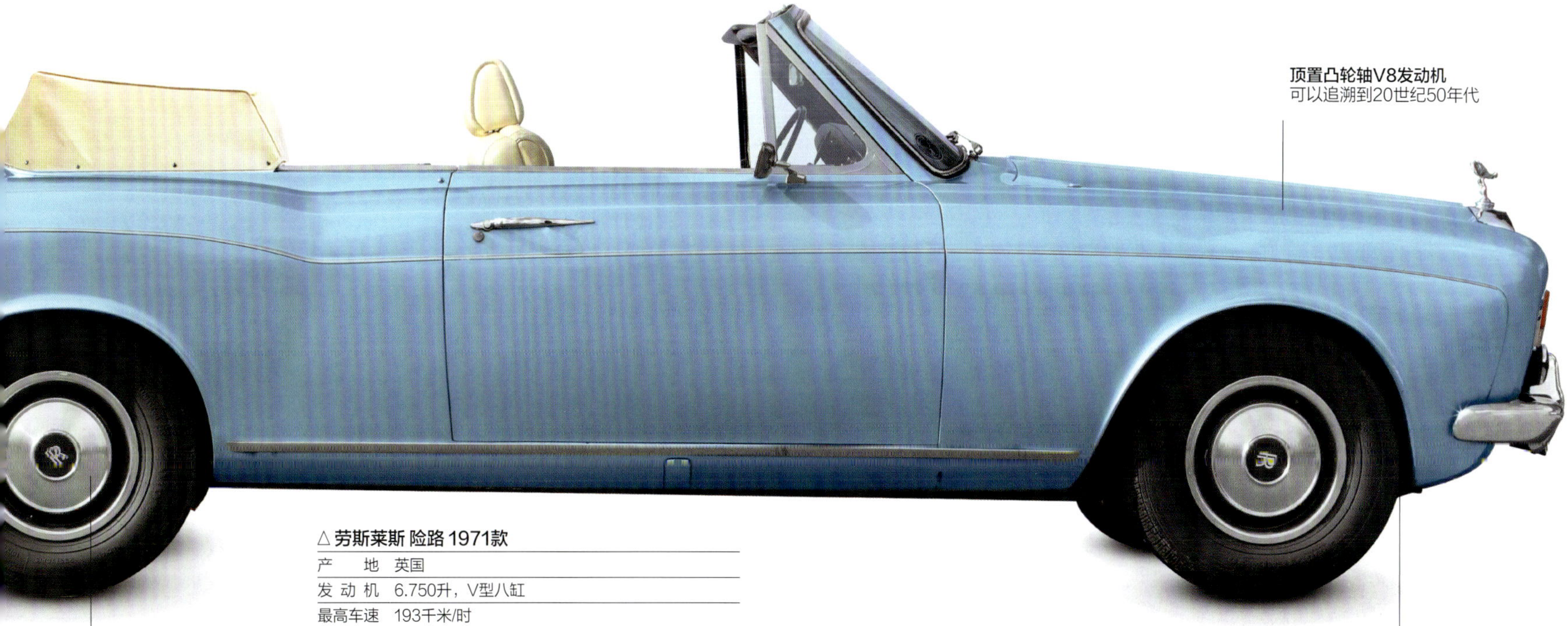

△劳斯莱斯 险路 1971款

产　　地	英国
发 动 机	6.750升，V型八缸
最高车速	193千米/时

在推出承载式车身的银影之后，劳斯莱斯并没有止步，它们将承载式车身结构继续运用在了险路这款优雅的双门硬顶/敞篷跑车上。1977年的改款险路二代配备了全新的仪表板、更好的空调，以及更精确的齿条齿轮转向。

▽阿斯顿·马丁 V8 1972款

产　　地	英国
发 动 机	5.340升，V型八缸
最高车速	259千米/时

大型、强力的阿斯顿·马丁 V8，其发动机可提供282～438马力的制动马力，犀利的造型由威廉·唐斯设计。由于取得了巨大成功，这款车持续生产了20年。高性能的Vantage版本是当时加速最快的四门车型，而Volante版本则是一款优雅的敞篷车。

▽法拉利 400GT 1976款

产　　地	意大利
发 动 机	4.023升，V型十二缸
最高车速	251千米/时

与法拉利的传统跑车不同，400系列是为长途旅行而设计的，可以容纳1名驾驶者和3名乘客，它也是法拉利第一款使用自动变速器的车型。虽然法拉利传统跑车的车迷认为入手400系列值得商榷，但它的销量很高。

亨利·福特坐在试验用四轮车上，1890年

伟大的品牌
福特的故事

亨利·福特是第一个应用流水线制造汽车的汽车生产商，福特T型车也是其所在时代销量最高的车型。亨利·福特创立的福特汽车公司曾在数十年内一直是世界上最大的汽车企业，并且拥有整个行业中最广的产品线。

16岁的福特以机械师的身份在底特律开始工作，而且他在业余时间试验过各种新奇的汽油机。1896年，他制造了自己的第1辆“自动马车”，1898年又制造了第2辆。福特的设计得到了底特律商人威廉·H. 墨菲（William H. Murphy，他创建了底特律汽车公司）的支持，他任命福特为技术主管。然而，此次的大胆尝试进展甚微，并于1901年宣告失败。福特后来成立了自己的汽车公司，但却无法生产出一辆整车。当他的赞助商将汽车企业家亨利·M. 利兰聘为顾问时，福特离开了公司，这家公司其后被重组为后来的凯迪拉克。

福特在1903年创立了福特汽车公司，终于，一款整车——双缸的A型车投入量产。公司随后推出的是四缸的B型车和六缸的K型车，它们的问世源于福特的合伙人亚历山大·马尔科姆森（Alexander Malcomson）对公司打入高端市场的追求。然而，福特希望专注于低价车型，于是他在1906年买断了马尔科姆森的股份，以便畅通无碍地推行低价车路线。

这条路线在1908年催生出他最成功的一款车——T型车。这款仅售850美元的“轻快小型车”比大多数汽车都便宜，但却提供了整洁新潮的造型、全新的四缸发动机及易于操作的变速器。这款车型大获成功，以至福特不得不调整生产方式来满足需求。1913年，公司率先使用生产流水线，将制造一辆T型车的时间从大于12小时缩短到仅93分钟。

但是，“成也T型车，败也T型车”。亨利·福特无视竞争者们都在努力追赶甚至超越T型车的事实，直到1927年T型车已经被其他车型远远甩在了后面。福特没有为它准备换代产品，公司的汽车生产因此中止了6个月，用来准备新款A型车。

福特的儿子埃德塞尔（Edsel）曾被看好可接管公司，但他英年早逝，因此福特于1947年逝世后，接管公司的是埃德塞尔的儿子亨利·福特二世。第二次世界大战之后，公司率先尝试了新的细分市场，推出了1955款雷鸟和1964款野马，并因此获得了物美价廉的好名声。在欧洲，福特的Anglia、Cortina和Escort则在销量榜名列前茅。福特并未把自己的定位局限在平庸的家庭用车上：它在20世纪60年代创建了一个“总体性能”项目，这使福特在其重视并且尝试参加的任何一项汽车赛事中都获得了成功。先进的V8车型在印地安纳赛事和NASCAR中取胜，GT40则在勒芒赛中击败了法拉利；在欧洲，Anglia证明自己是一辆优秀的房车赛车，而Escort成为拉力赛中的有力竞争者。福特还赞助了考斯沃斯DFV发动机的研发，后者也成为一级方程式历史上最成功的发动机，并在经过涡轮增压改装后作为CART赛事和印第安纳赛车的动力再次闪耀光辉。

福特Anglia105E，1959年
通过这款造型酷酷的车，福特把驾驶乐趣添加到经济型车中，配置了四速同步啮合变速器和运转欢快的发动机。

福特雷鸟，1958年
雷鸟最初是一款相对紧凑的车，上市4年后，1958年的雷鸟在车身长度、车身重量和豪华程度上都有所提升，而设计也更加精雕细琢。

“第四代Cortina拥有前任车型借以扶摇而上冲击销量榜顶端的所有属性。”

——《汽车》杂志，1976年10月

然而，福特的口碑在20世纪70年代遭遇了严重打击，原因是Pinto微型车存在安全隐患，这导致150万辆Pinto被召回，这也是截至当时规模最大的召回事件。1980年，问题不断涌现，公司不得不竭力应付能源危机带来的影响。福特用空气动力学车身设计应对危机，并且凭借J. 梅斯在设计上的引领和理查德·帕里-琼斯在技术上的支持赢得了新一代消费者的青睐。

福特在不借助政府援助的情况下成功渡过2008年的金融危机，虽然也被迫出售了多个子公司，包括赫兹租车公司、沃尔沃、阿斯顿·马丁、捷豹和路虎。如今，公司在美国市场已经扭亏为盈，并在欧洲继续发展其著名品牌野马，同时也推出了混合动力和电动车型。

福特 野马，1964年
消费者对这款福特“个人汽车”的需求十分强烈，其销量在不到2年的时间里就达到了100万辆。

未来的经典

Racing Puma Puma硬顶跑车在位于博勒姆的福特拉力赛工程师的再创造下，拥有大号Alcon制动系统、更宽的轮距、宽大的铝质翼子板、桶形座椅，以及更强的动力。FRP发动机源于标准的1.7升Puma动力单元，更高配置的凸轮轴和更顺畅的进排气系统释放出了额外的动力。它因高昂的价格而销量不佳，因此最终只有500辆被生产出来，并且全部由Tickford公司生产制造，这家公司此前还组装过Sierra RS 500。

福特 Racing Puma 1999款

产　地	英国
发动机	1.679升，直列四缸
最高车速	195千米/时

这辆曲线优美的福特限量版跑车，拥有吸引人的动感造型和拉力赛车基因。

GT 福特在2002年以一款概念车开始了对GT40的复刻，2004年又跟进了量产版GT。它并不仅仅是一款新瓶装旧酒的车：它拥有超塑成型的铝质底盘和铝质车身，而且比旧款赛车的尺寸有了显著增加。动力来自一款5.4升每缸四气门版本的福特模块化发动机，并且通过一台Lysholm双螺旋机械增压器榨取动力。这款完美融合了经典造型和21世纪新科技的车型只生产了4000多辆。

福特 GT 2004款

产　地	美国
发动机	5.409升，V型八缸
最高车速	332千米/时

虽然看起来很像1960年的GT40，但这是一款全新车型，拥有合金底盘和车身，还有机械增压的V8发动机。

掀背车

掀背车是20世纪70年代的潮流趋势。几年间，几乎所有小型车都演变为发动机前置、前轮驱动的布置形式和半旅行车式的车身形式（三门或五门的设计旨在提升实用性）。可完全放倒的后排座椅也提升了多功能性。分隔式座椅（座椅可以一边放倒，而另一边保持原状以供乘客使用）提升了掀背车的适用范围。“小钢炮们”（如大众高尔夫 GTi）被注入了高性能和现代跑车造型风格，但保留了大多数实用性。它们被证明广受市场欢迎。

节能设计
美国汽车公司的首席设计师理查德·A. 蒂格（Richard A. Teague）主持了Pacer的空气动力学设计，以应对20世纪70年代的两次石油危机。这款车平顺的外形收获了相对较低的风阻系数，但大功率发动机却增加了油耗。尽管如此，这款车的销量依然不错。

▷ AMC Pacer 1975款

产　地	美国
发动机	3.802升，直列六缸
最高车速	148千米/时

广告宣传语为“第一辆宽体小型车”的Pacer，拥有三厢轿车式的座舱划分和欧洲通勤班车式的前鼻，没有常规的车尾。然而，它并不提供驾驶者对一款紧凑车型所期望的燃油经济性。

紧凑与“奇葩”
作为为更适应全尺寸车型的美国消费者而设计的紧凑车型，Pacer为1名驾驶员和3名乘客提供了空间。它很快得到了“飞行鱼缸”的绰号。

侧视图

▷ **奥斯汀 Maxi 1969款**

产　地	英国
发 动 机	1.748升，直列四缸
最高车速	156千米/时

亚历克·伊兹高尼的设计才华在他退休前的最后一个作品——横置发动机的Maxi上展露无遗。Maxi拥有液压补偿悬架和五速变速器（在那时很稀有），但它的线束工作却被证明不够可靠。Maxi在20世纪70年代卖得较好。

◁ **大众 高尔夫 GTI 1975款**

产　地	德国
发 动 机	1.588升，直列四缸
最高车速	180千米/时

作为大众设计师业余时间的工作成果，高尔夫 GTI取得了现象级的优秀销量，并为“小钢炮”时代的到来树立了标杆。自此之后，GTI版本成了每代高尔夫车系的核心成员之一。

▷ **雷诺 14 1976款**

产　地	法国
发 动 机	1.218升，直列四缸
最高车速	143千米/时

雷诺一共售出了大概100万辆这款梨形的五门掀背车。它以一款杜夫兰出产的横置倾斜发动机为主要特征，变速器位于油底壳，这套系统与标致104和雪铁龙Visa共享。虽然车内空间大且乘坐舒适，但它却容易生锈。

◁ **菲亚特 Strada/Ritmo 1978款**

产　地	意大利
发 动 机	1.585升，直列四缸
最高车速	179千米/时

菲亚特以机器人制造作为这款车的卖点，它的几何线条使一些人确实有此错觉。这款车拥有动力充沛的发动机和清晰的操控性，但防锈措施却一般。阿巴斯双凸轮轴发动机使其具有非凡的驾驶乐趣。

古怪的小型汽车

速度快带给人们驾驶乐趣，但这些车让人们知道驾驶乐趣不止于此。从小型跑车到最古怪的轻量化经济型汽车，它们证明了“浓缩的都是精华”。在1973年的石油危机之后，燃油的价格如同坐了火箭一般飙升，即使是负担得起高油价的人也不想显得太浪费。一夜之间，小型、高效的汽车成为主流车。

▷ **里莱恩特 Robin 1973款**

产　　地	英国
发 动 机	0.848升，直列四缸
最高车速	129千米/时

这款塑料车身的三轮汽车是奥格尔的设计，由里莱恩特在塔姆沃思生产。20世纪70年代的石油危机期间，它在英国很流行。轻量化带来了更好的燃油经济性，而且在英国，可以持摩托车驾驶证来驾驶它。

◁ **MG Midget Mk III 1969款**

产　　地	英国
发 动 机	1.275升，直列四缸
最高车速	153千米/时

深受民众喜爱的Sprite/Midget在20世纪70年代进行了升级，包括圆形的后轮边、排量更大的发动机、亚光黑底盘边框，还有更好的车顶。1974年的改款增加了黑色保险杠和一台凯旋“喷火”发动机，并且抬高了底盘。

▷ **本田 Z Coupé 1970款**

产　　地	日本
发 动 机	0.598升，直列双缸
最高车速	124千米/时

作为Z360的加强动力版，这款小型跑车同样源于日本微型车“Kcar”。只有大动力版本的Z系列车型才在英国和美国出售，但也只提供了36马力的制动马力。然而，它们即便速度并不快，依然给人带来无穷乐趣。

尾窗可以向上开启，以提供装行李的空间

活动的
后轴装有板簧

前视图

后视图

单前轮
沿袭自里莱恩特之前的三轮车型，并且为了区别于摩根之类的车型，Robin的前轮只有一个。这使得转向和前悬架系统更简单，也更轻。

不完美的实用性
Robin的玻璃纤维车身有一个可以向上开启的尾窗，以便将物品放入储物空间。然而，因为尾窗过小，使用者必须把物品高高举起，然后再将其放到车厢的底部。

简单的内饰
Robin的仪表板是玻璃纤维模制，油量表和温度表也在其中。按钮横跨仪表板，而非杂乱无章地布置。

可打开的**车顶**
以供人进入

0.7升
里莱恩特动力单元

▷ 邦德 Bug 1970款

产　　地	英国
发 动 机	0.700升，直列四缸
最高车速	122千米/时

三轮的Bug彰显出英国在20世纪70年代年轻、自由、幽默和乐观的时代精神。它和Mini价格一样，虽然它比后者更快、更高级。不到3 000人被它打动并决定买下一辆。

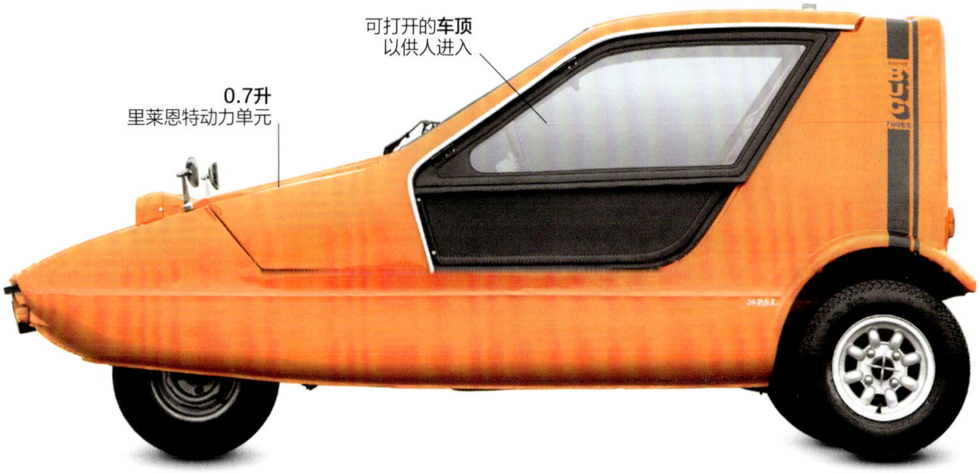

2个很小的座椅
安置在后排

前轮盘式
制动器

◁ 铃木 SC100

产　　地	日本
发 动 机	0.970升，直列四缸
最高车速	143千米/时

铃木将一台排量更大的四缸发动机置入袖珍的日本市场版Cervo coupé——铃木得到了1978年的出口车型SC100。它的速度并不快，但得益于后轮驱动和四轮独立悬架，它极具驾驶乐趣。如今的车主们对它更感兴趣了。

“入侵”的敞篷跑车

20世纪70年代，北美市场没有足够的进口跑车，佛罗里达州和南达科他州的需求量尤其大，它们是许多欧洲厂商，如英国的MG和凯旋，以及意大利的阿尔法·罗密欧和菲亚特的生命线。MGB和菲亚特124 Spider一类的敞篷跑车与经典美国车截然相反，它们小巧的尺寸、灵活的操控性、精致的线条是任何一辆本土美国车都不具备的。

两座的乐趣

1970年首次亮相的凯旋 喷火1500是美国市场整个20世纪70年代的销量悍将。虽然产于英格兰考文垂，但大多数都是左舵车型，并在风挡上贴有出口标志。英国利兰——凯旋的母公司没能成功生产一款可以代替喷火的车型，因此敞篷跑车市场出现了空白。这个空白随后被马自达 MX5在20世纪80年代填补。然而，造型古怪的喷火从那时起就成了经典车型爱好者的最爱，低廉的保养费用足以令他们享受敞篷车的乐趣。

一大批五彩缤纷的凯旋喷火1500S在作为货物的运输途中——硬顶和软顶并存——准备发往美国，摄于约1976年。

中置发动机的奇迹

20世纪70年代，所有级别的跑车均采用已经过赛事验证的中置发动机布局。将发动机置于车身中部提供了额外的弯道灵活性、更好的操控精准度，以及更好的牵引力。把发动机移至乘员后方也意味着前鼻可以更低，这将有助于提升空气动力学效率，也给楔形车身造型设计提供了设计灵感。然而，它们的储物空间也相应变小，打开发动机舱也变得很麻烦。中置发动机汽车也被证明噪声较大，而且部分车型的换挡很蹩脚。但即便是在小型发动机和相对较低的动力条件下，它们依然可以提供很棒的驾驶乐趣。

时髦的设计
将发动机置于乘员之后，为低矮倾斜的前部设计提供了可能性，这种设计使空气向下沿着前鼻和前轮流动，提升了抓地力。为了给发动机提供冷却空气，圆锥形的进气口被置于前门之后，引导气流进入发动机舱。

▷ **法拉利 308 GTS 1978款**

产　　地	意大利
发 动 机	2.926升，V型八缸
最高车速	249千米/时

它是卖得最好的法拉利车型之一，明丽动人的车身造型由宾尼法利纳设计、斯卡列蒂打造。发动机和变速器都继承自308 GT4。后续的车型中，每个汽缸有4个气门，并配有博世的燃油喷射系统。

似曾相识的特征
308继承了Dino 246的一些设计细节，而黑色的横贯线也唤起了车迷们对熟悉的分层式贝壳造型GT4的回忆。

侧视图

◁**菲亚特 X1/9 1972款**

产　　地　意大利

发 动 机　1.498升，直列四缸

最高车速　177千米/时

X1/9把中置发动机普及到了入门级跑车上。博通为其设计并制造了楔形车身，菲亚特提供了机械部分。然而，从1982年开始，博通接手了最终装配和销售。X1/9在欧洲和美国一直流行到1989年。

▷**Matra-Simca Bagheera 1973款**

产　　地　法国

发 动 机　1.422升，直列四缸

最高车速　177千米/时

一家航空航天公司用Simca家用车的发动机和变速器制造了这款中置发动机硬顶跑车。它采用了并不常见的3个座椅并排和塑料车身设计。1976年推出的改款版本几乎修改了每一处板件，也把造型变得更顺滑。1980年，它被Murena——另一款三座车取代。

◁**蓝旗亚 Beta Montecarlo 1975款**

产　　地　意大利

发 动 机　1.756升，直列四缸

最高车速　190千米/时

这款车在1969年以菲亚特V6之名发布，但最终以一款四缸蓝旗亚的形式推出，它在1978年改款，即在C柱后的支撑飞拱处换上玻璃板以扩大视野，而且制动伺服装置也更新了。蓝旗亚最后把这款车改装成了一款成功的涡轮增压赛车。

▷**路特斯 Esprit Turbo 1980款**

产　　地　英国

发 动 机　2.174升，直列四缸

最高车速　238千米/时

路特斯的量产车达到了超级跑车的水准，这款由乔治亚罗设计的（发布于1976年）惊艳的Esprit有了容量扩充的发动机和涡轮增压器。

费利·波尔舍在一辆1956款保时捷356中

伟大的品牌
保时捷的故事

自1948年起，灿若星河的一系列传奇量产车和赛车被冠以保时捷的姓氏。这是一条不曾间断的完整谱系，从最早的356到现在的911，创造了数不胜数的赛场辉煌，虽然保时捷的非跑车车型比跑车更受欢迎。

1948年，当费迪南德·波尔舍决定成为一名汽车生产商时，这位奥地利最杰出的汽车工程师已经在汽车创新设计这条道路上跋涉了50年，他的创造包括四轮驱动、机械增压、后置发动机方程式赛车，当然，还有大众甲壳虫。

保时捷 550 Spyder
演员詹姆斯·迪恩（右）和罗尔夫·伍瑟里奇驾驶着迪恩的550 Spyder。这位万人迷演员驾驶该车于1955年9月在加利福尼亚遭遇车祸后离世。

波尔舍与儿子费利一起研发了一款“周末跑车”，该车利用了甲壳虫的底盘，但是装上了更轻、更符合空气动力学的车身和轻度改装的大众水平对置四缸风冷发动机。在这种简单的混搭之下，保时捷 356诞生了，而世界上最激动人心、最富有创造力的跑车品牌之一也随之诞生。

保时捷于1948年在奥地利格明德一家老旧的锯木厂开始356的生产，首批52辆车为纯手工制造。356灵活而有趣，同时也拥有不同寻常的可靠性与舒适性。这款发动机后置、后轮驱动的跑车356车身轻巧而又操控敏捷，有硬顶和敞篷两种版本可供选择。

保时捷 356于1950年在美国售出第一辆，随着发动机制动马力从40马力提升至60马力，这辆“小火箭”的快速响应很快掀起了一股热潮。即使在今天，这些早期保时捷也被收藏家和全世界的车迷高度追捧。

1953年，550 Spyder赛车使保时捷成为赛车领域的重要角色。这款车在1953—1965年参加了遍及欧洲和美国的超过370场环形赛事，并且无论男车手还是女车手驾驶，该车都表现得比同级别动力更强的车更优异。它在大路和小道上都易于操控，而且极其灵活。但它在1955年出现在聚光灯下却是因为电影明星詹姆斯·迪恩，他在一场发生于加利福尼亚乔莱姆的离奇交通事故中在他的座驾550中身亡。

1958年，第10 000辆保时捷汽车下线，包括如今令人垂涎的356 Speedster和制动马力为100马力的Carrera。1963年，当911取代356时，保时捷的新篇章开启了。技术上的核心亮点是保时捷全新的水平对置六缸发动机，而流畅的溜背造型（设计者为费利之子亚历山大·波尔舍）很快使它成为汽车史上图腾般的存在。1966年的Targa版本提供了敞篷驾驶体验，包括可拆卸车顶和固定防滚架。1973款Carrera RS拥有2.7升发动机和轻量化结构，是911系列的终极版本。

公司在1969年与大众再度合作，它们共同设计了中置发动机的914，用户可选择大众发动机或保时捷发动机。它的替代者是1975年的924——保时捷第一款前置水冷发动机的车型。

保时捷本打算在1977年用引人注目的928（另一款前置发动机车型，配备了全新的V8发动机）来取代911，然而，911实在太受欢迎，从未停息的需求促使这款车始终留在产品线上，并持续进行改款。

1972年，保时捷开始为其他公司提供工程研究和研发技术支持。公司自己的产品也在持续改进，1982年，924升级成为技术更先进的944，新版本比前任车型更快，并且可以选择保时捷专属的自然吸气或涡轮增压发动机。

1990年，一款全新的911提供了四轮驱动选项，但后置发动机布局带来了明显的后轴配重问题，这对刚入门的驾驶者来说是一个挑战。3年之后，一款新的中置发动机敞篷概念跑车——Boxter发布，量产版本于1997年投入生产，保时捷第100万辆跑车也在同年下线。

一个历史性的时代在1998年结束——911的水冷发动机终结了可以追溯到费迪南德·波尔舍时代的大众风冷发动机。然而，这次变革与公司的下一个根本性的改变相比似乎也不算什么。2002年，保时捷发布运动型多用途车（SUV）卡宴。虽然人们对卡宴的评价褒贬不一，但其操控性却

保时捷 356 Speedster
相比356 Coupé，图左的356 Speedster凭借动感的下切式风挡而拥有极高的辨识度。

“我环顾四周，却难觅梦想中的跑车，因此我决定亲手打造一辆。”

——费迪南德·波尔舍

保时捷 911S，1970年
911车系的顶级车型是轴距更长、搭载2.2升发动机的S版本。它的操控更轻松，性能也更强，极速达到了230英里/时（370千米/时）。

广受称赞。2009年，帕拉梅拉（Panamera），一款动力充沛的全新豪华三厢车加入了产品线。和卡宴一样，它也是与大众联合研发的。

开放式驾驶舱的Carrera GT配备了6.0升的V10发动机，于2003年发布。这款极速322千米/时的超级跑车在保时捷赛车和街车之间搭起了一座桥梁。当车速达到113千米/时以上时，Carrera GT的自动尾部扰流板就会在气流中伸展开来，通过产生额外下压力来降低升力。

保时捷已经成为跑车和赛车的代名词——在勒芒24小时耐力赛中取胜超过12次（1970年参赛车型是917，随后则是936和962车型），而在世界各地举办的其他赛事中也获得了大约24 000场胜利。

未来的经典

911卡雷拉（Carrera）S 911概念自1963年以来就一直保持着不掺杂质的纯粹，虽然它的现款车型（内部代号991）使用了车身主要结构为铝材的第三代平台，轻量化抵消了车身增大对车重带来的影响。制动马力为430马力的发动机使得这款车超乎寻常得快——可以在3.9秒内完成0～96千米/时的加速，它也是有史以来第一款使用七速手动变速器的车型。

保时捷 911 Carrera S 2012款

产　地	德国
发 动 机	3.800升，水平对置六缸
最高车速	209千米/时

作为传奇车系911的最新一代，它是一款动力强劲的非涡轮增压后驱车，是纯粹的保时捷精品。

918 Spyder 这款中置发动机的插电式混合动力敞篷跑车发布于2010年的日内瓦车展，生产于2013—2015年，限量918辆。V8内燃机和锂离子电池的完美组合使这台卓越的速度机器可以提供887马力的制动马力。这款车在德国纽博格林20.6千米的赛道上创造了6分57秒的量产车单圈速度世界纪录。

保时捷 918Spyder 2013款

产　地	德国
发 动 机	V型八缸/双电动机
最高车速	209千米/时

保时捷独辟蹊径，将勒芒赛车发动机和前后电动机结合起来，制造了这款碳纤维超级跑车。

有设计感的硬顶跑车

20世纪70年代，可选的价格相对亲民的高颜值硬顶跑车比此前任何时候都多。有些是双门车型，有些是三门车型，其中的绝大多数都或多或少基于销量更好的三厢车部件打造，比如发动机、变速器、悬架及结构平台。所有这些车型的设计目的都是一致的——提供利落帅气的造型、驾驶乐趣的激情与优雅，这些特点即便是最好的三厢车（难免要向实用性妥协）也只能望洋兴叹。

▷ 马自达 RX-7 1978款

产　　地	日本
发 动 机	1.146升，双转子发动机
最高车速	201千米/时

RX-7的杀手锏是简洁的欧式造型和顺滑的转子发动机。马自达是第一家将菲利克斯·汪克尔发明的转子发动机安装在量产车型上的车企，而RX-7在20世纪80年代初也成了抢手的明星车型。

▷ 达特桑 240Z 1969款

产　　地	日本
发 动 机	2.393升，直列六缸
最高车速	201千米/时

240Z闯入了世界跑车舞台，弥补了日本汽车在这方面的产品空白。它在外观、性能、操控性和配置上都达到了高水准。高性能运动版本的销量超越了其他所有竞争对手，创建了Z系列王朝。

◁ 欧宝 Manta GT/E 1970款

产　　地	德国
发 动 机	1.897升，直列四缸
最高车速	186千米/时

虽然拥有魅力十足的造型和50万辆的产量，大多数Manta却都生了锈：这是一件难堪的事，尤其是考虑到这是一款配有1.2~1.9升发动机的高档旅行用车。燃油直喷的GT/E是最高规格的版本，但1973年又推出了稀有的涡轮增压版本。

转子动力
与汽缸中布置活塞的传统发动机不同，汪克尔转子发动机的原理是一个三角形的转子在一个“8”字形的汽缸中运行。因为没有往复运动，这种发动机运行起来非常平顺。

前视图

顺滑的前鼻
RX-7是新兴跑车造型趋势的典型代表：低矮下探的犀利前鼻外加上翻式大灯、塑料保险杠，还有一个气坝，用来在高速行驶时降低车身前端的空气升力。

抗冲击的**塑料保险杠**

合金轮辋是标准配置

实用性和目的性
RX-7的尾窗可以掀起，以便在后座放置行李。对20世纪70年代后期的跑车而言，一个硕大的橡胶扰流板是标准配置。这款车外部没有金属装饰，车身表面除了车身颜色就是黑色。

后视图

▷阿尔法·罗密欧 Junior Zagato 1970款

产　地	意大利
发 动 机	1.290升，直列四缸
最高车速	169千米/时

埃尔科莱·斯帕达（Ercole Spada）完成了不可能的任务：他将一辆阿尔法·罗密欧 GT Junior改装得比原车还要吸引人。这款车采用了合金车门和发动机罩以降低车重，但它仅仅比原车快了一点。高昂的售价影响了它的销量。

溜背式尾窗轻度开启以便空气流通

树脂玻璃板覆盖了**格栅和大灯**

车门由合金制成

弧面尾窗可以掀起以放入行李

前置水冷发动机首次出现在保时捷汽车中

◁保时捷 924 1976款

产　地	德国
发 动 机	1.984升，直列四缸
最高车速	201千米/时

保时捷传统车型的车迷并不认可924的血统：本质上说，它是大众和保时捷的一次冒险合作，它的发动机也与一款大众厢式车共享（虽然加装了新的保时捷气缸盖）。但前置发动机的924是保时捷的销量冠军，并且将市场扩展到纯粹运动风格的驾驶者之外。

20世纪80年代 & 90年代

技术升级

TVR

Only those who dare... truly live

技术升级

△ **盛大的发布仪式**
捷豹XJ220原型车在1988年英国伯明翰举行的不列颠国际车展上发布，收获了如潮的好评。

20世纪80年代的汽车与目前在售车型的相关性显而易见。总体而言，典型的汽车样式基本没有发生改变，而当代汽车的电子系统很大程度上要归功于80年代的技术升级。

80年代最显著的技术进步是汽车电子和传感器的引入，它们在这一时期开始出现在汽车中。这在机械系统领域引发了一场小型革命，既提升了燃油经济性，也使得动力单元运行得更可靠、连贯。除此之外，最大化的便利性和豪华性功能，如电动辅助调整座椅和电动车窗也在车内得到了应用，人们相信它们可以正常运行。

发动机系统和传动系统也得到了升级。燃油直喷、涡轮增压及四轮驱动系统在80年代初是新奇的高科技，而在80年代末已是司空见惯。值得注意的是，污染物排放由于无铅汽油和催化转换器的普及而明显降低。

设计师们有了新任务：尝试新样式的家庭用车，比如越野用的运动型多功能汽车（SUV）和多功能汽车（MPV）。量产超级跑车的性能也进一步提升，其极速终于达到了322千米/时。

富有竞争力的韩国汽车，此时也开始努力从日本、美国和欧洲的竞争对手手中分一杯羹。全球各地都涌动着一股标准化的趋势：很多看起来完全不同的车型开始共享内部平台，以节省由简单设计发展成复杂成果所需的巨大开支。

> “泥地、雪地、湿地、林地——你可以把一辆租来的汽车开到任何地方。没错，你不是每次都能把车开回来——但这并非你的问题，不是吗？”
>
> ——引自讽刺作家P. J. 奥罗克（P. J. O'Rourke）1987年的出版物《共和党爬虫》（*Republican Party Reptile*）

大事记

- ▷ **1980年** MG世界闻名的阿宾登工厂关闭
- ▷ **1981年** 奥迪Quattro成为第一款同时装备四轮驱动系统和涡轮增压发动机的车型
- ▷ **1982年** 电视剧《霹雳游侠》（*Knight Rider*）将一辆新款庞蒂亚克火鸟设定为一款机器人汽车，名叫KITT
- ▷ **1983年** 克莱斯勒的普利茅斯Voyager和道奇Caravan掀起了多功能汽车的风潮
- ▷ **1984年** 丰田发布了入门级中置发动机跑车MR2
- ▷ **1985年** 通用汽车推出新品牌土星（Saturn），以便与丰田抗衡
- ▷ **1987年** 恩佐·法拉利发布了极速达323千米/时的法拉利F40；他于次年离世
- ▷ **1988年** 捷豹发布了震惊世界的XJ220超级跑车
- ▷ **1989年** 宝马5系的M5版本被誉为世界最佳运动型三厢车
- ▷ **1991年** 莲花卡尔顿/欧米茄车型时速达177英里每小时（285千米/时）是当时世界上最快的轿车。
- ▷ **1994年** 福特野马汽车15年来第一次进行彻底的重新设计。

△ **Mini的里程碑**
在发布近30年之后，第500万辆Mini在1986年下线。这款车停产于2000年——共计生产了5 387 862辆。

◁ 美国杂志上法拉利 308 GTB的广告，1981年

雷诺5 Turbo

作为一款真正的“小钢炮”，1980款的雷诺5 Turbo明显与公司的热销车型Super Cinq有着千丝万缕的联系，但在工程技术、车身结构和性能表现方面，它却是一辆完全不同的“野兽”。它的首要目标是赢得拉力赛，因此它专为与蓝旗亚Stratos和奥迪Quattro等车型竞争而生。不过，它同样也是成功的量产车，在4年的时间内售出了3 500多辆。

经过博通的马塞罗·甘迪尼的一系列改造，人们熟悉的5 Turbo得以脱胎换骨，变身为后轮驱动的双座车型。车厢的后半部分留给了一台喷着火焰的1.397升Cléon-Fonte涡轮增压四缸发动机。

雷诺拥有时间悠久而成功的赛车比赛履历，但这款车依然是里程碑式的车型。作为史上最强大的“小钢炮”之一，它火力全开，获得了1981年世界拉力锦标赛揭幕战——历史悠久的蒙特卡洛站的冠军。

侧视图

规格	
车型	雷诺 5 Turbo，1980—1986年
产地	法国、比利时
产量	3 576辆
结构	铝和玻璃纤维单体壳
发动机	1.397升，直列四缸
输出功率	制动马力为158马力（标准状态下）
变速器	五速手动
悬架	前后卷簧
制动器	前后盘式制动器
最高车速	209千米/时

雷诺车标
为了强调品牌的品质、设计和技术，雷诺在1925年第一次引入了钻石车标。这个车标最初在中间有一个标有“Renault”字样的横条，但随着品牌知名度的提升，这个横条在1972年被取消，以简化图案。

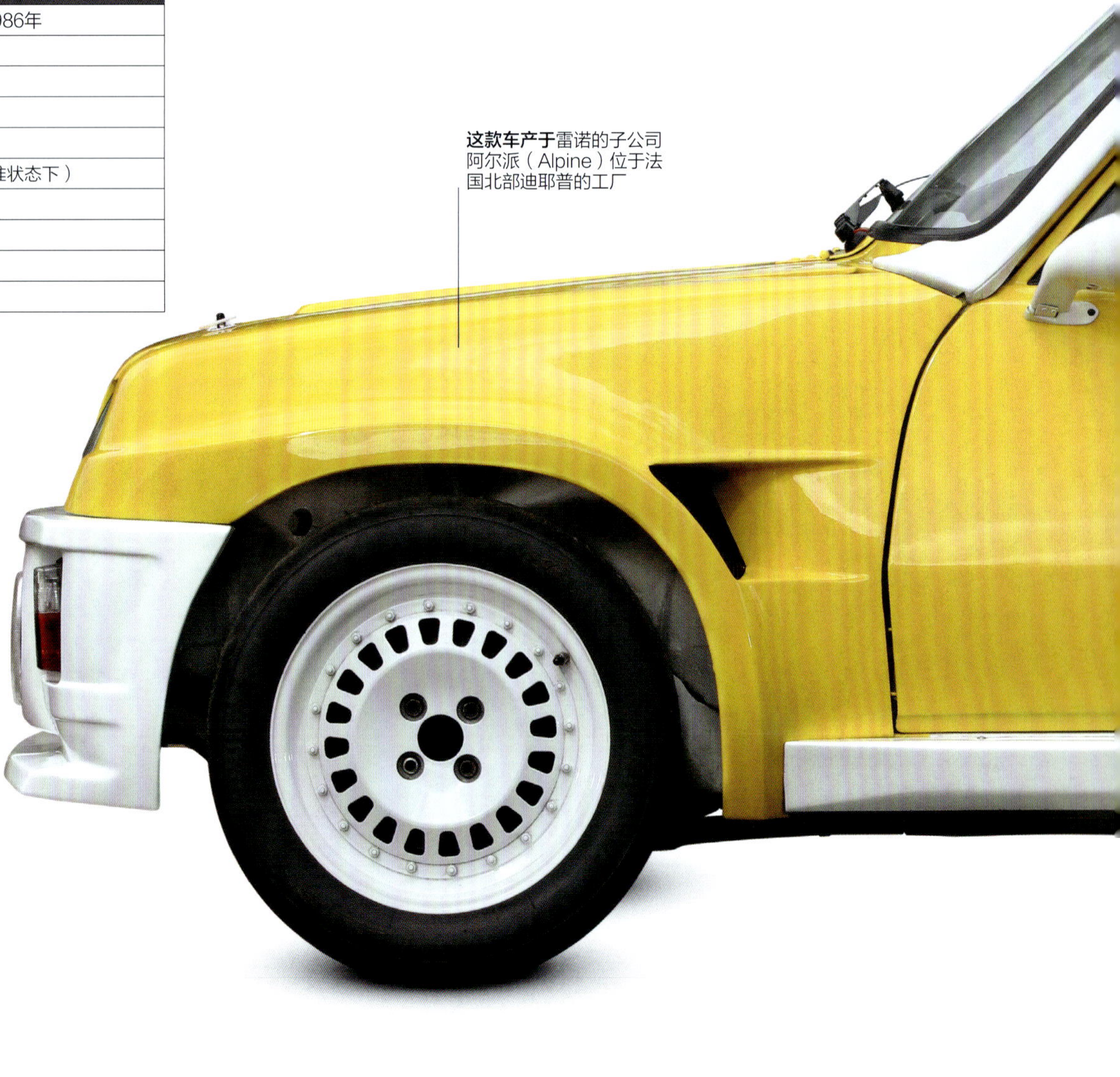
这款车产于雷诺的子公司阿尔派（Alpine）位于法国北部迪耶普的工厂

前视图

后视图

造型
虽然不难看出这是一辆雷诺5，但将小型家庭车改造成一辆拉力赛赢家依然意味着每一个车身板件都是独特的。最终的设计有一些卡通气息，虽然整车造型还是充满了强大的力量感和目标感。

在路上

20世纪70年代末到80年代初是拉力赛的黄金时代，见证了福特、奥迪和雷诺等响当当的品牌投入大量资金来研发让世人惊叹、吸引消费者眼球的车型。雷诺的参赛汽车看起来更像一辆标准的雷诺5，但却是一款脱胎换骨的车型。颇具争议的是，这款车与公司前瞻性的F1赛车——第一款使用涡轮增压发动机的F1赛车的关系比与时尚的畅销小型车雷诺5的关系还要近。打开车门，你就会发现它是一台纯粹的、目标性极强的赛车机器。这款车能规规矩矩地在常规道路上正常行驶——这听起来有点惊人，但这也解释了为什么这款古怪的小型汽车能在现代经典车型领域吸引来如此多的注意力。

1. 尾灯是仅有的与雷诺5共享的几个部件之一
2. 雾灯镶嵌进了前脸中——这对拉力赛车而言必不可少
3. 进气口为前轮制动器起到冷却作用
4. 后视镜被抗冲击塑料包裹
5. 轻量化合金轮辋
6. 涡轮增压标识暗示着车辆的性能
7. 重度改装的仪表板以拉力赛专属设备为主要特征
8. 复杂的电子系统实现了性能最大化
9. 雷诺涡轮增压发动机

1

2

4

5

6

Turbo

8

PUMP 1
IGNI 1
COIL 1
PUMP 2
IGNI 2
COIL 2
FOG
FOG
FOG

7

SPORT-COMP
MONSTER
RPM
Auto Meter

9

性能四驱车

速度机器们从20世纪80年代起选择了全新的路线。奥迪 Quattro首开先河，新一代的性能车型前所未有地选择了四轮驱动，以获得最适宜的牵引力配比并提升操控性。Quattro很快在拉力赛中获得了胜利，在这种赛事里，松软路面下的牵引力至关重要，而其他厂商也迅速跟进。蓝旗亚为旗下的Delta HF Turbo研发了四轮驱动版本，经完善的终极版本为Delta Integrale；福特生产了四轮驱动的Sapphire Cosworth。除此之外，还有来自标致、丰田等品牌的拉力赛车型——促使大量四驱性能车进入量产领域。

四环车标
奥迪的四环车标是公司渊源的线索。这4个圆环代表了1932年共同创立汽车联盟的4家德国汽车制造商——奥迪、DKW、霍希和漫步者。奥迪的名字在20世纪30年代消失，但在1965年回归。

▷ **奥迪 Quattro Sport 1983款**

产　地	德国
发动机	2.133升，直列五缸
最高车速	250千米/时

Quattro改变了人们对四轮驱动的认知，Quattro Sport则在Quattro的基础上进行了调整：缩短轴距、配备了制动马力为300马力的发动机，以及使用铝、玻璃纤维和凯夫拉材料的车身以适应拉力赛需求。该车拥有和法拉利GTO同等的魅力以及近似同等的性能。

轻量化动力单元
与常规版Quattro一样，Sport版本也拥有一台直列五缸发动机，但在其他方面却大不相同。缸体由铝合金制成，合金缸盖上每缸配有4个气门。量产车型的制动马力只有300马力，拉力赛版则有500马力。

短小精悍
原始版本的Quattro对参加拉力赛来说过大也过重，所以奥迪将轴距缩短了30厘米，以使其更轻也更灵活。长度上的缩减在侧窗后部体现得最明显。

侧视图

▷ **大众 高尔夫 Rallye 1989款**

产　　地　德国/比利时

发 动 机　1.763升，直列四缸

最高车速　209千米/时

大众也跃入了四驱拉力车型的浪潮之中。这款机械增压的高尔夫使用了公司的Syncro四轮驱动系统，而且盒式轮拱和矩形大灯使它看起来有别于一辆常规的高尔夫Mk 2。

◁ **雷诺 Turbo 21 1986款**

产　　地　法国

发 动 机　1.995升，直列四缸

最高车速　228千米/时

雷诺Turbo在2.0升涡轮增压发动机的加持下，被改装成了引人注目的跑车。Turbo Quadra车型装有四轮驱动系统，以解决原本两轮驱动车型的打滑问题。然而，它不佳的生产质量意味着很少有能保存到今天的幸存者。

▷ **标致 405 1987款**

产　　地　法国

发 动 机　1.905升，直列四缸

最高车速　217千米/时

标致在优秀的小钢炮205GTI之后再接再厉，又推出了两驱的405Mi16运动轿车和其兄弟车型——四驱的405Mi16x4。平顺的16气门发动机可输出158马力的制动马力，而它的底盘也兼具了抓地力、灵活性和高驾乘品质。遗憾的是，405并不耐用。

◁ **斯巴鲁 翼豹 WRX 1992款**

产　　地　日本

发 动 机　1.994升，直列四缸

最高车速　217千米/时

斯巴鲁制作出这款当时最受欢迎的性能车，它从一开始就是一辆强大的公路汽车和汽车拉力赛的赢家。该款车配置了涡轮增压发动机和斯巴鲁的四轮驱动系统，在英国被称为Turbo 2000。

伟大的设计师

乔吉托·乔治亚罗

作为设计界的“巨人”，乔吉托·乔治亚罗常被评为有史以来最伟大的汽车设计师。这位设计天才在十几岁时就展现出了设计天赋，设计出了若干款可以进入“史上最美汽车”名单的车型。他还创造了棱角分明的“折纸”设计风格，设计了万众瞩目的一系列概念车——甚至还设计了自己风格的意大利面。

生涯大事记

- ▷ **1955年** 乔治亚罗获得了他的第一份工作，在米兰的菲亚特汽车设计中心工作
- ▷ **1959年** 努乔·贝尔托内聘用20岁的乔治亚罗为首席设计师
- ▷ **1965年** 乔治亚罗转投Ghia领导设计工作
- ▷ **1968年** 乔治亚罗成立了自己的设计公司Italdesign
- ▷ **1971年** Italdesign的第一个商业项目——广受赞誉的阿尔法·罗密欧 Alfasud完成

△ 玛莎拉蒂 回旋镖，1971年

楔形的回旋镖拥有鲜明的棱角式车身，初次发布便引起轰动。它造型中的元素将在乔治亚罗随后的一些设计中被复刻。

- ▷ **1973年** 为大众设计的第一款车——大众帕萨特投入量产，随后是第一代高尔夫
- ▷ **1976年** 乔治亚罗设计的路特斯Esprit投入量产，与此同时，他的“纽约出租车”概念首创了MPV车型
- ▷ **1999年** 乔治亚罗在拉斯维加斯被评为“本世纪最佳汽车设计师”
- ▷ **2002年** 乔治亚罗进入汽车名人堂
- ▷ **2015年** 乔治亚罗退休，在此之前，大众已获得了他所创立公司的全部股权

出生在艺术世家的乔吉托·乔治亚罗在非常年轻时就展现出设计天赋，他在17岁时就在菲亚特设计部门获得了自己的第一份工作。1959年，他成为博通设计工作室有史以来最年轻的首席设计师。努乔·贝尔托内被这位年轻设计师发来的一张设计草图中的能量打动，于是给了他这个职位。而这张草图随后被卖给了阿尔法·罗密欧，成为阿尔法·罗密欧2000车型——乔治亚罗漫长的设计师生涯中非常早期的量产车作品。

他在博通时期的作品令人印象深刻，包括宝马 3200CS、阿尔法·罗密欧 Giulia GT和菲亚特850 Spider。1965年他离开了博通，在Ghia公司担任设计主管，在那里他设计了德·托马索（De Tomaso）Mangusta。

1968年，只有29岁的乔治亚罗感觉自己已经拥有足够的信心，于是在都灵创建了自己的公司。这家公司最终定名为Italdesign，它不仅提供设计服务，也提供从设计到量产过程中所有环节的技术支持。

德·托马索 Mangusta，1966年

前大灯，大众 尚酷，1974年

这是一个汽车制造商高度依赖设计工作室的时代，乔治亚罗的工作室占据了统治地位，一个接一个的汽车品牌被他所设计出的优雅比例和利落线条吸引，蜂拥而至。他打造了许多全球畅销车型，包括影响深远的1974款大众 高尔夫——一款轮廓鲜明的极简之作。他的“折纸”风格设计学校出品了诸如大众 尚酷、奥迪 80（1974年）、蓝旗亚 Delta（1979年）、菲亚特 熊猫（1980年）和菲亚特 Uno（1983年）等一系列标杆车型。

量产车的这种风格一直延续到了20世纪90年代，销量冠军菲亚特 朋多（1993年）和广受好评的雷克萨斯 GS（1991年）成为乔治亚罗的经典之作。乔治亚罗也服务了一些亚洲汽车公司，如现代、大宇、五十铃、宝腾和华晨。

超级跑车的超级明星

每个汽车设计师都有一个梦想——自己设计的超级跑车能投入量产，这个梦想乔治亚罗却实现了很多次。路特斯 Esprit、玛莎拉蒂 Bora、德劳瑞恩 DMC-12和宝马 M1都因异常简洁的线条而引人注目。与此同时，1998年的玛莎拉蒂 3200GT则采用了原创性极高的“回旋镖”式尾灯设计。

办公环境
模型、绘图板，甚至台灯都展现出乔治亚罗的创造力，这种创造力被这个意大利人源源不断地注入原创的、激动人心的设计中。

乔治亚罗作为风潮引领者的影响力源于他的纯概念车：第一款是1968年的Manta，一款为意大利车企Bizzarrini设计的、激动人心的硬顶跑车，随后是伟大的阿尔法·罗密欧 Iguana（1969年）、大众-保时捷 Tapiro（1970年）、阿尔法·罗密欧 Caimano（1971年）和大众 猎豹（1971年）。

或许，乔治亚罗设计的最夺目的梦想之车就是玛莎拉蒂 回旋镖了。这款1971年设计、拥有15°极度倾斜风挡的车型将汽车造型设计的“可接受”边界向前推进了一大步。其他经典超级跑车也接踵而至：宝马 Nazca、大众 W12及数款布加迪概念车。兰博基尼也请他设计了一款小型跑车Calà，这款车也曾几乎实现量产。唯一一家与乔治亚罗合作得不那么成功的公司是法拉利，它在2005年发布的GG50并未让乔治亚罗收获赞誉。

功能设计先锋

乔治亚罗一直走在行业前列，他的影响力直到现在还体现在汽车设计的每一个角落。例如，1976年的纽约出租车和1978年的蓝旗亚 Megagamma概念车预示着多功能汽车的诞生，这是一种高车顶、单厢、内饰布置可适应各种需求的车型。

乔治亚罗从不拘泥于汽车造型设计师的身份，研究空气动力学是他诸多兴趣中的一个。基于蓝旗亚 Beta平台打造的1980款Medusa声称达到了0.263的风阻系数，使它成为当时空气动力学性能最佳的量产车。

Bizzarrini Manta，1968年
作为乔治亚罗出品的第一批独立设计之一，Manta是他用来证明自己能力的作品。它拥有独具特色的座椅布置，驾驶者坐在两个乘客之间。

乔治亚罗从不逃避设计那些令人瞠目结舌的车型。1986年的Machimoto将汽车和摩托车元素相结合，而且两排座椅可容纳9个人。

既然有如此多的大众车型出自乔治亚罗之手，那么大众公司在2010年获得了Italdesign公司的控制权就不那么令人惊讶了。乔治亚罗本人仍然保持原职位，直到他在2015年退休。

乔治亚罗是一位涉足多领域的设计师，他的设计作品包括男装、相机、枪支、火车、手表，甚至意大利面，但汽车始终是他的最爱，这可以用他设计的每一款汽车来证明。

> “我为各大车企都设计过汽车，唯独没为本田设计过，总有一天我要设计一辆本田车。”
>
> ——乔吉托·乔治亚罗

超级小型车

20世纪70年代中期被定义的小型车在20世纪80年代和90年代得以发展成熟。前轮驱动、横置四缸发动机与变速器及主减速器相连，再加上三门或五门的掀背车身成为大多数欧洲主流市场在售车型的标配，因为消费者意识到这些超级小型车的实用性和多面性。悬架设计方面的优势意味着它们开起来也充满驾驶乐趣，而各车企也跟随由大众 高尔夫GTI开创的先河，把性能强悍的直喷发动机放进了热销车型，制造出紧凑的性能型“机器”。

▽ 奥斯汀 Mini-Metro 1980款

产　地	英国
发 动 机	0.998升，直列四缸
最高车速	135千米/时

在Mini诞生21年后的1980年，一款新的英国超级小型车Mini-Metro诞生了。它的名字后来只保留了朴实的Metro，沿用了可以追溯到1953年的老款A系列发动机。包装得光鲜亮丽的它采用了创新的气液悬架。

▷ 欧宝 Corsa GSi/GTE 1983款

产　地	西班牙
发 动 机	1.598升，直列四缸
最高车速	188千米/时

“小钢炮”GSi/GTE版本加入通用Corsa/Nova小型车家族的时间稍晚于其他的1.0~1.4升版本，它也是整个家族里造型最有设计感、跑得最快的。该车强劲、可靠又有乐趣，与福特嘉年华一样制造于西班牙。

◁ 菲亚特 Uno 1983款

产　地	意大利
发 动 机	1.301升，直列四缸
最高车速	167千米/时

127的继任者Uno是一个出色的多面手，在1994年之前就卖出了650万辆。乔治亚罗的Italdesign公司将Uno设计得比其他超级小型车更高，这增大了它的乘坐空间。灵活的操控性和动力十足的发动机也使它更受欢迎。

△标致 205 GTi 1984款

产　　地	法国
发 动 机	1.905升，直列四缸
最高车速	195千米/时

光芒璀璨的GTI衍生自销量达270万辆的标致205掀背车。它的转向系沉重但响应迅捷，燃油直喷发动机提供了足够的动力。发布时配备的是1.58升发动机，1986年被更大、更强的1.905升动力单元取代，后者可提供130马力的制动马力。

▷雪铁龙 AX 1988款

产　　地	法国
发 动 机	0.954升，直列四缸
最高车速	134千米/时

作为Visa和LNA的替代者，AX最开始只有三门版，随后在1988年推出了五门版。它和标致小型车共享行走机构，却有它自己独特的造型。良好的空气动力学设计提高了燃油经济性。

◁雷诺 Cilo 1991款

产　　地	法国
发 动 机	1.998升，直列四缸
最高车速	215千米/时

雷诺 Cilo的标志性车型无疑是2.0升威廉姆斯特别版，但很多车主也偏爱1.8升16v/RSi出色的转向装置。雷诺 Cilo在1991年荣获欧洲最佳车型奖。

邦德的新名片

顶级特工的世界从来不会停滞不前。军情六处特立独行的特工詹姆斯·邦德与阿斯顿·马丁似乎有着牢不可破的关系，尤其是DB5车型。但事情在20世纪70—80年代发生了变化。英国汽车界的新锐力量被召唤出来，路特斯站在了聚光灯下。罗杰·摩尔——詹姆斯·邦德的饰演者在1977年的电影《海底城》中驾驶着一辆Esprit在一场壮观的飞车追逐后沉入海底。在水中，它变成了一艘潜艇，它的车轮缩成了侧鳍，螺旋桨从后部弹出，潜望镜从车顶升起。

最高机密

1981年的《最高机密》（*For Your Eyes Only*）比之前大银幕上的、伊恩·弗莱明笔下的英雄故事都更现实、影响更深远。双涡轮增压的白色路特斯Esprit在电影中亮相，当邦德被迫激活这辆车的自毁模式时，它爆炸了；还有一辆赤铜色的，安装着定制滑雪板。只为了银幕上的短短几个镜头，路特斯却付出了大量的心血。但这家小小的英国跑车公司得到了丰厚的回报，这辆由乔治亚罗设计的中置发动机旗舰车型得以在全世界的影院屏幕上亮相，而它的销量也因此提高。

1981年2月，电影《最高机密》上映，在这部电影里共有2辆路特斯Esprit。制作团队选择赤铜色的作为第二辆出场的路特斯，这样它可以与雪地场景形成鲜明的对比。

Dixi，第一辆宝马车，一辆授权生产的奥斯汀7

伟大的品牌

宝马的故事

巴伐利亚发动机工厂（Bayerische Motoren Werke，BMW）由1916年成立于德国慕尼黑的一家航空发动机工厂发展而来，随后才涉足量产汽车领域。这家公司在20世纪30年代广受赞誉，但直到1961年，宝马才真正开始成为世界上最好的运动轿车生产商之一。

宝马在1929年进军汽车领域，它收购了一家位于爱森纳赫的工厂，这家工厂生产Dixi——授权版本的奥斯汀7。公司在1932年研发出自己的汽车，仅仅2年之后便设计出一款六缸发动机，并将它置于几款帅气的、具有“双肾”格栅特征的车型中。这些车型包括326轿车和327旅行车。优美的328是量产跑车，它也迅速成为赛道上一股不可忽视的力量，在1937年赢得了超过100场的胜利。

宝马Isetta（左）和502，1955年
20世纪50年代对宝马来说是坎坷的；Isetta“泡泡车”的冒险上市弥补了搭载豪华V8发动机的车型，如502的亏损。

宝马位于慕尼黑的工厂在第二次世界大战中损毁严重，位于德国东部爱森纳赫的工厂则被苏联军队占领。在战争结束时，宝马的六缸发动机技术被英国的布里斯托窃取，以生产它自己的高级跑车。

宝马不得不从头开始。公司于1948年推出摩托车，于1951年发布了V8豪华汽车501——因优雅、匀称的曲线而获得“巴洛克天使”的昵称。V8主题在503豪华跑车和精美的507双座敞篷跑车中得到了延续，但这些车型都对公司盈利作用甚微，而公司也在努力寻找救命稻草——三轮的Isetta。Isetta的版权从意大利的Iso公司获得，宝马把自己的摩托车发动机置入其中，而这款小巧的“泡泡车”也一路拿下了数千辆的销量。略大的600和700车型紧随其后，它们使用了双缸发动机。

金融家赫伯特·科万特（Herbert Quandt）在1959年收购了苦苦挣扎中的宝马，也改变了它的发展方向。

1961年，Neue Klasse 1500——一款搭载了

宝马 507，1955年
507毫无疑问是20世纪50年代最美、最强力的敞篷跑车之一，却只售出了253辆。

> “我们在宝马不研发消费产品。我们研发的是移动的艺术作品。”
>
> ——克里斯·班戈，前宝马设计总监，在20世纪90年代开创了宝马品牌的“火焰燃烧”设计风格

顶置凸轮轴发动机的运动轿车发布，其目标群体是公司高管，随后又发布了1.8升和2.0升版本。紧随其后的是跑车版本，接着是紧凑的02双门车型，最后是1968年的一系列令人印象深刻的六缸轿车。02和CSL都在赛道上大获成功，CSL在1973年的欧洲房车锦标赛中与福特Capris展开了值得铭记的对决。2002 Tii车型是第一款标配涡轮增压发动机的欧洲量产车。

Neue Klasse在1972年被5系取代。5系是一款中型高级轿车，集安全、舒适、强大的操控性和华丽的造型于一身。

5系之后，更小的3系于1975年发布，更大的6系、7系跑车在1976年和1977年也陆续发布，建立起一条基于后驱技术和出色的四缸与六缸发动机的精良产品线。1979年的M1中置跑车同样令人印象深刻，虽然它只是昙花一现。

20世纪80年代，3系、5系和7系都被精心升级的继任者取代，1987年，强大的V12发动机应用在7系顶级车型以及全新的8系轿跑车。但这个时代最具代表性的宝马汽车是M系列运动汽车。1985年的M535i和M635i使用了M1的二十四气门、制动马力为286马力、3.5升直列六缸发动机，可在7秒内完成0—96千米/时的加速，还拥有复杂昂贵的性能套装带来的惊艳操控性。

宝马M1和安迪·沃霍尔，1979年
宝马公司委托安迪·沃霍尔设计一辆宝马M1艺术车，他在28分钟内完成了这辆车的手绘。

宝马的涡轮增压一级方程式发动机为布拉罕车队车手尼尔森·皮奎特（Nelson Piguet）提供了动力，助他获得1983年的世界冠军。宝马公司还在2000—2005年为威廉姆斯一级方程式车队提供了V10发动机。

20世纪90年代，宝马扩展了产品线规模，研发了Z3/Z4跑车、X系列SUV以及可供城市通勤和长途驾驶的电动及混合动力车型。宝马公司旗下还拥有Mini和劳斯莱斯品牌。

未来的经典

M5 性能、声音和响应速度常被拿来与法拉利超级跑车对比的M5，被认为是史上最佳运动轿车之一。发布之时便成为世界上最快的量产四门轿车。它同时也是M5系列最成功的一代，2005—2010年共生产了19 564辆轿车版和1 025辆旅行车版。除了发动机，它还拥有新的车身板件和合金轮辋及更宽的轮距，还有灵感源于F1的发射控制系统，以便它的静止起步可以得到自动控制。

宝马M5 2005款

产　地	德国
发动机	4.999升，V型十缸
最高车速	250千米/时

灵活而又华丽的M5为高性能轿车设定了标杆，兑现了宝马所期望的充沛动力。

i8 涡轮增压三缸内燃机不仅为长途旅行提供了动力，也供锂离子电池包充电用，以便这款车可以在纯电动模式下运行——此时会发出虚拟发动机噪声以提醒行人。碳纤维结构和独特的空气动力学设计有助于降低能耗。电池可以在约3个半小时内充满电。激光大灯是一项创新，而蝴蝶式车门也足够惊艳，此外后视镜也很实用。

宝马i8 2014款

产　地	德国
发动机	1.499升，直列三缸发动机及电动机
最高车速	258千米/时

宝马这款未来感十足的插电式混合动力超级跑车可以达到47千米/升的油耗。后置1.5升发动机与前置的电动机相连。

极速轿车

安装了大功率发动机的超级性能轿车兼具超级跑车的速度和三厢轿车的空间。大型汽车集团之间的合作，例如梅赛德斯·奔驰强大的500E和阿斯顿·马丁未来感十足的拉贡达相互联合，菲亚特的豪华汽车品牌蓝旗亚把一台法拉利发动机放进了它的Thema车型中，通用汽车的跑车品牌路特斯用涡轮增压动力重塑了欧宝Omega和沃克斯豪尔Carlton等，这些都提供了高水准的舒适性和大型轿车此前从未拥有过的高性能，不禁让消费者认可它们高昂的价格物有所值。

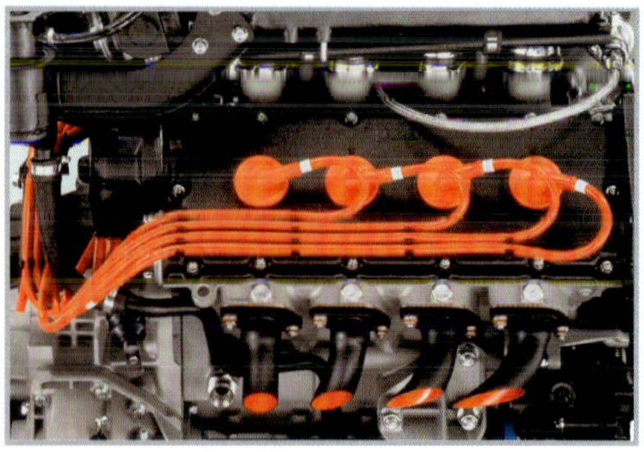

法拉利动力
这是继Stratos之后，第一款使用法拉利发动机的蓝旗亚车型，发动机舱里的Tipo 105L发动机与发动机中置的法拉利308的相同，三十二气门在这款车的名字里得到了体现。

独特的特征
低调的黄色格栅徽章是仅有的几处对蓝旗亚特殊地位的宣示之一。另一处是订制的皮革内饰，由意大利工艺大师波尔托纳·弗劳完成。

前视图

法拉利V8发动机
被横向布置

楔形车身由
威廉·唐斯设计

仪表板上有触控开关
和电子LED仪表

发动机采用四凸轮轴
V型八缸配置

▷ **阿斯顿·马丁 拉贡达 1980款**

产　　地	英国
发 动 机	5.340升，V型八缸
最高车速	230千米/时

应用了计算机技术的电子仪表板和楔形造型使拉贡达在20世纪70年代看起来富有未来感。它发布于1976年，但科幻感的仪表意味着直到1979年底第一批量产车才得以交付，这款车实际上成熟于80年代。

钢质底盘与阿斯顿·马丁
V8车型共享

车窗扰流板和后尾翼增压了下压力

发泡轮拱可容纳
较宽的车轮

◁ **梅赛德斯-奔驰 190E Evo II 1990款**

产　　地	德国
发 动 机	2.463升，直列四缸
最高车速	249千米/时

梅斯德斯第二次尝试将190E打造成比赛的冠军，在没有催化转化器的情况下，其高转速的发动机可产生232制动马力的功率。总计500辆的产量使其成为了一款量产车。巨大的后尾翼和底盘高度都是可调节的，后者可以通过仪表板按钮调节。

▽ **蓝旗亚 Thema 8.32 1987款**

产　　地	意大利
发 动 机	2.927升，V型八缸
最高车速	240千米/时

按顶级标准进行装饰的蓝旗亚Thema 8.32极为昂贵，搭载了一台来自308GTB/GTS和Mondial的法拉利发动机，但改用了十字曲轴和更小的气门。高昂的价格及仅提供左舵版本的配置限制了它的销路。

▷ **福特 金牛座 SHO 1989款**

产　　地	美国
发 动 机	2.986升，V型六缸
最高车速	230千米/时

雅马哈（Yamaha）制造了一台福特V6发动机以适配跑车及限量版性能轿车，但只有四门版得以量产。金牛座SHO被证明极受欢迎，它成为常规量产车型，并且在此后又更新了两代。

◁ **沃克斯豪尔 路特斯 Carlton 1989款**

产　　地	德国/英国
发 动 机	3.615升，直列六缸
最高车速	285千米/时

这款车在欧洲大陆以欧宝路特斯Omega的身份销售，是标准版Carlton三厢车的进阶版。发动机被扩大、加强，并且装备了2个盖瑞特T25涡轮增压器和水冷或风冷式中冷器，提供了现象级的性能表现。这款车只生产了950辆。

1型甲壳虫离开工厂，准备出口瑞士

伟大的品牌
大众的故事

大众品牌始于不起眼的甲壳虫——德国政府理想中的国民车。甲壳虫取得了巨大成功，成为当时销量最佳的车型，也奠定了大众成为欧洲最大汽车集团的基础。2015年的柴油车型排放测试作弊丑闻动摇了它的地位。

大众甲壳虫1303，1970年
这款超级甲壳虫是顶级版本，拥有加衬垫的仪表板、曲面风挡，还有更好的行李空间。

大众汽车的大批量生产直到第二次世界大战结束才开始。欧洲多国的汽车制造商拒绝接手这家公司位于沃尔夫斯堡的工厂，也没有对后置风冷发动机的甲壳虫表现出兴趣。以伊万·赫斯特（Ivan Hirst）少校为代表的英国军队重新修整了生产线，并接下了英国军事当局向德国发出的20 000辆汽车的订单。产量很快就达到了每月1 000辆的水平，但也受到钢铁和工人短缺的限制。1型甲壳虫的朴实、可靠和廉价使它成为正在努力从战争余波中恢复的欧洲的理想车型，1955年之前，甲壳虫已经生产了超过100万辆。

美国是甲壳虫主要的海外市场，它在那里极受推崇，因其复古、非主流的造型而受到追捧。广告商道尔·戴恩·伯恩巴克（Doyle Dane Bernbach）通过经典的系列广告将甲壳虫在很多美国人眼中的缺点——小尺寸、四缸发动机、造型一成不变变成了卖点。

大众在整个20世纪60年代都是依靠甲壳虫和它的衍生产品，如Type-2 camper van、造型优美的Karmann Ghia、1500/1600轿车得以继续存活。虽然它最终的变体是70年代初的四门411和412，但甲壳虫轿车版在德国一直生产到1978年，敞篷版则生产到1980年。即便已在德国停产，甲壳虫依然在南美大量生产。在生产日渐过时的甲壳虫衍生品的同时，大众在1965年收购了奥迪，在1969年收购了NSU，这两家公司都生产先进的前驱车型，而大众最终也将其技术应用在了前驱的高尔夫和Polo掀背车型上——

大众 Karmann-Ghia，1955年
大众对其底盘衍生能力进行了巧妙利用，尤其是这款漂亮的意大利设计、德国制造的硬顶跑车。

"如果你想购买一辆不太一样的汽车，你知道该做什么选择。"

——大众野营车广告，1968年

二者在1974年取代了甲壳虫。它们出现的正是时候：一次又一次的石油危机说服了消费者，尤其是美国消费者，转而去关注小型汽车。

虽然高尔夫被定义为家庭轿车，但一些大众工程师有了新的想法。他们利用业余时间打造了一款为运动而生的燃油直喷版本三门高尔夫，然后他们又说服了一位不那么情愿的大众高管将这款高尔夫GTI投入量产。GTI的成功震惊了所有人，如今成了大众传奇产品的核心成员。

1989年，大众在东欧国家建立了低成本工厂。大众也是第一批在中国建立合资企业的欧洲车企之一。NSU的转子发动机Ro80被证明是一次失败的昂贵研发，但奥迪却坐稳了宝马和奔驰强劲对手的位置。

研发的新技术，例如20世纪90年代的新型小夹角五缸发动机VR5和六缸发动机VR6，以及2003年的DSG双离合变速器都是大众低调的创新。尽管旧款甲壳虫在巴西和墨西哥仍然畅销了很多年，但大众还是发布了新款甲壳虫，新款车型与原款毫无共同点——除了时尚而又复古的造型以外，但这款车也成了成功的小众车型。

2008年，大众以3 000亿欧元的市值成为世界最大的汽车公司，这多亏了对冲基金和投资者们。2011年，大众完成了与保时捷的合并，看来它注定要成为世界上最大的汽车生产集团了，直到2015年，美国的测试表明大众在其旗下的车型上采用了欺骗手段以规避排放法规。此事的曝光使大众损失了数十亿美元，此时其在遭遇信任危机努力重建信誉的同时，认真思考品牌未来的发展战略。

大众 411，1968年
后置发动机、风冷的主题在大型四门家庭轿车上遇到了障碍——并没有取得令人瞩目的成功。

大众 保时捷 914，1969年
大众和保时捷联合生产了这款中置发动机双座跑车，采用大众水平对置4缸发动机或保时捷水平对置6缸发动机。

未来的经典

Polo G40 大众为其旗下这款小型掀背车配备了一颗硕大的心脏——1.272升四缸发动机。加装的不同凡响的机械增压器拥有一个卷轴形的部件——大众称其为"G字梯"，压榨出的制动马力达115马力，使该车具有光芒璀璨的性能。1987年，G40只生产了500辆，但当Polo在1990年完成改款之后，G40成了产品线上的常规车型。

大众 Polo G40 1990款

产　地	德国
发动机	1.272升，直列四缸
最高车速	172千米/时

"G字梯"机械增压器使Polo升级成一辆袖珍性能车。高昂的价格意味着它的销量绝不会高，这也使它成为如今少见的收藏车型。

Corrado VR6 这款干脆利落的运动跑车有一款新奇的速度适应式后扰流板。1988款配有1.8升自然吸气发动机和G60机械增压器，它在装备了大众VR6——一款气缸夹角仅有15°的V6发动机后迎来了自己的时代。与此同时，它的行走机构也得到了升级，还有了更宽的轮拱和隆起的发动机盖，这也提升了造型的硬朗感。该车魅力十足，顺畅而又迅猛，但昂贵的价格阻碍了它的市场表现。

大众 Corrado VR6 1992款

产　地	德国
发动机	2.861升，V型六缸
最高车速	234千米/时

这款大众前驱硬顶跑车漂亮而优雅。小夹角V6发动机保证了它的平顺性、速度和悦耳的发动机声。

美国紧凑型车

20世纪70年代的两次石油危机迫使美国的汽车买家去寻求燃油经济性更佳的车型，以替代底特律出品的大而宽的“陆地游艇”。一开始，这类新车型来自日本品牌，如本田和丰田，以及欧洲品牌，如大众和宝马，这些品牌早就对被美国人认为是“小车”的车型进行了研发。美国车企以自己的紧凑型车予以反击，虽然并不总是成功。美国紧凑型车在80年代初步入正轨，并且美国还研发出了接下来的20年里成千上万辆紧凑型汽车所基于的平台。

独特的合金轮辋
为了匹配克莱斯勒为LeBaron定位的运动身份，这辆车标配了一套特别设计的合金轮辋。它们降低了簧下质量，以使操控性更灵活。

▷克莱斯勒 LeBaron Coupé 1987款

产　地	美国
发动机	2.501升，直列四缸
最高车速	166千米/时

1982年的第一代LeBaron是克莱斯勒前驱车型的先锋。这款新一代车型在此基础上又增加了精致的低风阻造型及豪华的内饰。消费者可选择2.2升和2.5升的发动机，这款车也有硬顶和敞篷两种版本可选。它也在墨西哥生产，在那里它被叫作克莱斯勒Phantom。

车内可以乘坐4个成年人

大灯用可收起的金属板遮盖

格栅延伸至保险杠之下

行车电脑是时髦的配置

苗条的轮廓
车身造型流畅、优美的LeBaron也是一辆非常实用的车，皮革座椅可以供4个成年人舒适乘坐。

侧视图

▷ **AMC Eagle 1980款**

产　　地　美国
发 动 机　4.228升，直列六缸
最高车速　142千米/时

20世纪70年代后期，AMC推出了这款先锋的美式四轮驱动混合车型，用以填补旗下越野车与Concord三厢轿车之间的市场空白。弗格森方程式四轮驱动系统采用了全自动配置。克莱斯勒在1987年收购AMC之后，这款车的产量得到了提高。

◁ **庞蒂亚克 Fiero 1985款**

产　　地　美国
发 动 机　2.838升，V型六缸
最高车速　200千米/时

通用汽车公司用一款中置发动机的双座Fiero跑车震惊了世界。这款车基于经济型轿车，入门版本使用四缸发动机，因此它的价格低廉，在通用汽车的产品线中居于克尔维特车型之下。它在5年里销售了370 158台。

▷ **道奇Aries 1981款**

产　　地　美国
发 动 机　2.213升，直列四缸
最高车速　158千米/时

这辆宽敞的前驱轿车基于克莱斯勒K型平台打造，被*Motor Trend*杂志评选为1981年的年度车型。它在7年内售出了100万辆，还与它的姊妹车型普利茅斯 Reliant一起，提升了克莱斯勒在1980年代的盈利。

◁ **水星 卡普里 1991款**

产　　地　澳大利亚
发 动 机　1.597升，直列四缸
最高车速　202千米/时

这是一款有趣的2+2敞篷车，由福特澳大利亚公司制造，但主要针对美国市场，通过水星经销商销售。前轮驱动的传动装置来自马自达323/福特Laser，最亮眼的版本是涡轮增压的卡普里XR2。

雪佛兰 科尔维特

作为汽车行业中最响亮的名号之一，即便是在问世60多年之后，科尔维特依然在很大程度上是美式跑车的代名词。它最初的定位是英国捷豹 XK120的竞争车型，售价大概是雪佛兰之前车型的2倍。它起初销量不佳，直到升级为V8发动机才开始畅销。自此，持续的升级使科尔维特始终站在美国汽车的前列。

科尔维特是通用汽车皇冠上的珍珠，也是银幕上的超级明星，它是通用20世纪50年代的设计总监哈利·厄尔的创意。他敏锐地意识到公司的产品将会与一大批欧洲进口车型竞争，于是试图把一台相对中庸的六缸发动机与全新的塑料敞篷跑车车身结合起来。

没有多少消费者愿意为此买单，据报道，初期的大部分车型被卖给了通用的管理层。1956年搭载了V8发动机后，转折点到来了。在卓拉·阿库斯-邓托夫（Zora Arkus-Duntov）开始提升其动力之后，它的未来看上去更加光明。1960年，它的年销量就已经达到11 000辆。

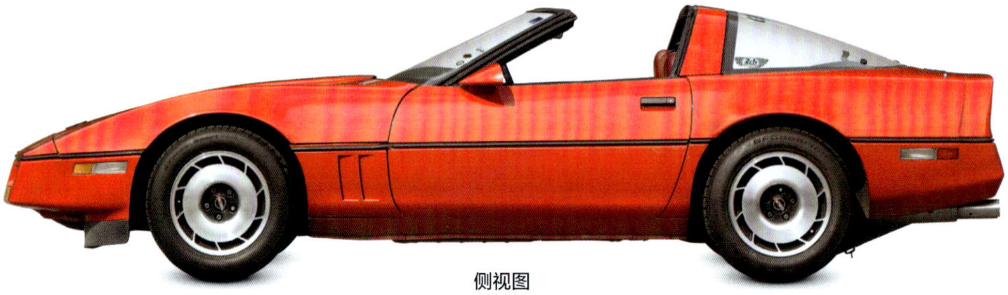
侧视图

自1963年“Sting Ray”风格造型**推出**后，硬顶车型的销量就超过了敞篷版

车身材料仍以玻璃纤维为主，随后的高性能版本应用了碳纤维复合材料

前视图

后视图

雪佛兰标志
当公司共同创始人威廉·C. 杜兰特1913年发布这款标志时，他说灵感源自一家法国酒店壁纸上的领结形标识。这个说法后来饱受争议，也出现了不同的版本，但事实证明，新的雪佛兰标志，即便是新消费者也能一眼认出。

规格	
车型	雪佛兰 科尔维特，1984—1996年
产地	美国
产量	317 700辆
结构	钢质承载式车身、玻璃纤维板件
发动机	5.735升，V型八缸
输出功率	制动马力为230～330马力
变速器	四速或六速手动，四速自动
悬架	前后玻璃纤维板簧
制动器	前后盘式制动器
最高车速	225～290千米/时

造型
自20世纪60年代中期以来，经典的科尔维特造型一直在持续进化。通过保持诸如双圆尾灯和硕大的下探式发动机罩之类的元素，设计师们在借鉴法拉利等竞争者的设计细节的同时，从未让这款美国经典跑车丢失其标志性形象和独特魅力。

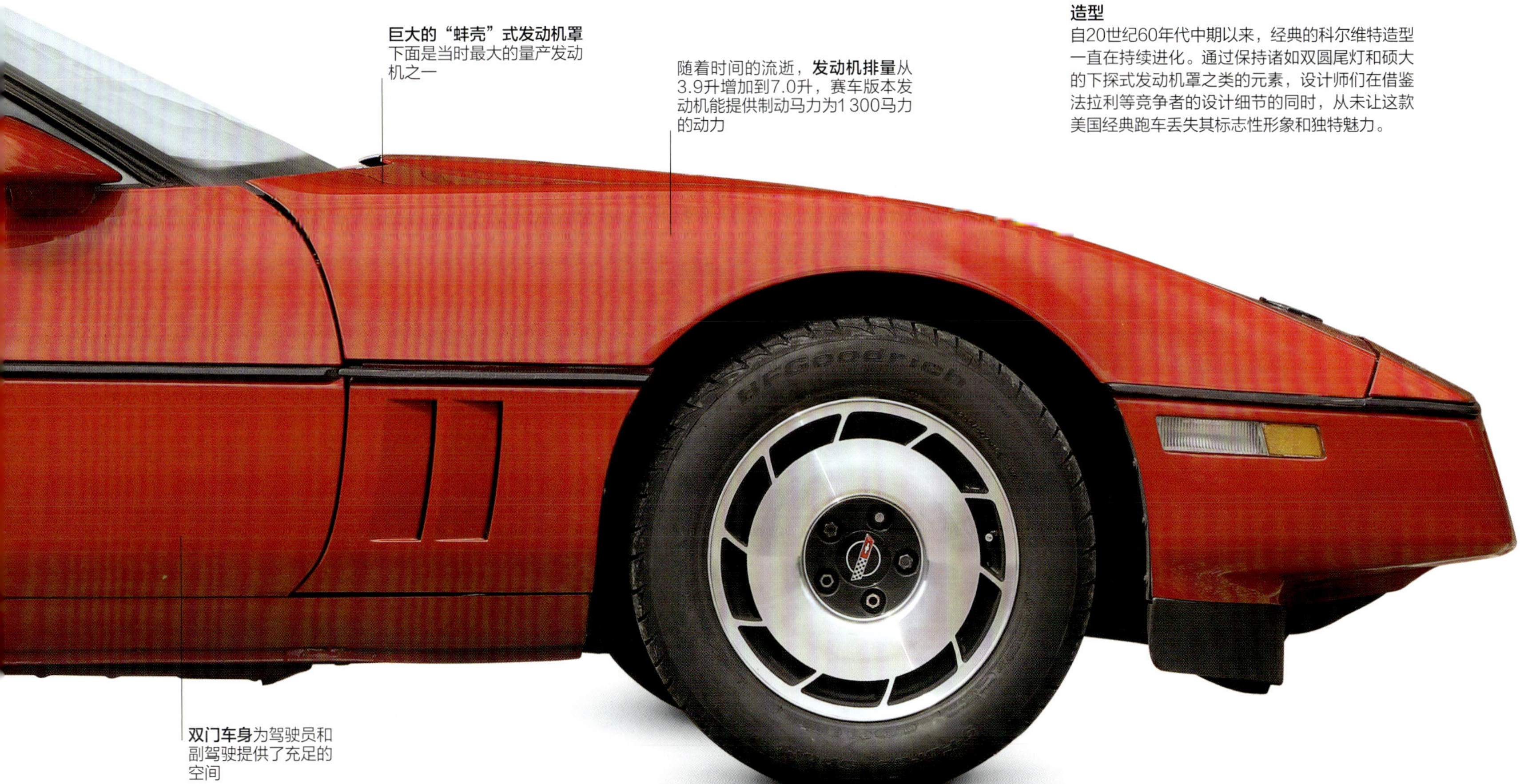

巨大的“蚌壳”式发动机罩
下面是当时最大的量产发动机之一

随着时间的流逝，**发动机排量**从3.9升增加到7.0升，赛车版本发动机能提供制动马力为1 300马力的动力

双门车身为驾驶员和副驾驶提供了充足的空间

在路上

截至20世纪80年代中期，科尔维特已经发布至第四代，潜在买家们都热切盼望着这款车将近20年来的第一次全面重新设计。5.7升V8发动机只比前款车型的动力略强，但硬顶版和敞篷版的新造型都简洁而新鲜。它比上一代车型更硬朗，没人会把它认成科尔维特之外的任何车型，而且这个造型也十分耐看。

按照欧洲跑车的标准，它属于大型跑车，兼具令人印象深刻的性能和舒适性。性能良好的汽车从来不缺心甘情愿的买家，尤其是科尔维特1988年推出的限量版车型，即为了纪念科尔维特成为美国标志35年而推出的限量版。

1. 上翻式大灯在关闭时可降低阻力
2. 漂亮的轻量化合金轮辋
3. 翼子板上的气道辅助制动系统散热
4. 宽灯嵌入后保险杠中
5. 科尔维特车标在尾部板件上非常显眼
6. 电子显示的仪表板
7. 双尾灯——一个长期存在的科尔维特招牌元素
8. 双排气管
9. 内饰徽标清楚地标出了性能数据
10. 内侧门拉手
11. 5.7升V8发动机

1

2
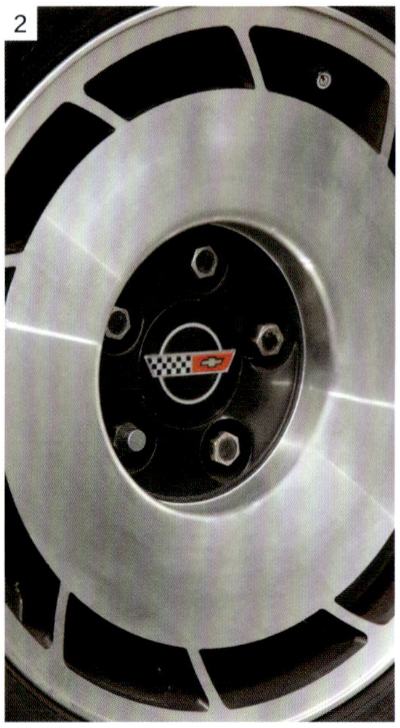

3

4

5

6

7

8

9

CORVETTE
L-83
350 CUBIC INCHES
205 HORSE POWER
290 TORQUE FT. LBS.
9:1 COMP. RATIO
5.7 LITER
CROSS-FIRE
INJECTION

10

UN
LOCK
LOCK

11

CROSS-FIRE INJECTION

双座敞篷跑车

美国曾计划取缔敞篷车——几乎涵盖了所有跑车，但相关法规却一直没有颁布。进入20世纪80年代，还在量产中的跑车都过时停产了，但还是有一些存活下来，安装了新的发动机和行走机构，以便与全新一代车型竞争。大多数车型沿用了传统的前置后驱布局，但也有一些采用发动机中置，并试验性地选择了前轮驱动，甚至还有一些回避了敞篷车身，选用紧凑的固定车顶形式。这是属于跑车的“文艺复兴”时期。

▷ **宝马 Z1 1986款**

产　　地	德国
发 动 机	2.494升，直列六缸
最高车速	225千米/时

这是宝马自20世纪50年代的507以来的第一辆双座跑车，拥有新奇的钢质平台和易于拆卸的塑料覆盖件，以及向下开启的车门。前悬架来自E30代的3系，后悬架是新研发的多连杆结构。该车共售出了8 000辆。

▷ **马科斯（Marcos）Mantula 1984款**

产　　地	英国
发 动 机	3.947升，V型八缸
最高车速	241千米/时

20世纪60年代的经典——马科斯在80年代的Mantula身上重获新生。最大的变化是使用了强力的罗孚V8发动机，增强动力的同时减轻了整车重量。随后，马科斯又推出了敞篷的Spyder版本。

◁ **丰田 MR2 1984款**

产　　地	日本
发 动 机	1.587升，直列四缸
最高车速	193千米/时

MR2或许不是第一辆价格亲民的中置发动机跑车，但它一定是迄今为止最好的。平顺的十六气门发动机、精准度极高的操控、舒适的乘坐感受和丰田一贯的可靠性使MR2拥有令人无法抗拒的吸引力。

旧酒新瓶
宝马的前脸在第二次世界大战之前就以两个“鼻孔”（美其名曰“双肾”）为主要特征，在Z1车型中，进气口深入塑料前鼻，与保险杠融为一体，或者说气坝的造型。虽然前鼻是下探的铲子状，它的大灯却并不是上翻式。

前视图

驾驶环境
宝马汽车以内饰在人机工程学方面的认真考量和按键的恰当布置而闻名。Z1的车主同样享受着包裹性的运动座椅，这让他们即便是在极限过弯时都能保持安全状态。

◁ **马自达 MX-5 1989款**

产　地	日本
发 动 机	1.597升，直列四缸
最高车速	183千米/时

马自达品牌受到20世纪60年代的路特斯Elan车型的启发而生产出的MX-5让世界重新享受到传统敞篷跑车的乐趣，而该车又比之前的传统敞篷跑车更舒适和更可靠。这款车取得了巨大的成功，它在美国被叫作Miata，在日本被叫作Eunos。

▷ **莲花 Elise 1995款**

产　地	英国
发 动 机	1.796升，直列四缸
最高车速	200千米/时

Elise采用了罗孚K系列发动机，冲压铝制底盘和玻璃纤维车身，减重后的Elise仅重725千克，具有出色的操控性和其他优秀性能。该车的巧妙设计完全符合莲花创始人科林·查普曼一直以来“更加轻量化”的口号。

飙车天堂

人们对于经典汽车的热情可以追溯到很久以前，但一开始并不是为了收藏这些车。在20世纪20年代的美国禁酒令时期，福特T型车被改装以提高速度，让私酒走私者能够快速逃离执法人员的追捕。不久之后，这些汽车开始在乡村公路和沙漠盐滩上相互竞速。1951年，美国直线加速赛机构成立了，“飙车”获得了一些认可，并且大多转移到加利福尼亚州周围的废旧空军基地的加速赛道上。其中，最令人兴奋的是直线加速和实现这一目标所需的巧妙改装——“热杆”（此处指安装在发动机上以提高性能的改装凸轮轴）。

定制文化

在20世纪50年代，一种汽车亚文化随着直线加速赛车发展起来。它拥有自己丰富的俚语，并催生了《美国风情画》《双车道柏油路》和《油脂》等电影。福特汽车、雪佛兰汽车、大众汽车等品牌的老旧汽车都被彻底改装，并重新喷漆，获得了人们对改装汽车外表和速度的双重赞美。成功的汽车改装者被认为是有天赋的工匠，而不仅是挥舞扳手的“润滑器”。在美国各地，像这样的直线加速赛车和定制汽车赛事继续吸引着大批热情的车主、制造者和旁观者。

意大利设计

意大利设计工作室的影响力在这一时期达到了顶峰，它们赋予这个时代的高级车型超凡的魅力，从乔吉托·乔治亚罗设计的昙花一现的德劳瑞恩（DMC），到法拉利与宾尼法利纳长期的合作，再到扎加托回归公众视线，重拾与阿斯顿·马丁可以追溯到20世纪60年代的合作。但意大利设计的影响力远不止于此，它们漂亮而有创意的新设计风格也在主流汽车设计中扮演了重要角色。现代、几何的风格，更高的车顶和更宽敞的乘用空间便是其影响力的最终呈现。

前视图（车门开启状态）

有争议的鸥翼
德劳瑞恩的鸥翼车门与众不同，但不是所有人都喜欢。有人担心翻车时乘员会被困在车里；还有一些用户发现，当机械结构失灵的时候，他们会被困住。

▷ 德劳瑞恩 DMC-12 1981款

产　地	英国
发 动 机	2.849升，V型六缸
最高车速	195千米/时

最初被设定为“未来一瞥”的德劳瑞恩 DMC-12成为汽车工业最失败的案例之一。该车很不可靠，销量也从未接近过厂家过于乐观的预估。然而，它因为在电影《回到未来》（*Back to the Future*）中的亮相而早早确立了自己的江湖地位。

鸥翼车门使车窗与开门机构固定在一起

拉丝不锈钢**外覆盖件**

路特斯式样的**中梁式车架**

欧洲动力
德劳瑞恩搭载的是2.8升PRV V6发动机。这款发动机是标致、雷诺和沃尔沃共同的研发成果。1974—1997年，这款发动机共生产了约100万台。

不锈钢
德劳瑞恩的车身覆盖件采用未喷漆的不锈钢，并以玻璃纤维车身和中梁式车架作为支撑。事实证明，不锈钢易受指纹影响，并且难以修复，只能更换新的零部件。

侧视图

▷五十铃 Piazza Turbo 1980款

产　　地	日本
发 动 机	1.996升，直列四缸
最高车速	205千米/时

通用汽车的日本合伙人邀请乔治亚罗为其设计了全新硬顶跑车。1984年它加装了一款涡轮增压发动机，以使其做到表里如一地优秀，但它的操控性表现不佳，直到路特斯受邀重新为其设计悬架。Piazza Turbo在1990年被一款新的前驱跑车取代。

◁雪铁龙 XM 1989款

产　　地	法国
发 动 机	2.975升，V型六缸
最高车速	230千米/时

该车的设计源自甘迪尼的雪铁龙BX概念车，拥有一个实用的掀背车身和长长的前鼻。V6发动机是可选项，以保证其性能能超过老款CX，而液气悬架受到精密的电子控制。

▷凯迪拉克 Allanté 1987款

产　　地	美国/意大利
发 动 机	4.087升，V型八缸
最高车速	192千米/时

车身由宾尼法利纳设计并且在意大利完成制造。制造并装饰完成的车身外壳被空运到美国，与凯迪拉克的机械结构进行组装。Allanté是一款对标奔驰SL推出的高级敞篷车，但一些潜在买家因其前驱布局而犹豫了。

◁斯巴鲁 Alcyone SVX 1991款

产　　地	日本
发 动 机	3.318升，直列六缸
最高车速	248千米/时

乔吉托·乔治亚罗的意大利设计公司为这款不同寻常的豪华GT车型提供了具有未来主义感的外观样式，其玻璃上部有一个打开的窗户——窗户内侧的窗户，以保持非凡的时尚感。这款罕见的汽车提供了前轮驱动或四轮驱动以及标准自动变速器的配置。

阿斯顿·马丁 DB2与大卫·布朗（左）和布拉巴松勋爵

伟大的品牌

阿斯顿·马丁的故事

1913年，罗伯特·班福德（Robert Bamford）和莱昂内尔·马丁（Lionel Martin）在伦敦的一个车库里创立了跑车品牌阿斯顿·马丁，他们用声名显赫的汽车赛事——阿斯顿登山赛为其命名，以凸显其运动属性。第二次世界大战后获得重生的阿斯顿·马丁成为高性能、时尚和赛车运动的代名词。

阿斯顿·马丁第一款汽车的原型车经过了完整测试，包括轻松通过阿斯顿登山赛的考验，1915年，它被注册为合法上路车型，但量产车直到7年之后才上市销售，此时罗伯特·班福德早已离开公司。第一款阿斯顿·马丁以响应迅速的1.5升四缸发动机为主要特点，虽然生产过程费时费力，但它很快就获得了高质量跑车的好评。

阿斯顿·马丁 DB2/4 敞篷跑车
这款车罕见的敞篷版在法国南部戛纳的卡尔顿酒店外被拍到。这款车可以在10秒内完成0—96千米/时的加速。

阿斯顿·马丁跑车非常适合参加勒芒24小时耐力赛，1928年便首次参赛。公司虽然于1926年易主，搬到了米德尔赛克斯郡的费尔特姆，并且由贝尔特利兄弟研发了全新的车型，但品牌的拥趸还是极其忠诚。

第二次世界大战后，公司被实业家大卫·布朗收购，与豪华汽车公司拉贡达合并。随后诞生的阿斯顿·马丁 DB2是阿斯顿·马丁精良的底盘和拉贡达超凡的2.6升六缸发动机的完美融合，粗糙的原型车还参加了1949年的勒芒赛。在1950年的勒芒赛上，此时的乔治·阿比卡西斯（George Abecassis）和兰斯·马克林（Lance Macklin）是所有参赛选手中的第5名，并且是3.0升组的冠军；雷格·帕内尔（Reg Parnell）和查尔斯·布莱肯伯里（Charles Brackenbury）获得全场第6、同组第2，两车一前一后冲过终点。1951年，5辆DB2分别以第3、第5、第7、第10和第11的成绩完成了比赛，令人印象深刻的是，这是5名新车手的成绩。

大卫·布朗很自豪，但以上成就还远不算辉煌。1959年，DBR1车队在世界跑车锦标赛中获得了纽博格林620英里赛事的冠军，还获得了勒芒24小时耐力赛的冠军。

在布朗买下提克福德车身制造公司专门为阿斯顿·马丁制造车身后，手工定制车身变得更美观、精致。1958年，公司把视线转向了意大利，与设计工作室Carrozzeria Touring合作完成DB4。拥有优雅的溜背风格和轻量化结构技术的DB4是一款全新的、搭载了3.7升直列六缸发动机的车型。这款绅士座驾拥有盘式制动器、超速挡，还有一台可供选择的自动变速器，但仍保留了品牌的底线——DB4GT和轻量版GT Zagato成为赛道上的可怕对手。这款车在1963年升级为DB5——更流畅、更强大，而且从1964年开始变得全球闻名，因为它是肖恩·康纳利在银幕上出演的人物、伊恩·弗莱明笔下的特工詹姆斯·邦德的座驾。1965年的DB6和1967年的DBS之后，公司又在1969年研发了全新的V8发动机。大卫·布朗在1972年将阿斯

阿斯顿·马丁 DB5
肖恩·康纳利在拍摄《007》系列电影《金手指》（*Goldfinger*）的片场与阿斯顿·马丁 DB5的合影，它是邦德惩恶扬善的骏马良驹。

“在最令人向往的豪华旅行车榜单上，它必定名列前茅。”

——《汽车运动》（*Autosport*）杂志对阿斯顿·马丁DB4GT的评价，1962年1月

阿斯顿·马丁Virage，1988款
更新了V8发动机，这款强大的Virage是在预算紧张的情况下进行开发的，并延续了该品牌以手工制造而闻名的传统

顿·马丁出售，公司在20世纪70—80年代艰难求生。1976年的阿斯顿·马丁拉贡达因为硬朗的楔形轮廓而备受争议，但它在中东地区风靡一时，由此产生的利润帮助公司维持生计，直到福特在1987年买下了它的一部分股份。在福特的支持下，阿斯顿·马丁在1993年发布了一款价格更低的六缸车型DB7。DB7取得了巨大成功，截至2001年共生产了5000辆（阿斯顿·马丁的总产量直到1984年才突破10 000辆）。其后的车型——V12动力的DB9和DB10也取得了不错的销售成绩。公司在沃里克郡的盖登得到了其历史上第一座专属工厂，并于2005年开始生产全新V8 Vantage——保时捷911与法拉利360 Modena的独具特色的英国对手。

2007年，福特把公司卖给了科威特投资财团，而阿斯顿·马丁也回归了顶级汽车赛事。2007—2008年，阿斯顿·马丁在GT1级别获得了胜利，此后新的LMP1赛车又在2009年的比赛中获得了全场第4。同一年，V12 Vantage GT在纽博格林24小时耐力赛上完成了赛道首秀，取得了同级别冠军。

2001年的V12 Vanquish是老派的阿斯顿·马丁的收官之作。新的、独特的车型包括V12 Vantage和2009年的One-77超级跑车。品牌在2013年迎来百年之庆；在2015年发布了制动马力达800马力的Vulcan——后驱的限量版专业赛车，全车结构均采用碳纤维，搭载了7.0升V12发动机，这款车只生产了24辆，单车售价为200万英镑。2018年，阿斯顿·马丁加入伦敦证券交易所，两年后推出了DBX豪华SUV。

未来的经典

One-77 在未来的经典车世界中，One-77将是收藏者们极难获得的一款车，因为一共只生产了77辆。它于2009年发布，每一辆都为车主量身定制，采用铝质覆盖件和碳纤维承载式车身结构。每辆车的价格至少110万英镑，但它的制动马力为700马力的发动机能够在很大程度上保证354千米/时的极速。像近年来几乎所有阿斯顿·马丁汽车一样，它生产于英国沃里克郡的盖登。

阿斯顿·马丁One-77 2009款

产 地	英国
发动机	7.312升，V型十二缸
最高车速	354千米/时

这家飞速发展的英国公司为保住在超级跑车界的巅峰地位而全力以赴，最终打造出一款售价超过百万英镑的驾驶机器，但只有极少数幸运儿拥有它。

Rapide 许多超级跑车爱好者有时也不得不面对家庭生活对汽车的实用需求，于是阿斯顿·马丁明智地将DB9打造为一辆四门轿跑车，用动感的溜背式尾部隐藏了后门的存在。罕见的全景天窗横跨在奢华的内饰之上。它的装配线起初承包给一家奥地利公司，随后又回到了盖登总部。

阿斯顿·马丁Rapide 2010款

产 地	英国/奥地利
发动机	5.935升，V型十二缸
最高车速	303千米/时

它有4个车门，并且很适合孩子乘坐，但它本质上仍是一辆跑车。氢动力版本参加了2010年的纽博格林24小时耐力赛。

坚固的越野车

最初的越野车大多数都是硬派、简陋的卡车，作为军事、农业、紧急救援或者户外冒险用车。但是在20世纪80年代，越野车变成了在各种行驶路面都同样有吸引力的多功能汽车，而人们对它们的态度也发生了转变。卡车式的板簧被卷簧代替，以便提供更高的舒适性而不降低越野能力；有些车型还采用了与轿车一样的承载式车身结构来减轻车重，并能同时提升乘坐感受和驾驶体验。随着消费者逐渐理解这种坚固而实用的全地形车型，人们对其的需求量也在飞速上升。

△ **梅赛德斯-奔驰 G-Wagen 1979款**

产　　地	德国/奥地利
发 动 机	2.746升，直列六缸
最高车速	148千米/时

G-Wagen因装有卷簧的传动轴而在驾驶平顺性上优于竞争对手路虎，而且它拥有轮轴差速锁，以保证真正的全地形适应能力。但高昂的价格和朴素的外观限制了它的市场表现，直到梅赛德斯-奔驰1991年采取了措施，逐步把它推到高端市场。

▽ **三菱 帕杰罗/Shogun 1982款**

产　　地	日本
发 动 机	2.838升，V型六缸
最高车速	154千米/时

作为一款休闲而非工作用的车，帕杰罗在提供越野能力的同时也保证了提供轿车所具备的品质。它的标准配置很高，而且发动机的可选范围也很宽，其中包括一款涡轮增压的柴油发动机。它采用了长轴距以适应家庭需求。

▷ **吉普 切诺基 1984款**

产　　地	美国
发 动 机	2.836升，V型六缸
最高车速	154千米/时

XJ系列的切诺基是第一款承载式车身、焊接钢车体的吉普，而且在路面驾驶时也比之前的车型更顺畅。因此，吉普在当时抢走了很多传统旅行车用户。

▷ 福特 探险者 运动3门版 1991款

产　　地	美国
发 动 机	3.958升，V型六缸
最高车速	175千米/时

这款SUV对福特公司来说是一款成功的车型，其销量是竞争对手雪佛兰和吉普的两倍。该车车内非常宽敞，四轮驱动系统的越野能力很强，在柏油路上驾驶也很舒适。一款五门版车型共享了它的轮廓，同样具有平整的玻璃和全包围车门。

▽ 兰博基尼 LM002 1986款

产　　地	意大利
发 动 机	5.176升，V型十二缸
最高车速	201千米/时

意大利超级跑车制造商兰博基尼用一款“兰博基尼的老兰博”打开了全新的细分市场。它的动力来源于新版康塔什巨大的V12发动机——装备6台Weber化油器。它庞大、富有侵略性，并且在沙地上疾驰如飞，因此成了阿拉伯石油大亨们的最爱。

▷ 路虎 发现 1989款

产　　地	英国
发 动 机	2.495升，直列四缸
最高车速	172千米/时

作为填补入门版路虎和豪华版揽胜之间空缺的车型，发现在越野状态下表现优异，这要归功于卷簧前后车桥、锁止的中央差速器及强劲的发动机。它还拥有豪华的、由康兰设计的内饰，并获得了英国设计委员会大奖。

伟大的设计师
罗伯特·奥普伦

罗伯特·奥普伦（Robert Opron）的名声并不响亮，即便是在汽车迷中也如此，但他的非凡成就仍受到热爱造型艺术者的高度赞扬。作为一个高调钟爱领结、生活多姿多彩的人，他为Simca、雪铁龙和阿尔法·罗密欧所做的设计常被评选为史上最美车型。

生涯大事记

- ▷ 1958年　罗伯特·奥普伦在Simca获得第一份工作，他设计了一款纯粹的梦想车型Fulgur
- ▷ 1964年　奥普伦担任雪铁龙设计主管
- ▷ 1970年　奥普伦的设计生涯中的重要一年，他完成了自己在雪铁龙最受好评的2个作品——GS和SM

△ 雷诺 Fuego，1980年

在雷诺车型单调、毫无新意的时期，奥普伦设计的琉璃般的Fuego四门硬顶跑车重燃了创造力的火焰。

- ▷ 1975年　奥普伦广受赞誉的雪铁龙 CX赢得欧洲年度车型大奖。奥普伦自己则转去雷诺工作
- ▷ 1980年　新款Fuego发布，它被认为是奥普伦在雷诺期间的最佳设计
- ▷ 1989年　非凡的阿尔法·罗密欧 SZ的发布引发广泛争议
- ▷ 1998年　奥普伦成为“本世纪最佳汽车设计师”评选中的25位候选人之一

罗伯特·奥普伦骨子里一直是一位艺术家。生于1932年、成长于法非殖民地的他，在巴黎学习了建筑、绘画和雕塑。毕业时，他梦想着进入航空行业，甚至还设计了自己的飞机，但他最终进入了汽车行业。1957年，奥普伦入职法国汽车公司Simca的设计中心，这个设计中心此后由意大利人马里奥·雷弗利·德博蒙特（Mario Revelli de Beaumont）经营。

Simca Fulgur，1958年

作为对未来的展望，对2000年的汽车的设想，Simca Fulgar是20世纪50年代泡泡车的典型代表。遗憾的是，它从未投入量产。

奥普伦很快就展露头角，设计出20世纪50年代最别具一格的梦想车型之一Simca Fulgur。作为一辆拥有半球形车顶和符合喷气时代审美的卡通风格汽车，这款1958年的展车由一家儿童杂志赞助制造，体现出人类对2000年所驾驶汽车的展望。奥普伦想象出一款由原子能驱动、自带陀螺仪平衡系统的玻璃座舱汽车，这也许高估了技术进步的速度，但确实准确预测了诸如雷达导航一类的技术。奥普伦的设计比卫星导航的出现提早了数十年。

扎根雪铁龙

1961年，奥普伦发现自己有些多余了，因为Simca正在被克莱斯勒收购，他决定跳槽去雪铁龙。雪铁龙著名的设计主管，出生在意大利、主导了雪铁龙标志性的Traction Avant和DS车型设计的弗拉米尼奥·贝尔托尼（Flaminio Bertoni）是他的面试官。面试过程中，贝尔托尼把奥普伦的设计作品集丢在地上，并且声称他的作品毫无价值。奥普伦感到被侮辱了，并且强有力地表达了这个观点，随后贝尔托尼回答他：“你打动了我。”他得到了这份工作。

1964年，贝尔托尼突然离世，转由奥普伦主管这家法国公司的设计工作。在雪铁龙，奥普伦设计了销量名列前茅的Ami旅行车，以及更引人注目的、技术升级的GS。超级流线型的GS的美感大受好评，但它在1970年发布时与当时其他任何家庭用车没有差别。奥普伦深知这款车必须以良好的空气动力学性能弥补动力的不足，当设计完成时，GS搭载的1.015升的发动机提供了比发动机更大的竞争对手

> “海豚、猎豹、雨燕，它们都以与环境相协调的速度运动着。”
>
> ——罗伯特·奥普伦

前灯组，雪铁龙 SM，1970年

阿尔法·罗密欧 SZ，1989—1991年

们更好的性能表现。它完美地填补了雪铁龙产品线上经济车型2CV和豪华车型DS之间的空白。

毫无疑问，奥普伦的经典之作是雪铁龙 SM。它醒目而反叛，是蔑视传统的法国设计。它经常出现在20世纪最重要的汽车设计之列，而且被许多人认为是20世纪70年代早期的最佳车型，因为它拥有令人艳羡的高级时装式豪华感、玛莎拉蒂V6发动机，以及满满的设计感。然而，它的市场表现却一塌糊涂，1970—1975年只生产了12920辆。

雪铁龙CX，1982年
雪铁龙CX与众不同的溜背造型使它成为另一个空气动力学的成功范例。它被忠实粉丝认为是最后一款“真正的”雪铁龙——在公司被标致收购之前。

自由设计师

比SM乐观得多的表现在等待着雪铁龙 CX。虽然它很不光彩地成了美丽而长寿的DS的取代者，但它还是在1974年发布时立刻获得了称赞。前卫的造型和先进的技术（源自SM）使它在发布当年就获得了欧洲年度车型大奖。

标致在1976年收购了雪铁龙，这加速了奥普伦离开雪铁龙奔赴雷诺掌控设计部的进程。雷诺与雪铁龙大不相同，官僚主义严重，也许是因为这些原因，奥普伦在雷诺的作品大多是平庸之作，Fuego算得上其中的佳作，它拥有惊艳的曲线尾部。籍籍无名的R9、R11和R25则很快便成为历史。

奥普伦在1986年离开雷诺奔赴菲亚特，这家意大利公司让他去主管“前瞻研究”。他在这个阶段的最佳设计是为菲亚特刚收购的阿尔法·罗密欧仓促完成的构想项目。这款车被设定为新晋的旗舰车型，以挽救这个品牌日渐下滑的声誉。ES30项目（试验性3.0升跑车）从初稿到在1989年的日内瓦车展上发布只用了19个月时间。当面纱揭开时，可以清晰听见参展者们倒吸了一口冷气，这款车型收获的是分歧巨大的评价。闪耀的车身、奇怪的三大灯设计及攻击性的背部让它收获了意大利媒体给它取的“怪兽”绰号。但它在展会上赢得了足够的关注，于是阿尔法·罗密欧将它投入量产，取名SZ。

奥普伦在1991年从菲亚特退休，但仍作为自由设计师继续设计工作，他的作品包括Ligier Dué 城市车型一类令人惊讶的设计。他在参加雪铁龙活动时一直被视为名宿；他于2021年3月去世。

评审GS
戴着领结，罗伯特·奥普伦在公司办公室里视着他为雪铁龙设计的GS模型。实际情况是，这款车在发布之后迅速大获成功。

绝对豪华

高级轿车提供了比此前任何时候都更高的舒适性、便利性、安全性和其他性能。复杂的电子系统是巨大的进步，电脑控制也提供了过去被认为不可能的使用体验。发动机依旧是大型的V8（偶尔是V12），但电子燃油直喷系统提供了更精确的控制，降低了排放和油耗，提升了动力和驾驶性。制动防抱死和牵引力控制系统提升了安全性，而电动座椅和精密的空调系统保证了豪华感。汽车，从未如此舒适。

▷ **布里斯托 Beaufighter 1980款**

产　　地	英国
发 动 机	5.900升，V型八缸
最高车速	241千米/时

以二战中的一款飞机命名的小众车型Beaufighter基于412车型，并且被扎加托大刀阔斧地改动了外型：加装了克莱斯勒涡轮增压V8发动机，抬升了车顶。它既迅捷又制作精良，但只生产了不到20辆。

◁ **凯迪拉克 Fleetwood Brougham 1980款**

产　　地	美国
发 动 机	6.037升，V型八缸
最高车速	167千米/时

位于凯迪拉克显赫的轿车产品线顶端的是品牌最传统的车型。虽然比前款更小，但该车的空间仍然充裕。它搭载的V8发动机是凯迪拉克排量最大的发动机，它拥有活后轴，此外豪华的内饰和转向助力都是标准配置。

▽宾利 Turbo R 1985款

产　　地	英国
发 动 机	6.750升，V型八缸
最高车速	230千米/时

劳斯莱斯通过提升宾利的特色来扭转它的颓势，涡轮增压发动机的引入则恢复了品牌的运动汽车声誉。R版本增加了调校后的悬架，以便它的道路表现能够与需求相符。它同时具备了极致的奢华和无穷的乐趣。

涡轮增压发动机
输出超过300马力
的制动马力

刚性防侧倾杆
装在前后轴上

传统工艺
Turbo R采用了新的发动机技术，但车内却与此前一样传统。大面积的柔软皮革覆盖在座椅和车门面板上，而仪表板则由熟练的匠人用精良的胶合木材制成。

涡轮增压技术
涡轮增压在20世纪80年代风靡一时，因为它在提供提升动力的有效途径的同时，在巡航时保持了经济性。涡轮增压器下面是熟悉的劳斯莱斯/宾利摇臂支架V8发动机，可以追溯到1959年。

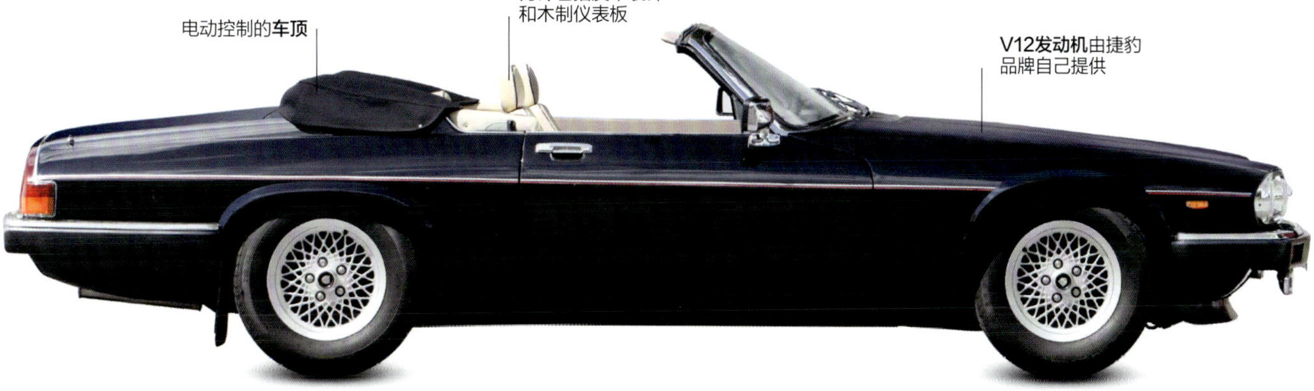

电动控制的**车顶**

内饰包括皮革装饰
和木制仪表板

V12发动机由捷豹
品牌自己提供

▷捷豹 XJS 1988款

产　　地	英国
发 动 机	5.343升，V型十二缸
最高车速	241千米/时

XJS在1975年以一款硬顶跑车的面貌出现，随后捷豹又推出装有可拆卸车顶的敞篷版本，但直到1988年才推出了全软顶敞篷的版本。该车拥有电动折叠车顶、刹车防抱死系统、柔顺的捷豹V12发动机，以及高颜值。

◁奥迪 A8L 1994款

产　　地	德国
发 动 机	5.998升，W型十二缸
最高车速	251千米/时

这款车的全铝车身结构广受好评，它取代了奥迪汽车阵容中的V8车型，但直到6年后才在加长轴距L车型上提供最终版本的发动机。这款非凡的车型与宾利汽车共享同样的动力装置，但该款车仅为欧洲和亚洲的买家制造了750辆配置该发动机的奥迪汽车。

A8的**轴距**加长到了
豪华轿车的水准

所有的W12车型都
配备了**四轮驱动系统**

法拉利Testarossa

1984款法拉利 Testarossa是由宾尼法利纳设计的十二缸双座跑车，Testarossa这个名称自20世纪50年代后就再未被使用。早期的“红头”车型是赛车，但这是一款纯粹的公路车——线条流畅、速度极快且非常昂贵。它的动力单元像当时的许多法拉利一级方程式发动机一样，是一台水平对置发动机而不是更常见的V12。它一直生产到1996年。

面对来自兰博基尼的新一轮竞争，法拉利急于对用户有关其旗舰车型512i BB的抱怨做出反应。这些抱怨包括缺少行李空间、内饰在夏天热得令人窒息（因为这款车的发动机中置，但散热器却是前置）。

法拉利的解决方案是更宽、更长的车身，在后轮之前布置了深深的进气口，以便把冷风引入发动机舱。它没有继承前任车型的曲线，全新的造型引发了争议，但宽敞且更加舒适的内饰使它被收藏家们追捧。

Testarossa因在系列电视剧《迈阿密风云》（*Miami Vice*）中亮相而名气大增，一共卖出了大约10 000辆，这个销量对如此昂贵的一款车而言是令人震惊的。

侧视图

Testarossa（红头）的命名是受**发动机罩招牌性**的色彩的启发

更宽的尾部提升了操控性和高速稳定性

绰号“奶酪刨”的**侧面板**与众不同，并被广泛模仿

前视图

后视图

Testarossa车标
作为法拉利阵营中的传奇名字，Testarossa唤起了人们对品牌1957年世界跑车锦标赛冠军车型的回忆，这款车还在次年轰动了勒芒。老款车型只制造了34辆，保存到今天的那些在全球拍卖市场上都要价惊人。

规格	
车型	法拉利 Testarossa，1984—1991年
产地	意大利马拉内罗
产量	7 177辆
结构	钢管车架和铝质板材
发动机	4.943升，水平对置十二缸
输出功率	制动马力为390马力
变速器	五速手动
悬架	前后双横臂卷簧
制动器	前后盘式制动器
最高车速	290千米/时

造型
宾尼法利纳的设计师们通过放弃法拉利强烈的家族特征，设计出一款比前任车型更大的车，这引发了争议。它在20世纪80年代受到了“过度铺张”的批评，但现在它被认为是名正言顺的法拉利经典。

4.9升、十二缸发动机在随后的版本中输出的制动马力最高为440马力

简洁的车型拥有比同级别竞争对手兰博基尼Countach更优的空气动力学性能

在路上

Testarossa初上市便销量极佳，迈向经典地位的道路却坎坷得多。然而现在，它的地位看起来已经得到了确认，身价也一路飙升。贬低者会说这款车太人，而且是20世纪80年代品味最差的代表。但从好的一方面来说，它拥有极佳的发动机，而且就一辆超级跑车而言，它也有惊人的实用性。除此之外，它的前任车型Berlinetta Boxer和Daytona的收藏价格居高不下，车迷们也越来越愿意考虑这款年代更近的车型。

任何投资Testarossa的人都不会失望。该车看起来很特别，实际上也是如此，加之后期版本能达到约322千米/时的极速，还有什么不喜欢它的理由吗?

1. 上翻式大灯（一直应用到1994年）
2. 五辐合金轮辋（公司熟悉的标志性设计）
3. 侧面进气口将空气导入侧置散热器
4. 法拉利喜爱的设计公司
5. 法拉利闪光的车标
6. 红头发动机的红色覆盖件
7. 内饰是法拉利迄今为止最舒适的
8. 简洁的仪表板只有4个仪表
9. 法拉利熟悉的开放式换挡杆
10. 红色的凸轮盖，这也是Testarossa名字的由来

4

5

1

2

3

6

8

7

9

10

超级跑车

虽然经历了能源危机、遭遇了经济衰退，但仍然有大量消费者愿意购买豪华汽车，这一点一如既往。B组拉力赛为惊艳绝伦的性能车型的研发提供了额外助力，这项新赛事要求参赛车型必须已经有200辆在路上行驶。但在一系列惨烈车祸后，这项赛事被废止了，这些超级跑车于是迅速被收藏者们买下，保留了道路行驶的装备而不是拆除它们，以让它们继续能在赛道上参加比赛。

空气动力学外形
F40可收起的大灯保证了最佳的空气动力学特性，它在不使用时可以收进流线型发动机罩内。车身由11块板件组成，由凯夫拉、诺梅克斯、碳纤维等材料制成，并且都喷涂了轻量化的红色车漆。

▷福特 RS200 1984款

产　地	英国
发 动 机	1.778升，直列四缸
最高车速	190千米/时

RS200从一开始就是为拉力赛而设计，名字里的“200”体现出了参加B组赛事的车型必须达到的量产产量。这款车由Ghia设计、Reliant制造，并使用了考斯沃斯的发动机。很快，它便成为经典。

◁捷豹 XJR-15 1990款

产　地	英国
发 动 机	5.993升，V型十二缸
最高车速	307千米/时

这款XJR-15源自捷豹勒芒冠军车型XJR-9，仅供富有的车手在赛道上驾驶。与量产版XJ220不同，它拥有捷豹自己的V12发动机和由彼得·史蒂文斯（Peter Stevens）设计的碳纤维凯夫拉车身。

▽法拉利 F40 1987款

产　地	意大利
发 动 机	2.936升，V型八缸
最高车速	323千米/时

F40是1987—1989年速度最快的量产车，也是对那些认为“法拉利现在变得过于温和”的人的有力回击。F40拥有双涡轮增压、478马力的制动马力以及轻量化复合材料车身，是为了纪念法拉利作为一家汽车制造商的40岁生日而制。

保持冷酷
F40的车身上布满了通风口，以便为它的机械系统提供冷却空气。前鼻上的2个通风口被称作NACA导管，其名称源于NASA的前身——美国国家航空咨询委员会（National Advisory Committee for Aeronautics），而其造型则追求空气动力学效率。

前视图

车身后部是一个整体件

硕大的**一体式尾翼**

最大下压力
高高耸立的全宽度尾翼引导气流将F40的尾部压在道路或者赛道表面，增加了抓地力。4个圆形尾灯是典型的法拉利设计。

后视图

▷保时捷 959 1986款

产　地	德国
发 动 机	2.994升，水平对置六缸
最高车速	320千米/时

保时捷制造了200辆这款令人赞叹的959，以便它能参加B组拉力赛。它的技术杀手锏包括电脑控制的四轮驱动系统、电子控制的高度调整系统，以及输出444马力的制动马力的双涡轮增压发动机，这台发动机位于车身后部。

涡轮增压水平对置六缸发动机置于车身后部

车身材料融合了铝、凯夫拉和诺梅克斯

进气口为发动机提供冷却空气

发动机盖高高隆起以容纳化油器

车身由Zagato在米兰制造

◁阿斯顿·马丁 V8 Vantage Zagato 1986款

产　地	英国/意大利
发 动 机	5.340升，V型八缸
最高车速	298千米/时

阿斯顿·马丁和扎加托的合作始于20世纪60年代的DB4GT。Vantage是它们再度合作的成果，拥有惊人的速度和高昂的售价。公司只生产了50辆硬顶版本——基于缩短的V8 Vantage平台。之后是25辆Zagato Volante敞篷车，大多数搭载了低调的V8发动机。

力量、威望与风度并存

超级跑车曲高和寡的世界在20世纪90年代进入了一个新纪元。时速200英里（322千米/小时）的纪录在20世纪80年代被打破，而20世纪90年代的高科技限量版跑车带来了前所未有的刺激，尤其是在高速公路上飞驰的一些重建的高性能品牌，如布加迪和迈凯伦。事实上，迈凯伦F1被认为是一款公路车，但动力较弱的版本仍然赢得了1995年勒芒24小时耐力赛的冠军。20世纪90年代初的经济动荡给捷豹XJ220带来了困扰，但对阿斯顿·马丁来说却在不久之后出现了戏剧性的复苏。与此同时，针对那些财力雄厚的人，宾利提供了一款时髦的豪华旅行车（GT），保留了手工制作的传统。

▽迈凯伦F1 1992款

产　地	英国
发动机	6.064升，V型十二缸
最高车速	386千米/时

前F1设计师戈登·默里（Gordon Murray）将迈凯伦F1视为世界顶极公路赛车。宝马V12发动机位于其三座驾驶舱的后面，驾驶位置在车辆正中间。即使在30年后，迈凯伦F1仍然是世界上速度最快的量产车，采用自然吸气（无涡轮或机械增压）动力装置。

◁捷豹 XJ220 1991款

产　地	英国
发动机	3.498升，V型六缸
最高车速	341千米/时

对该车最初的设想是配置展示捷豹技术能力的4轮驱动V12发动机，但实际生产的车型仅采用一半气缸数，后轮驱动。中置发动机的XJ220在经济衰退期间上市，因此遭遇了喜忧参半的命运，但它仍然是一款令人赞叹的车型。

▷宾利 大陆 R 1992款

产　地	英国
发动机	6.750升，V型八缸
最高车速	241千米/时

这款超豪华的四座豪华旅行车为宾利带来了机会，因为竞争对手劳斯莱斯没有与之相当的车型。这款车配备涡轮增压发动机，比Turbo R四门轿车的设计更符合空气动力学，后来又增加了Azure敞篷车版本可选。

发动机舱
迈凯伦F1的售价为634 500英镑（703 890美元），非常昂贵，只生产了107辆。它的魅力部分在于其纯粹、毫不妥协的设计理念。例如，因为发动机舱内没有更好的隔热板，所以使用了内衬金箔。

精心的布置使**内舱**令人感觉非常宽敞

每辆迈凯伦F1赛车都是手工精心组装的，需耗时**2500小时**

前视图

轻量化
为了实现1.138千克（2.509磅）的重量目标，迈凯伦F1使用了碳复合材料底盘箱——在汽车行业中的首次应用，非常坚固，非常轻便。彼得·史蒂文斯（Peter Stevens）的车身设计避免了造型过度，并设计了二面门(蝴蝶门)，以便于通过高门槛进入驾驶舱。

较短的前后悬，部分原因是因为其谨慎的“**无脂肪**”设计

后视图

动力
中置V12发动机每升可输出100马力，仅通过6速手动变速器为后轮提供动力。这款车很容易驾驶和操控，并没有配备电子驾驶辅助系统。其后部装有自动空气制动器。

▷布加迪 EB110 1991款

产　地	意大利
发 动 机	3.499升，V型十二缸
最高车速	342千米/时

在销声匿迹30多年后，布加迪品牌于20世纪90年代初凭借这款560马力的超级跑车回归，但该车型仅生产了139辆。该车发动机是EB独有的、意大利摩德纳的一家专用工厂负责制造。

碳纤维底盘由航空航天公司Aérospatiale提供

DB7的**外形**是由捷豹设计总管伊恩·卡勒姆（Ian Callum）设计的

◁阿斯顿马丁 DB7 1993款

产　地	意大利
发 动 机	3.228升，直列六缸
最高车速	265千米/时

福特公司的投资使阿斯顿·马丁品牌能够提供更现代、更实惠的车型，这款DB7搭载了基于捷豹的机械增压发动机。1999年，V12发动机的Vantage车型加入了阿斯顿·马丁的6升V12发动机系列（见左图），还有罕见的Zagato车身版本。

户外的刺激旅行

驾驶敞篷车那种“发随风动”的体验从未失去它的吸引力。在20世纪90年代，软顶敞篷车的选择更加多样化。20世纪70年代，美国立法者一度以事故隐患为由，要取缔软顶敞篷车的威胁已经成为遥远的记忆。从小型的日本铃木卡布奇诺到动力强劲的美国道奇蝰蛇，敞篷跑车无处不在，而四座跑车中，几乎没有比赢得赛车冠军的敞篷版宝马M3更令人兴奋的了。TVR格里菲思也许是小型汽车专业制造商的巅峰之作，而雷诺等汽车制造商也推出了运动型敞篷跑车，为他们的主流车型增添了活力。

V型10缸发动机
道奇请来了兰博基尼的专家来设计这款400马力的发动机，该款发动机匹配了6速手动变速箱。该车可以在4.2秒内从0加速到62英里/小时(100千米/小时)，在12.6秒内由静止起步跑完四分之一英里。这款车没有牵引力控制系统，也没有制动防抱死系统，所以踩下油门的司机必须要勇敢。

▽ **道奇 蝰蛇 1993款**

产　地	美国
发 动 机	7.990升，V型十缸
最高车速	265千米/时

蝰蛇被认为是AC眼镜蛇车型的继任者，是一款旨在提升道奇品牌形象的超级跑车，其V10发动机在当时在公路车中是独一无二的。配有一个简单的帆布车顶，也可以选择增强版的硬顶。

严谨的**双座车**
旨在提升道奇的品牌形象

蛇形的
外观前大灯

保险杠下方
进气口冷却巨大的
V10发动机

帆布顶和塑料窗使驾驶舱
免受天气影响

轻量化
蝰蛇的车身主体由钢管框架和玻璃纤维面板组成，加上全铝发动机，使其重量相对较轻，为1490千克(3280磅)。为了使它尽可能简洁，没有安装外部门把手，可拆卸的侧窗也是塑料的。

大胆而独特的
三辐合金车轮

侧视图

◁铃木 卡布奇诺 1991款

产　　地　日本

发 动 机　0.675升，直列三缸

最高车速　137千米/时

卡布奇诺的限速为每小时137千米，旨在满足日本Kei-car的法规要求，即紧凑、更适合城市驾驶的尺寸和小巧的动力装置。前置发动机，涡轮增压，后轮驱动，这是一辆真正的迷你跑车。三部分组成的可移动车顶使它在冬天也可以驾驶。可提供5速手动或3速自动变速器。

▷TVR 格里菲斯 1992款

产　　地　英国

发 动 机　3.948升，V型八缸

最高车速　238千米/时

格里菲斯来自位于英国英格兰布莱克浦的一家小型汽车制造厂。该车延续了20世纪50年代强大跑车的优良传统，凭借它的性能、操控性、优秀的V8发动机和漂亮的外观而深受喜爱。同期提供的还有TVR奇美拉——一款更舒适的汽车，拥有更宽敞的客舱和额外的行李箱空间。

◁雷诺 Sport Spider 1994款

产　　地　法国

发 动 机　1.998升，直列四缸

最高车速　211千米/时

这款双座的公路跑车完全没有车顶，配备一台横置发动机。踏板是可调节的，以适应任何司机。Spider杯汽车赛是为拥有该车的车主举办的一个系列赛事，旨在通过让车主们用相同的车型比赛来测试他们的驾驶技能。

▷宝马 M3 敞篷版 1994款

产　　地　德国

发 动 机　2.990升，直列六缸

最高车速　250千米/时

这款M3敞篷车的M-Sport发动机在7000转/分时产生282制动马力，5速变速箱将动力传递给后轮，以宝马汽车传统的方式实现了操控平衡和耀眼加速成绩的完美结合。一个设计精美的硬顶可以让该车度过最寒冷的冬天。

术语表

2+2
简称，指容纳两个全尺寸前排座椅和两个小型后排座椅的车厢布置。后座更适合小孩或者短途旅行的成年人乘坐。

4×4
简称，指四轮驱动。四轮驱动汽车的驱动力会传递到全部车轮。

ABS（Anti-lock Braking System，防抱装置）
阻止车轮在制动时锁死的制动系统，这样汽车就可以在紧急情况下转向以避开危险。

air dam（气坝）
金属或塑料制成的“嘴唇”，在车前部最下端，可通过阻止气流通过底盘下方降低阻力和升力，来提高汽车的空气动力学性能。

air filter（空气滤清器）
毛质或纸质的零件，在空气进入发动机之前滤去其中的微粒。

air-cooled engine（风冷发动机）
在发动机外（通常有风扇协助）进行空气循环以帮助高温部件降温的发动机。内置水冷发动机是现代发动机的选择。

air suspension（空气悬架）
一种高压悬架系统，使用惰性气体或高压空气来保证车辆在崎岖路面或急转弯处稳定。

alternator（交流发电机）
一种小型发电机，将发动机输出的机械能转化为交流电，整流后为蓄电池充电，给车灯、电动车窗和无线电设备供电。

anti-surge baffle（防喘振板）
一种阻止贮液器（尤其是油槽）内液体随着车身的移动而上升的盘子。

automatic（自动挡）
一种无离合器的传动机构，可以自动替驾驶者选择合适的挡位。

backbone chassis（脊骨式车架）
一种纵向的中央结构，支撑着整车的车身、传动系统和悬架。

BDA engine（BDA发动机，皮带传动A型）
一款基于福特发动机、由考斯沃斯设计的赛车发动机。

beam front axle（前梁式横轴）
一种简单的悬挂梁，每端与一个车轮相连，通过卷簧或板簧与车架相连。

bearing（轴承）
一种零件，在机械中的固定部分和旋转部分之间提供支撑。

Bertone（博通）
一家意大利车身制造及设计公司，运营于1921—2014年。

bhp（brake horsepower，制动马力）
马力最初是以“多少匹驮马相等的拖曳力”来计算的。在汽车中，“总马力”指的是发动机输出的总功率。“净马力”是指发动机驱动各种附加设备（如交流发电机）后可输出的功率。制动马力指通过向曲轴施加一个特定的阻力而测得的功率。

big end bearing（大端轴承）
连接活塞和发动机曲轴的连杆上更大、更低的轴承。

blown (engine)（增压发动机）
使用机械增压器或涡轮增压器对动力进行提升的发动机的总称。

bonnet（发动机罩）
发动机上带有铰链的覆盖件。

bore（活塞缸筒）
通常是圆柱形的缸筒，发动机活塞在其中做往复运动。也指缸筒直径。

Brooklands（布鲁克兰赛道）
世界第一条专为汽车运动而建造的环形赛道，毗邻英国萨里郡的韦布里奇，在1909—1939年使用。

bubble-top（气泡式车顶）
一种明显呈球形的车顶，由玻璃、有机玻璃或金属制成。

butterfly valve（蝶形阀）
一种由沿直径旋转的圆盘与导管构成的阀门，可以开合以调节发动机部件（如化油器）内的气流。

cabriolet（双座软顶敞篷车）
一种双门车型，通常不是跑车，拥有由织物制成的、可拆卸或折叠收起的车顶。

camshaft（凸轮轴）
带有凸轮的驱动轴，凸轮用来控制发动机的进排气。它可以间接通过推杆（通常是顶置气门发动机中）或直接（在顶置凸轮轴发动机中）控制气门。双顶置凸轮轴发动机的每一个气缸都配有两个凸轮轴，一个负责控制进气，一个负责控制排气。

carburettor（化油器）
老式发动机的部件，燃油和空气在其中混合成易燃的油气混合物，此混合物随后在气缸中燃烧。

catalytic converter（催化式排气净化器）
一种安装在使用无铅燃油车型排气系统的设备。它利用化学催化剂来加速将有害气体转化为无害气体的化学反应。

chassis（底盘）
一种车轮上的承载构架，在早期车型中承载着机械结构，与车身相连接。如今的大多数汽车都使用承载式车身设计，因此没有专门的车架单元，但这个术语延用下来，指代动力传动系统。

choke（阻风门）
一种化油器阀，暂时性限制气流以便使油气混合物保持较高的燃油比例，使其在发动机温度较低时容易燃烧。

clap-hand windscreen wipers（拍手式风挡雨刮）
折叠在风挡中央的两只雨刮，打开时分别向外侧刮水。

classic（经典车型）
产于1940年1月1日后、距今至少25年的车型。

close-coupled（短背式车身）
紧凑型双门车的车身形式，两个后座处于后轮之前。

clutch（离合器）
一种设备，将发动机与传动系分离，以便切换挡位。

coachwork（车身）
完成上漆的车身，上漆通常由车身制造商完成。

coefficient of drag（风阻系数）
复杂的科学方程式的计算结果，可以表明一辆车的空气动力学性能，通常精确到小数点后两位。阻力意为车身在气流中遇到的阻碍，低阻力意味着更好的穿透空气的能力、更低的摩擦消耗，因此也意味着更高的效率，虽然在某些情况下也意味着更差的动态稳定性。一般简写为“Cd”。1970款雪铁龙SM被认为拥有极低的阻力系数——0.24，比当今的绝大多数汽车都低（一般为0.25~0.30）。

column gear-change（圆柱齿轮变速器）
一种变速杆，装配在转向柱而非地板上。如今的车型中已不再应用。

combustion chamber（燃烧室）
发动机气缸顶部空间，油气混合物在其中被处于最高点的活塞加压，火花塞置于其中以引发燃烧。

compression ratio（压缩比）
气缸和燃烧室在活塞位于工作行程最低点时的总容积与活塞位于工作行程最高点时的总容积之比。

compressor（压气机）
通过压缩气体体积来增大压强的设备。在涡轮增压器和机械增压器中都有使用，以提高发动机性能。

connecting rod（连杆）
一种机械结构，将发动机的活塞与曲轴相连。通常缩写为“con-rod”。

copper-brazed engine（铜钎焊发动机）
用于克罗斯利汽车的一种发动机，由金属板制成，不用铸件，而是以铜合金钎焊连接。

Cosworth-tuned（考斯沃斯改装）
经考斯沃斯调校的发动机，考斯沃斯是一家总部位于英国的公路车与赛车发动机设计、制造商。

coupé（硬顶跑车）
源自法语单词couper，单词最初指代双门的、车顶曲线较低的车型。今天的coupé 倾向于采用车顶后部逐渐降低（溜背）设计。

courtesy light（室内照明灯）
在车门开启时被点亮的灯，照亮车辆内室、门槛和车下的地面。

crankcase（曲轴箱）
气缸体下部的部件，用于容纳曲轴。

crank handle（曲轴摇柄）
安装在发动机前部的手动机构，用于启动燃烧过程。在英国也被称为启动手柄。

crank pulley（曲轴皮带轮）
发动机机轴末端的主动皮带轮。用于驱动从动机构，如交流发电机和水泵。

crankshaft（曲轴）
主发动曲轴，将活塞的上下往复运动转化为旋转运动，驱动车轮。

crumple zones（缓冲溃缩区）
车身前部和后部的单元，在剧烈碰撞时会变形或塌陷；此过程可吸收能量以避免碰撞对乘员舱和油箱造成伤害。

cylinder（气缸）
圆柱形腔体，发动机活塞在其中上下往复运动。

cylinder block（气缸体）
内燃机中通常由铸造金属制成的缸体，气缸在其中开凿以容纳活塞，气缸盖与之相连。

cylinder head（气缸盖）
发动机上部的部件，与气缸体顶部相连。它包含了火花塞——用于点燃气缸中的燃油，通常还包括气门。

dead axle（非驱动桥）
与车轮相连的轴，允许其旋转但不传递驱动力。

differential（差速器）
汽车传动系统中的一个齿轮组，使外侧车轮拥有比内侧车轮更高的转速，这在转弯时是必要的。

DIN figures（DIN标准）
一种工业标准，由德国标准化学会制定。

disc brakes（盘式制动器）
一种制动系统，每个轮毂内都包含一个碟片，它与车轮同步转动，制动时被制动钳压紧，以使车辆减速。

distributor（分电器）
将高压电从点火线圈按照正确的点火次序传送到火花塞的设备。

downdraught carburettor（下吸式化油器）
化油器的一种，燃油在其中混入向下流动的空气。

drivebelt（传动皮带）
一种带式机构，将各种设备与发动机相连，包括交流发电机。

driveshaft（传动轴）
将动力从发动机传输到车轮的回转轴。

drivetrain（动力传动系统）
在汽车中产生并控制动力的一系列机械部件——发动机、变速器、传动轴、差速器的集合，并且可以被装配在不同车型中以降低研发成本。有时动力系统可以仅指发动机和变速器。

drophead（可折叠软顶敞篷车）
一种以可折叠平整的车顶为特征的软顶敞篷车车身形式。

drum brake（鼓式制动器）
一种制动系统零部件，现已被盘式制动器取代。制动蹄被压紧于制动鼓内壁，制动鼓与车轮相连。

dual-circuit brakes（双回路制动系统）
一种由两套液压管路构成的制动系统，以保证在其中一套失效的情况下仍能完成制动。

dynamo（直流发电机）
早期汽车中由发动机驱动的发电机。现在基本已被交流发电机取代。

entry-level（入门车型）
在系列车型中价格最低或配置最低的车型。

estate（旅行车）
尾部方正的车型，适用于运载货物，配备有行李舱，可经由尾门或两段式车门进入。这种车型最初被设计为在乡村路面承担运输功能的多用途车。在美国，它被叫作“station wagon”。

exhaust manifold（排气歧管）
将废气从气缸传输至排气管的管道系统。

exhaust port（排气口）
气缸盖中的通道，将废气从排气门导入排气歧管。

exhaust valve（排气门）
气缸盖中的气门，在排气冲程开始时打开，利用活塞将废气推出气缸。

eyebrow headlights（眉式前灯）
最早见于兰博基尼 Miura的前灯，给人以大灯内部有眉毛或睫毛的视觉感受。

factory team（厂商车队）
由汽车制造商组建的赛车队伍。

fairing（整流罩）
为了使暴露在外部的部件（如发动机）获得更好的空气动力学性能而设计的外罩。

fastback（溜背）
一种车顶轮廓，向后逐渐下滑。

FirePower engine（火力发动机）
克莱斯勒第一代V8发动机的别名，拥有半球形燃烧室，产于1951—1955年。

flat-twin, flat-four, flat-six, flat-twelve（水平对置双缸、水平对置四缸、水平对置六缸、水平对置十二缸）
气缸和活塞水平放置、方向相反的发动机类型。有时被称为拳击手（Boxer）发动机，因为成对气缸中的活塞往复运动就像轮番出拳一样。

floorpan（底板）
一种低浅的冲压盘式结构，构成了车身的下部，承载着悬架和其他动力传动系统部件。明智的设计通常允许不同的车型共享同一底板，以降低生产成本。

fluid flywheel（液力飞轮）
一种现在看来多余的变速设备，使驾驶者可以不使用离合器完成换挡。

flywheel（飞轮）
与机轴相连的沉重圆盘，以转动能形式存储发动机扭矩冲量。在发动机脉冲之间释放能量，以使发动机运行平顺。

Formula 1（一级方程式）
世界一级方程式锦标赛，是最高级别的世界单座赛车赛事。始于1950年。

four-stroke engine（四冲程发动机）
当前汽车发动机的主要形式。动力循环过程共4个步骤，包括了曲轴的两圈转动：进气、压缩、做功、排气。每个步骤都由活塞的上下运动，或者称作“冲程”来控制。

front-wheel drive（前轮驱动）
动力只被传输到车的前轮。车身更轻，不需要传动轴或者把动力传输到后轮。

fuel injection（燃油喷射）
一种燃油供给系统，对新车而言基本是标准配置，无需化油器。燃油在油箱中被抽取，被喷油器喷入发动机的进气歧管并在此处与空气混合，随后在气缸中被点燃。在柴油发动机和直喷汽油发动机中，燃油被直接喷入气缸，而非发动机进气歧管。

Futruamic（未来感）
通用汽车在描述旗下奥兹莫比尔1948—1950年的造型设计风格时使用的词。

gas turbine（燃气涡轮）
一种喷气式的旋转式发动机，从持续燃烧的油气混合流体中获得能量，在汽车中试验性地运用，但因响应速度太慢而无法取代现在使用的往复式发动机。

gate gear-change（序列式换挡变速器）
一种变速器，换挡杆滑入的沟槽可见。它通常出现在跑车和赛车上，其他类型的车型倾向于用橡胶或缝制皮革护罩将其覆盖。

gear（齿轮）
一种有齿的元件，与其他同类部件咬合并旋转，传递功率和扭矩。

gearbox（变速器）
车内容纳齿轮以及齿轮更换机构的金属箱。它通常连接在发动机的末端或底端。

Giugiaro（乔治亚罗）
这个词既可以指代意大利汽车设计师乔吉奥（经常被称为乔吉托）· 乔治亚罗，也可以指代他在1968年创建的设计咨询公司，这家公司更正式的名称是Italdesign-Giugiaro。该公司在2010年被大众收购。

grand routier（欧洲旅行车）
一个非正式名称，在英语中比在法语中运用更广泛，可被翻译为“高级大型公路旅行用车”。通常指的是优雅而迅捷的欧洲旅行车。

GT（大型旅行车）
源自意大利语“gran turismo”，意为高端旅行用车，最初指高性能轿车。

gullwing doors（鸥翼车门）
（从侧面）向上开启的车门。这是梅赛德斯-奔驰 300SL和德劳瑞恩DMC-12的关键特征。

hardtop（硬顶跑车）
拥有固定或可拆卸硬顶的跑车或运动车型。使用织物车顶的车型被称为软顶车。

hatchback（掀背）
尾部倾斜而非竖直的非旅行车上的尾门，有时被称为第三扇门或第五扇门。这个词也指代一类车型：五门版由1965年的雷诺16首创，三门版由1972年的雷诺5首创。

heat shield（隔热罩）
硬质或弹性的隔热材料层，保护车辆的零件或车身不过度受发动机或废气热量的影响。

homologation（法规测试）
新车必须通过的一项严格测试项目，以确认其在一定程度内满足制造和使用需求；通过测试之后，它才可合法上路行驶。这个词也可用于指代各项赛车运动中的规则。“homologation special”一般指的是参赛车型的量产版；某些赛事的参赛车型必须达到某个最低产量限制才可以参赛。

horizontally opposed layout（水平对置布局）
气缸水平布置在曲轴两侧的发动机布局。

hot hatch（小钢炮）
英国对高性能版本的紧凑三门车（有时是五门车）的昵称，例如雷诺5 Alpine和大众1976款高尔夫GTI。

hot rod（跑车）
“hot roadster”的简称，20世纪30年代首创的一个词，最初用于描述提高了发动机性能的标准车型。第二次世界大战之后这个词指的是用于直线加速赛的改装车型。

Hydramatic transmission（液力自动变速器）
通用汽车旗下的自动变速器子品牌。

hydraulic brakes（液压制动）
通过主油缸，用制动液将刹车踏板压力传递到制动机构的制动系统。

hydraulic damper（液压减震器）
减震器用于消减车辆悬架运动所产生的能量，它通过内部的油液将上述能量转化为液压，进而转化为快速散去的热量。

Hydrolastic suspension（液压悬架）
以充满液体的橡胶位移单元为特征的悬架系统品牌，应用于20世纪60年代英国汽车公司生产的车型中。

Hydropneumatic（液压气动悬架系统）
雪铁龙自调平悬架系统的品牌。来自发动机驱动压力泵的液压油将悬架臂的运动传输给贮存着加压氮气的金属弹簧，后者吸收冲击，保持稳定的车身高度。此系统预设了适应不同驾驶条件的车身高度。因为复杂而古怪，它从来没有流行过。

idle-speed positioner（怠速定位器）
优化车速、使发动机保持怠速的设备，怠速时节气门关闭，燃油经济性最大化。

ignition coil（点火线圈）
一种点火元件，将车载电池12伏的电流按需转化为上千伏的高压，以点燃火花塞。

independent suspension（独立悬架）
一种悬架系统，允许每一个车轮不受其他车轮影响独立上下运动。其优势是更好的操控性和更舒适的驾驶体验。

Indianapolis 500（印第安纳波利斯500英里大奖赛）
美国一项单座汽车赛事，自1911年以来每年都在印第安纳波利斯赛道上举行。

induction system（进气系统）
空气进入发动机之前流经的系统。

inlet plenum chamber（进气增压室）
发动机节气门和进气歧管之间的气室，用于优化进气系统控制。

inlet port（进气口）
气缸盖上的通道，油气混合物从其中进入进气门。

inlet trumpet（喇叭形进气口）
一种喇叭造型的发动机进气口，设计目的为利用波动使更多空气进入气缸。

inlet valve（进气门）
燃油进入发动机气缸所途经的气门。

in-line engine（直列发动机）
气缸排成一列的发动机。小型车数十年来的主流发动机配置。

intercooler（中冷器）
在涡轮增压器或机械增压器加压的气体进入发动机之前将其冷却的散热器。它提高了发动机动力，也增强了汽车可靠性。

IRS (Independent Rear Suspension)（独立后悬）
使两个后轮各自独立上下运动的悬架。

kei car（“kei”型车）
日本征收的一种汽车税，专门针对非常小型的汽车，此类车型长度不得超过3.4米，发动机容量必须小于0.66升。

knoch-off wire wheels（敲击辐条轮辋）
这是一种在轮轴和轮圈之间由钢丝辐条支撑的轮辋，适配花键轮轴，用有效的大尺寸螺母固定。传统英国跑车通常在此类螺母上装有翼型结构，以便它可以被橡胶锤敲松（或敲掉）；这种系统在德国多年以来都是不合法的；意大利车型通常使用平螺母，需要用一种特殊工具来拆卸。

laminated windscreen（复合风挡玻璃）
多年来依据法规要求安装在所有新车上的一块复合风挡玻璃，包括两层玻璃和二者之间的一层塑料。这种风挡玻璃在被石头击打后不会全部裂开，破损时也不会裂成碎片。

landaulet-body style（后部敞篷车身形式）
一种车身样式，其特征为后座上方采用可折叠织物车顶，而车身前部仍保持封闭的金属车顶。这种形式如今已经过时，但在过去常用于游行活动中，皇室成员或政治领袖希望自己能够被看见。

leaf spring（板簧）
也被叫作“cart spring”，是一种基本悬架形式，耐久性好而乘坐舒适性不佳。这种弹簧由与车底相连的弧形钢片组成，提供吸收轮轴振动的缓冲垫。车体越重，板簧就需要越多的钢板以承担重量。

Le Mans 24-Hours（勒芒24小时耐力赛）
一项24小时汽车耐力赛事，自1923年以来每年在法国勒芒举行。它使用为了赛事专门实行交通管制的公共路面作为赛道。

limited-slip differential（限滑式差速器）
一种差速器，当一侧车轮行驶在结冰路面等易打滑路面时，可阻碍车轮打滑的倾向。

limousine（豪华轿车）
一种大型豪华三厢车，通常拥有很长或专门加长的轴距，侧重于提升后排乘客的舒适性。豪华轿车有时会在司机和后排乘客之间安装玻璃隔断。

live axle（传动轴）
一种梁式轴，包含驱动两侧车轮的车轴。

MacPherson strut（麦弗逊柱）
以发明者、福特工程师厄尔·麦弗逊的名字命名，是一种竖直的悬架，包含装有同轴线圈弹簧的液压减震器。多数情况下在前悬广泛使用，其优势在于对发动机舱的干涉极小。

Mille Miglia（1000英里拉力赛）
一项总里程为1609千米的公路赛事，在环绕意大利的公共道路上比赛。1927—1957年共举办了24届，1977年变为一项老爷车年度巡游活动的名称。

monobloc（整体发动机）
发动机设计的一种，所有气缸铸造成一体，作为一个整体单元而存在。这增强了发动机的机械刚度和密封性。

monocoque（承载式车身）
一种车身结构，现在已成为通用配置。车身在其中承载着全部结构重量。它有效地将底盘和车身连接成一个高强度整体。

MPV（多功能汽车）
Multi-Purpose Vehicle或Multi-Passenger Vehicle（多乘客车）的首字母缩写。指代高大、宽敞，至少可容纳5名乘客的车型，通常可容纳9名，有多种人和货物的乘坐布局。

muscle car（肌肉车）
一种美国标准量产车，通常有两扇车门，以大排量、高性能发动机为特征。第一辆肌肉车是1964年的庞蒂亚克GTO。

NACA duct（腮孔，侧进气口）
美国国家航空咨询委员会（America's National Advisory Committee for Aeronautics）创造出这种造型特殊的进气装置，用于为内部部件，如制动系统提供通风，但对外部空气动力学性能的干扰被降到最低。

NASCAR（美国赛车协会）
一个监督汽车赛事和赛车活动的美国组织。

overdrive（超速挡）
一个用于快速巡航的挡位，使变速器输出轴的转速高于输入轴的转速。这使发动机在一定车速下的转速降低，从而降低了油耗，限制了超车功率。

overhead-valve engine（顶置气门发动机）
进气和排气的气门位于气缸盖内的发动机，区别于气门位于气缸旁边的侧置气门发动机。

overrider（保险杠挡块）
保险杠内安装的由金属或橡胶包裹的金属，用于在低速碰撞下保护保险杠免受其他车辆保险杠的伤害。

over-square engine（短冲程发动机）
气缸内径尺寸大于冲程的发动机。

people carrier（三排座家庭轿车）
MPV车型的流行称呼，尤其用于至少有七座的MPV。

Pinin Farina/Pininfarina（宾尼法利纳）
一家创建于1930年的意大利车身制造和设计咨询公司，公司最初的名称Pinin Farina取自Battista “Pinin” Farina。公司在1961年使用了Pininfarina的名字。

piston（活塞）
在发动机气缸内上下运动的部件，在燃烧冲程（做功冲程）通过连杆将气体膨胀的推力传递给机轴。

piston ring（活塞环）
适配发动机活塞外表面沟槽的开口环，密封燃烧室。活塞环还有助于通过把热量传递给气缸壁来冷却活塞，以及稳定润滑油消耗量。

platform（平台）
当代汽车上不可见的、基础而又昂贵的结构。汽车设计师的工作就是在一个平台上创造出风格多样性最大化的造型。

pony car（小马车）
一类以福特野马的名称进行非正式命名的车型，野马是最早的紧凑跑车之一，目标用户为美国20世纪60年代的“婴儿潮”群体，以飞驰野马徽章为特征。它可以选装高性能发动机。

propshaft（传动轴）
“propeller-shaft”的简写，一根长轴，把发动机的扭矩传递给后驱或四驱车型的后轮。

pushrod engine（推杆式发动机）
气门不直接由凸轮轴而是由中间杆控制的发动机控制。这种结构允许气门和凸轮轴之间有较大距离。

Q-car（Q型车）
在平凡外表下隐藏着不凡动力的车型。这个名字源于英国皇家海军在第一次世界大战中使用的、重装甲但看起来没有杀伤力的Q型轮船。Q-car常指代“披着羊皮的狼”类的汽车。

rack-and-pinion steering（齿轮齿条转向）
一套齿轮齿条包含两个齿轮，共同把旋转运动转化为直线运动。这是汽车转向最常用的系统，因为它能将车轮的状况反馈给驾驶者，并且完成精确的转向。

radiator（散热器）
一种热交换器，它通过面积很大的表面借助气流为液体散热。

razor-edge styling（刀锋设计）
一种倾向于采用尖锐边缘线条的设计风格，起源于20世纪30年代晚期的英国。它是对行业普遍喜爱的圆润流线型造型的突破，被设计师用来表达尊严和形式感。

rear-wheel drive（后轮驱动）
动力只被传输到后轮。

reciprocating engine（往复式发动机）
也称作活塞式发动机，它将活塞的上下往复运动转化为车轮需要的旋转运动。

redline（红线）
发动机在正常工况下的最高转速。通常用一根红线标注在转速表上。

rev（转速）
每分钟转数（revolutions-per-minute）的简称，发动机运行速度的计量单位。

roadster（双座敞篷跑车）
最初用来描述一种可容纳2～3人并

排乘坐的单排座敞篷汽车，但现在可用来指代任何双座敞篷跑车。

rocker arm（摇臂）
一种回转杆，一端随凸轮轴升降（与凸轮轴直接或通过推杆相连），另一端作用在发动机气门的阀杆上。

rocker panel（车门踏板）
前后轮之间、车门下的车身部分，在英国被称作“sill”。

rolling chassis（滚动式底盘）
相对老旧的独立底盘汽车采用的框架，所有动力传动系统零件置于其中。

rollover bar（防滚架）
敞篷车结构中的坚固金属框。用于当车辆遇到事故翻倒时减少车身翻滚，保护驾驶者和乘客的头部与上半身。

Rostyle wheels（RO式轮辋）
英国公司Rubery Owen在美国车轮公司的许可下生产的、造型感突出的冲压金属轮辋（简称RO式轮辋）。它们看起来像赛车和跑车上的铝质或镁质轮辋，但更重，成本也更低。

rotary engine（转子发动机）
任何通过活塞的往复运动直接产生回转运动的动力单元。唯一一种应用在量产车型上的转子发动机由菲利克斯·汪克尔博士设计，最近一款使用此类发动机的是2001年发布的马自达 RX-8。

running board（脚踏板）
早期车辆上固定在车门下方的脚踏板，在座椅较高的情形下，例如乘坐马车时，辅助上下车使用。脚踏板在20世纪30年代开始逐渐消失，因为汽车的离地间隙缩短了。

running gear（行走机构）
车辆的车轮、悬架、转向和动力传动系统。

saloon（轿车）
任何拥有固定金属车顶的汽车。美国人称其为“sedan”。

scavenge oil pump（回油泵）
在干式油底壳发动机中，这个额外的油泵会抽空发动机底部的油，将其注入一个单独的油箱。

scuttle（车颈）
隔断发动机和乘员舱，并支撑风挡的车身部件。

semi-elliptic springs（半椭圆弹簧）
板簧的另一种形式。

semi-trailing suspension（半拖曳臂式悬架）
一种用于后轴的独立悬架系统，每个轮毂都通过与车身中轴线呈锐角的三角臂和底盘相连。

servo assisted braking（伺服辅助制动）
一种运用真空伺服装置放大驾驶者对制动踏板所施加的压力的制动系统。

side-valve engine（侧置气门发动机）
发动机气门被置于气缸侧面而不是气缸盖中。在“L”形侧置气门发动机中，进气和排气气门被置于气缸的同侧；在“T”形侧置气门发动机中，它们被置于相对的两侧。

silencer（消声器）
沿着排气管安装的装置，用于消除排气噪声。

six-pot（六气缸）
“pot”是“cylinder”的俚语，“six-pot”发动机指的就是六缸发动机。

sleeve-valve engine（套筒气门发动机）
在活塞和气缸壁之间装有金属套筒的发动机。套筒随着活塞的往复运动而振动，它还拥有与气缸进气和排气部分相连的孔，可以增大进排气量。

slide throttle（滑动节流阀）
一种节流阀，拥有滑过进气口的打孔盘，来使更多或更少空气进入发动机。

sliding gear transmission（滑动齿轮变速器）
一种过时的手动变速器。处于中间位置时，变速器内除了与机轴相连的主动齿轮和与车轮相连的齿轮组以外，没有齿轮转动。为了让齿轮啮合，使发动机动力得以传输，驾驶者踩下离合器、移动换挡手柄以使齿轮沿着齿轮组上方的主轴滑动。随后变速器被松开，发动机动力传输到驱动轮。这个系统已经被同步啮合齿轮取代。

small-block（小缸体发动机）
雪佛兰和福特最小的V8发动机，最初产于20世纪50年代。

solenoid switch（电磁开关）
一种电动控制开关，更常见的名字是继电器，允许小电流电路控制大电流电路。例如，汽车的起动电动机就需要一个大电流电路。

Spa 24 Hours（斯帕24小时耐力赛）
一项每年举办于比利时斯帕的汽车耐力赛事，始于1924年。

spark plug（火花塞）
一个电动设备，用螺丝固定在发动机气缸盖内，点燃气缸中的燃油。

spats（轮罩）
金属车身板件，遮盖住车轮的一部分，以使车身曲线保持流畅连续。它们通常被装在后轮外，在更换轮胎时可以拆卸。

sports car（敞篷跑车）
车顶可拆卸/折叠的双座车型，拥有低矮或潇洒的线条、良好的稳定性、平均水平以上的车速和加速性能。

spider（双座跑车）
“spider-phaeton”最初指的是一款轻型双座大车轮马车。阿尔法·罗密欧在1954年把这个名字用在了自己的双座跑车上，它如今已成为此类车型，尤其是紧凑低矮而又拥有舒适驾驶舱的车型的标准名称。

spyder（双座跑车）
spider的德语表述，通常与保时捷有关。

stovebolt（火炉螺栓）
一款雪佛兰直列六缸发动机的昵称，因其气门盖、气门顶筒和正时齿轮盖的紧固螺栓让人联想到燃木炉上的螺栓。

sub-compact（小型汽车）
一种始创于20世纪70年代的北美表达方式，用于描述美国国内厂家生产的、大众甲壳虫的竞争对手，如福特Pinto和雪佛兰 Vega，后者比福特Falcon和雪佛兰 Convair（二者在当时被底特律的汽车制造商称为“紧凑级车”）更小。

sub-frame（副车架）
一种独立结构，底盘的附属部件，用于承载特殊部件，如发动机或悬架。

suicide doors（自杀式车门）
指后置铰链式车门。在安全带普及之前，如果乘客从行驶中的汽车上掉下，或者路过的车撞到车门使其砸向驾驶员或乘客，这种门是很危险的。早期，它们也很容易在车辆行驶时忽然打开，或被气流吹开，将正在努力关上车门的乘员甩出车厢。

sump（油底壳）
发动机底部的储油机构。干式油底壳常用于赛车或跑车类承受高速过弯向心力、制动力和加速力的车型。在普遍使用的湿式油底壳中，这些力可能会导致机油涌动冲开吸油管，进而导致发动机受损。在干式油底壳系统中，回油泵在机油落入油底壳时将其移走，抽到一个单独的油箱中。

supercar（超级跑车）
非常昂贵的高性能跑车。广受认可的第一款超级跑车是1954年的奔驰300SL，但这个词后来用于指代中置发动机双座车型，例如1966款兰博基尼 Miura。

supercharger（机械增压器）
发动机驱动的增压器，使空气进入进气系统，增大进入气缸的油气混合物总量，以提升扭矩和功率。

supermini（超级小型汽车）
一个细分市场，指装备了四缸发动机的小型掀背车，例如1972款的雷诺5。

suspension［悬架（悬挂）］
一种在凹凸不平的路面上使汽车的结构与车轮运动隔离的系统。

SUV（运动型多功能汽车）
Sport-Utility Vehicle的简称，一种装备四轮驱动系统、高离地间隙的车型，目标用户为个人消费者而非工业客户。

swash plate（旋转斜盘）
以一定角度与转轴相连的盘式装置，用于将转轴的旋转运动转化为与轴心线平行的推杆的往复运动。

swing axle suspension（摆动轴悬架）
一种早期的独立后悬，由绕后差速器旋转的两个半轴组成。车轮在任何时候都与轴保持垂直。这个系统提升了乘坐舒适性，但可能会降低高速操控的稳定性，至今已有数十年未被使用。

synchromesh gearbox（同步啮合齿轮变速器）
齿轮持续处在啮合状态的变速器。此类变速器是当前量产车的通用配置。

tappet（挺杆）
一种气门部件，与凸轮轴凸轮滑动接触，利用凸轮的轮廓使气门做往复运动。

Targa Florio（塔格·佛罗热）
一项穿越西西里群山的开放路面赛事，举办于1906—1973年，在此之后变为一项与老爷车相关的活动。

throttle（节气门）
一种控制发动机进气量的设备。

torque（扭矩）
发动机提供的扭力矩。

torsion-bar（扭杆）
一种悬架部件，当其因车轮运动而扭转时起到弹簧的作用。

traction control（牵引力控制）
依靠传感器的电子设备，防止车轮打滑，提升抓地力。

trafficator（方向指示器）
一种指示方向的设备，常出现在车门柱上，在20世纪50年代中期之前很普遍。方向指示器由带有一个伸出车外的小灯的信号臂组成，提示驾驶者即将转向的方向，后被更有效的、固定在车身上的闪烁指示灯替代。

transaxle（驱动桥）
将变速器和差速器元件结合在一个壳体内的设备。

transmission（传动装置）
汽车动力传动系统所有部件的总称，但通常特指变速器。

transmission tunnel（传动轴通道）
前置后驱/前置四驱车型中沿车身中轴线布置的凸起部件。它为传动轴提供空间。

transverse engine（横置发动机）
曲轴线与车辆中轴线垂直布置而非平行布置的发动机。

tuned（调校）
以提升性能为目的的改造发动机。

turbocharger（涡轮增压器）
一种布置于发动机进气和排气系统之间的设备，它用废气驱动涡轮，涡轮进而驱动增压器，使空气进入进气系统，在车辆剧烈加速时提升发动机动力。

truning circle（转弯直径）
车辆方向盘转到极限时弯道外侧前轮运行轨迹的直径。

two-stroke engine（二冲程发动机）
活塞在燃烧循环中仅上行一次、下行一次（即两个冲程）的发动机。

two-wheel drive（两轮驱动）
动力只传递给两个前轮或两个后轮，与四轮驱动相对。

undertray（车身底板）
表面平整或有造型的覆盖件，连接在车身底部以提供更好的空气动力学性能或保护车身部件免受损害。

unblown（自然吸气）
没有配备机械增压器或涡轮增压器的发动机。

V4, V6, V8, V10, V12, V16
气缸呈“V”形布置的发动机设计。数字代表每台发动机的气缸数。

vacuun advance（真空点火提前）
一种使配电器根据发动机负载调整点火时间的机械结构。

valvetrain（气阀）
发动机的一部分，控制气门的运行。

water-cooling（水冷）
使用循环水冷却发动机部件的系统。它是目前汽车上主要的冷却系统，虽然仍有少数车型使用风冷系统。

waterfall grille（直瀑式格栅）
安装在老爷车前鼻处的弧形散热器，明亮的金属条竖直流动的形状使人产生瀑布从车的前端冲下的错觉。直瀑式格栅营造了空气动力学性能出色的直观感受，尽管它们通常只是纯粹的造型设计。

wet-liner（湿式缸套）
一种与发动机冷却液直接接触的气缸套。

wheelbase（轴距）
前轴与后轴之间的精确距离。

whitewall tyres（白墙轮胎）
以侧壁上的白色环状装饰为特征的轮胎。曾经风靡一时的流行造型，尤其是在20世纪30年代末至60年代初的美国。

wishbone suspension（双叉臂式悬架）
一种独立悬架系统，用两个叉骨状的臂将轮毂连接到底盘上。

works driver（雇佣车手）
受雇于汽车制造商，代表其车队驾驶赛车的赛车手，与独立的自由车手相对。

Ziebart rust-proofing（Ziebart防锈）
专利品牌的一种防锈剂，用在私家车上，以防止其生锈。以发明者、前机械师库尔特·齐巴特（Kurt Ziebart）的名字命名。

致谢

DK感谢本书总编辑贾尔斯·查普曼为本书所做的杰出贡献。

DK还要感谢 Alvise-Marco Seno, Press Office, ZED Srl, Milan, Spain.

出版方感谢以下这些人士的帮助：Steve Crozier at Butterfly Creative Solutions; Sanjay Chauhan for design help and Tina Jindal, Nishtha Kapil, Antara Moitra, Riji Raju, and Isha Sharma for editorial support at DK India; Joanna Chisholm for proofreading; and Vanessa Bird for preparing the index.

出版方还要感谢以下博物馆、公司和个人允许拍摄他们的车：

Avantgarde Cars
Tamworth, Staffordshire, B78 3QS
www.avantgardecars.co.uk

Benz Bavarian Ltd
Duffield, Derby, DE56 4FQ
www.benzbavarian.com

Terry Bone MGs
North Chailey, Sussex,
www.terrybone.co.uk

David Chapman
Upton-upon-Severn, Worcestershire

Coys
Richmond, London, TW9 2LL
www.coys.co.uk

DK Engineering
Chorleywood, Hertfordshire, WD3 6EA
www.dkeng.co.uk

Patrick Donlan
Calne, Wiltshire

Steve Dyer
Warrington, Cheshire

Robert Gardner
Knowle, West Midlands

Jeremy Gibson
Weare, Somerset

Group B Motorsport
Queensferry, Flintshire, CH5 2TB
www.groupbmotorsport.com

Haynes International Motor Museum
Sparkford, Somerset, BA22 7LH
www.haynesmotormuseum.com

Heritage Transport Museum
Bilaspur-Taoru Road, Gurgaon,
Haryana, 122105, India

Jaguar Heritage
Coventry, West Midlands

Joe Mason
Worcester, Worcestershire

Olly Melliard
Shepshed, Leicestershire

Rawles Motorsport
Upper Froyle, Hampshire, GU34 4JR
www.rawlesmotorsport.co.uk

Robin Stainer
Bampton, Oxfordshire

Volkswagen UK Ltd
Milton Keynes, Bucks, MK14 5AN
www.volkswagen.co.uk

出版方感谢以下授权：

（页面位置：a—上部；b—下部/底部；c—中部；f—远端；l—左部；r—右部；t—顶部）

The Advertising Archives: 14, 20c, 70–71, 200, 228c, 256; AF Fotografie: 206tl, 206–207; akg-images: ullstein bild 52tl, 201cr, Jacques Boissay 178–179, Collection Dupondt 40bl, Interfoto / Friedrich 137cr, Interfoto / Friedrich Rauch 271c, Mondadori Portfolio 28clb, 86tl, 172cla, TT News Agency 270tl; Alamy Stock Photo: William Arthur 17bc, Bob Masters Classic Car Images 183ca, Ed Buziak 38b, Buzz Pictures 159cr, Car Collection 279cb, CPC Collection 69tr, culture-images GmbH 265tl, Ian Dagnall 310bl, Drive Images 67br, 159br, 271cr, Goddard Automotive 86bc, 251c, 257cla, Martyn Goddard 8, Stanley Hare 139b, Heritage Image Partnership Ltd 88tl, Heritage Images 223bc, Stuart Hickling 122–123bc, imageBROKER 40ca, Interfoto 64, 250cla, Bo Jansson 208c, Keystone Pictures USA 137clb, Bob Kreisel 201cla, Lordprice Collection 136, Chris Mattison 277br, MF1 collection 185cb, Motoring Picture Library 21tl, 38–39t, 39tc, 39cra, 59cr, 151tl, 206cl, 207tl, 251cr, nawson 222cr, Christopher Nicholson 311bl, pbpgalleries 77tl, 166tl, Pictorial Press Ltd 67bl, Shaun Pillai 87br, PNC Collection 249cra, Prisma Bildagentur AG 296tl, Matthew Richardson 222cl, 276cb, Rolling Stock 123br, Mark Scheuern 133cr, Phil Talbot 53cr, 89tl, 89tr, 248c, jonathan tennant 87cr, Tolbert Photo 152tl, Uber Bilder 279t, 292cr, 293br, Steve Vidler 310br, Vintage Archives 65ca, Chris Wilson 280tl, Tom Wood 182–183bc, Robert Zuber 101tr; Art Tech Picture Agency: 17c, 23cb, 69cb, 85crb, 85b, 109cb, 131cb, 139cb, 208b, 224–225t, 225b, 227b, 252b, 263b, 266–267t, 274b, 279b, 284b, 287t, 287cb, 290b, 291c, 294c, 295cb, 301cb; Aston Martin Lagonda Limited: 289cr; © Bentley Motors : 20bl, 21br; BMW AG: 146tl; © Fiat Chrysler Automobiles N.V: 29br, 100cr, 112–113; Corbis: Bettmann 15tc, 65cr, Walter Bibikow / JAI 80tl, Philippe Body / Hemis 216tl, Car Culture 33tl, 91t, Martyn Goddard 58–59bc, 59ca, Phillip A. Harrington 100tl, 101br, Vittoriano Rastelli 264tl, Transtock 48bc, Xu Xiaolin 302–303; DERDEHMEL: 108b; Dorling Kindersley: Matthew Ward / Willem van Aalst 92c, 92crb, 92b, Deepak Aggarwal. Courtesy of Heritage Transport Museum, Taoru 98cb, 216–217 (all other photos), 218–219 (all photos), ames Mann. Courtesy of National Motor Museum Beaulieu 49cra, Andrew Cluett 6br, 11br, Andy Crawford / Anthony Posner. Hendon Way Motors 72tr, 72c, 72bl, Andy Crawford / Julian Aubanel 106 (All), Matthew Ward / D. Baughan 235b, Benz Bavarian Ltd 5br, 11bl, 62–63, James Mann / National Motor Museum Beaulieu 151cra, Terry Bone 4br, 10bl, 12–13, Matthew Ward / Brian Burgess 226 (All), James Mann / Tim Colbert 120–121ca, 121tl, 121tr, 121cra, Andy Crawford / Phillip Collier 227t, Matthew Ward / Geoff Cook 90–91b, Andy Crawford / Roy Craig 243ca, Andy Crawford / '57th Heaven' Steve West's 1957 Buick Roadmaster 99tl, Andy Crawford / "57th Heaven" Steve West's 1957 Buick Roadmaster 1c, 99tr, 99cra, Andy Crawford / Courtesy of Classic Restorations 177tr, Andy Crawford / Mr PGK Lloyd 174tr, 174crb, Andy Crawford / Nick O'Hara 61tc, Andy Crawford / Neil Crozier 161b, Matthew Ward / Barrie Cunliffe 161cb, Matthew Ward / Mike Farrington 164 (All), Matthew Ward / Alexander Fyshe 184clb, James Mann / Peter Harris 221cb, Harvey Stanley 9br, Haynes International Motor Museum 61cb, Heritage Motoring Club of India 99crb, Jaguar Heritage 9bl, 10br, Matthew Ward / Jeff Hine 22c, 22crb, 22b, James Mann. Courtesy of National Motor Museum Beaulieu 48–49t, Matthew Ward / Kevin Kay 252cb, Andy Crawford / Claude Kearley 176c, Dave King / Tallahassee Car Museum 121cb, 215cb, James Mann 44–45 (all other photos), 46–47 (all photos), James Mann / Haynes International Motor Museum 165t, James Mann / National Motor Museum 125tl, James Mann, courtesy of Harvey Stanley 7br, 296–297 (all other photos), 298–299 (all photos), James Mann, courtesy of Robin Stainer 166–167 (all other photos), 168–169 (all photos), James Mann, courtesy of Steve Dyer 102–103 (all other photos), 104–105 (all photos), James Mann, courtesy of Will Ianson 202–203 (all other photos), 204–205 (all photos), James Mann. Courtesy of A. Coldwell 126–127 (all other photos), 128–129 (all photos), James Mann. Courtesy of Andrew Cluett 140–141 (all other photos), 142–143 (all photos), James Mann. Courtesy of David Chapman 152–153 (all other photos), 154–155 (all photos), James Mann. Courtesy of Olly Melliard 258–259 (all other photos), 260–261 (all photos), James Mann. Courtesy of Patrick Donlan 116–117 (all other photos), 118–119 (all photos), James Mann. Courtesy of Richard Edwards 230–231 (all other photos), 232–233 (all other photos), James Mann. Courtesy of Robert Gardner 280–281 (all other photos), 282–283 (all photos), James Mann. Haynes International Motor Museum 134–135, 194–195 (all other photos), 196–197 (all photos), 213cr, Joe Mason 244t, 245tc, 245tr, 245ca, Matthew Ward / David Selby 30c, Matthew Ward / Garry Darby, American 50's Car Hire 79tl, 79cra, Matthew Ward / Gary Darby / American 50's Hire 79tr, Matthew Ward / L. Kavanagh 30cla, 30ca, 31tr, 31ca, Matthew Ward / on loan from Le Tout Petit Musée / Nick Thompson, director Sussex 2CV Ltd 36tr, 36c, 36br, Matthew Ward / Tony Paton 31c, Andy Crawford / David Maughan 262 (All), Olly Melliard 7bl, James Mann / John Mould 49cb, James Mann, Haynes International Motor Museum 254–255, Matthew Ward / Colin Nolson 177b, Gary Ombler, courtesy of Benz Bavarian Ltd 80–81 (all other photos), 82–83 (all photos), Gary Ombler. Courtesy of Terry Bone 24–25 (all other photos), 26–27 (all photos), Gary Ombler. Jaguar Heritage 188–189 (all other photos), 190–191 (all photos), Andy Crawford / Privately Owned 184ca, 185tl, 185tc, 185cr, Matthew Ward / Cared for and cruised in by Mark Phillips 214tr, 214–215ca, 215tr, 215cra, Anthony Posner, Hendon Way Motors 220 (All), Matthew Ward / Terry Powell 238b, T. Powell 160tc, 161tr, 161cr, Matthew Ward / David Pratt 242 (All), James Mann. Courtesy of Chris Routledge 239t, Matthew Ward / John Skelton 114b, Andy Crawford / Desmond Small 239c, Matthew Ward / Irene Turner 252–253ca, 253tl, 253tr, 253cra, Matthew Ward / Roger Wait 215br, Matthew Ward / Chris Day 175b, Matthew Ward / Courtesy of Classic Restorations 176ca, Matthew Ward / Derek E.J. Fisher and Citroen 238cla, Matthew Ward / Dream Cars 6bl, Matthew Ward / Geoff Mitchell, Farnborough, England 98b, Matthew Ward / Mr PGK Lloyd 174c, Matthew Ward / Nick O'Hara 60cla, 60ca, 61ca, Matthew Ward / owner Mr P.G.K. Lloyd 174b, Matthew Ward / Panhard PL17 owned by Anthony T C Bond, Oxfordshire, editor of "Panoramique" (Panhard Club newsletter) 156 (All), Matthew Ward / Peggie Pollard 175t, Matthew Ward / Richard Tyzack's historic Rally Alpine 175cb, Matthew Ward / Skoda UK 79b, Matthew Ward / Steve Gamage 171b, E.J. Warrilow saved this car from the scrapyard in 1974; restored by the owner in 1990, maintaining all original panels and mechanics; winner of many concourse trophies 84 (All), Andy Crawford / L&C BMW, Tunbridge Wells 221b, Andy Crawford / Janet and Roger Westcott 150tr, 150c, 150b, James Mann / Chris Williams 286 (All); Dr. Ing. h.c. F. Porsche AG, Germany: © 2016 Dr. Ing. h.c. F.Porsche AG 250tl (Ferry Porsche), 250–251, 251br, 56tl, 57br; Dreamstime.com: Irinapiven 109b; Ford Motor Company: 241cr, 241br; Henry Ford Museum & Greenfield Village: From the Collections of The Henry Ford 100cl; Getty Images: Apic / Hulton Archive 240tl, Alain Benainous / Gamma-Rapho 132cr, Auger Benjamin 287b, Bettmann 32tl, 33tr, Bloomberg 93cb, Car Culture 265cr, CBS Photo Archive 194tl, The Enthusiastic Network 116tl, 212–213bc, BERTRAND GUAY / AFP 39cb, Keith Hamshere / Moviepix 268–269, Heritage Images 20, 58tl, 101tl, 162–163, 223tl, 223tr, Klemantaski Collection 182cr, Mondadori Portfolio 28–29bc, 89cb, 264br, National Motor Museum / Heritage Images 40tl, National Geographic / Michael E. Long 210–211, Leon Neal / AFP 147tr, Paul Popper / Popperfoto 148tl, Popperfoto 222tl, Willy Rizzo / Paris Match 172–173bc, LAPI / Roger Viollet 34–35, Roger Viollet 102tl, Rainer W. Schlegelmilch 88clb, 172tl, 236–237, Victor Sokolowicz 311br, ullstein bild 40–41, 52ca, Eric Vandeville / Gamma-Rapho 182tl, 182bl, WIN-Initiative 272–273; Image created by Simon GP Geoghegan: 19cb; LAT Photographic: 209c, 224b, 267b; Giles Chapman Library: 16c, 16bc, 28tl, 32cr, 33bc, 38c, 39b, 42–43, 52bc, 53cl, 54b, 55b, 66bl, 69ca, 76cr, 94–95, 110bc, 114ca, 115c, 122tl, 122bl, 144–145, 149bl, 149br, 157t, 158tl, 158cl, 158bc, 159cl, 159bc, 209b, 224ca, 224c, 228–229bc, 230tl, 240–241bc, 243cb, 244b, 246–247, 249cb, 263ca, 263cb, 266cla, 266c, 266b, 267c, 270c, 270bc, 274tr, 274ca, 274–275t, 275c, 276tl, 277cr, 277bc, 278 (All), 279ca, 284–285t, 285tr, 285cra, 287c, 288tl, 290cl, 291t, 291b, 292cl, 294b; Louwman Museum-The Hague: 19b, 23tr, 55c, 125br, 157b, 214cb; magiccarpics.co.uk: 20–21bc, 29cr, 32cl, 41c, 54c, 56bl, 57tr, 58cr, 58bl, 59br, 60b, 66c, 67cr, 86c, 87cl, 88br, 96tl, 96c, 96bl, 97cl, 97cr, 97br, 111cr, 111br, 122ca, 123c, 132bc, 133c, 133br, 146cl, 149cr, 173c, 183br, 188tl, 202tl, 212cr, 212bl, 213br, 229cr, 234b, 235cb, 240cr, 240bl, 253b, 257br, 275b, 277cla, 289cl, 293tl, 293c, Giulietta Berlina 75crb, John Colley 18tr, 18c, 18clb, 18br, 68tr, 68c, 68b, 74–75t, 75tr, 75cra, 208cla, 208ca, 209t, 225c, 263t, 294–295ca, 295tr, 295cra, Richard Dredge 74c, 75bl, 108–109t, 109tr, 109cr, 245crb, 248tr, 248b, Robert George 16cla, 16ca, 17ca, 138tr, 138c, 138crb, 138bc, 186 (All); James Mann: 19ca, 49br, 274cb, 300b; Mary Evans Picture Library: Interfoto 126tl, 276cr; MAUTO – Museo Nazionale dell'Automobile collection (Torino): 131b; Malcolm McKay: 125cra; Morgan Motor Company Ltd: 96–97bc; © British Motor Industry Heritage Trust: 24tl, 44tl, 110tl, 110cra, 111cl, 111bc, 140tl, 146cr, 147bc, 148bl; Motoring Picture Library / National Motor Museum: 19t, 37tc, 37cb, 214b; Newspress Ltd; .: Alfa Romeo 173br, Aston Martin 289br, Bentley 21tr, BMW 271br, Citroën 41cr, 41br, Jaguar 123cr, Maserati 183cr, Mercedes-Benz 53br; Reinhard Lintelmann Photography (Germany): 125clb; Renault (UK): 258tl; Rex by Shutterstock: 147tl, 264cl, Everett / Shutterstock 288bc, Magic Car Pics 15br, 148cr, 207tc, 207tr, 265tr, 293tr, 300cb, Magic Car Pics / Shutterstock 172bl, 173cr, National Motor Museum / Shutterstock 56br, Shutterstock 29ca, 29bc; Science Photo Library: Library of Congress 212tl; © Aaron Severson: 233br; SuperStock: Heritage 288cla; Matteo Tessarow: 157cb; TopFoto.co.uk: Fine Art Images / HIP 50–51, Roger-Viollet 61b; Toyota UK: 229br, Toyota Heritage Images 228tl, 228bl, 229cla; Martijn van Well: 292tl; Volvo Car Group: 66tl; ZED Milano Srl: 76tl, 76cl, 77tr, 77b

所有其他图片 © Dorling Kindersley
更多信息参见：
www.dkimages.com